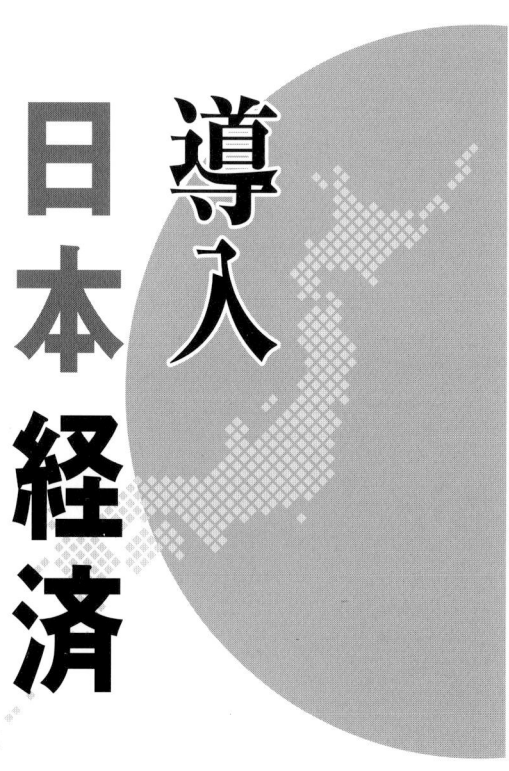

導入 日本経済

金子貞吉　武田 勝 著

学文社

まえがき

　本書は、日本経済の実態について具体的に学ぼうとする者へ、その手ほどきのための導入書である。本書は具体的な経済を論じており、経済学を論じるものではない。現代の日本経済の仕組みを、平明に解説しようという考えから、つぎのような視点に立って、本書は執筆している。

　第一に、経済に興味をもつ学生に、日本経済がいま、どのようになっているかを知る手がかりを与えることを目的としている。現代の経済は複雑な仕組みのうえに成り立っているので、その基本的な構造を理解しないと、実際の経済について知ることができない。しかし、一般の経済学の著書は、理論的な枠組みを説いているが、制度的な構造については、具体的に触れることが少ない。本書は、その具体的な構造について、解説し、分析するという手法をとっている。

　第二に、本書は日本経済の現状について、広範な分野から総合的に記述するように努めている。国民のだれもが知るべき経済現象について、その仕組みを平易に描いて、国民の関心事に応えたいと思うからである。経済問題は、それぞれが切り離されて現れるが、相互に密接に関連している。経済は一方が成り立てば、他方が成り立たないという、バランスを取り合う構造となっている。「風が吹けば桶屋が儲かる」という諺もあるが、嵐で壊された被害を修復する結果であるから、桶屋の儲けだけではない。道路を増やせば、医療を削るというように、総合的には均衡させざるをえないのである。したがって、経済問題は広範な総合的視野が必要である。

　第三に、日本経済はこの十数年間に、大きく制度的に変質した。この制度変更がなぜ起きるのか、それはどのような仕組みとなったのか、できるだけ時系列的な分析を行った。その経過を追わないと、経済の現状は、従来の一般的な説明では理解できなくなっているからである。例えば、財政の仕組みが国も地方も大きく変わってきたし、社会保障も制度変更した。金融の構造は、日本銀

行の制度を含めて，大きく変質している。このように変質した経済の基本的な骨格を経過的に解説し，現状理解に役立つように気を配った。

　第四に，経済を学び，さらに，考える上では，先人の考えが大きな視点を与えてくれる。どのような分野であれ，その分野の基礎的知識がないと，理解が深まらないことは当然である。そのために，基礎的な経済理論を紹介して，たとえ専門の知識がなくとも，実際の経済現象と理論との関連を説明することに努めている。日本経済の実態分析において，理論的なアプローチも示して，それに応える工夫もしている。また，経済をみる上で専門タームを知ることは基本であるから，基礎的なタームを明示し，用語索引にもまとめている。これらの専門タームを覚えるだけでも，深い理解につながるのではないかと考える。

　以上の視点に立って執筆したが，まず，日本経済の構造をどのように描くか，本書の構成を，金子と武田の両者が論じあうことから始まっている。経済活動は，生産が基本となって，所得が形成され，分配されて，消費されるという流れとなる。したがって，この経済活動の流れに沿った構成とすることにした。

　経済システムは刻々と変わり，とりわけ21世紀になって，産業も，財政・金融制度もその仕組みが大きく変化している。この変化を追跡することは，データの面だけでなく，制度の変更の面でも，重要な作業である。それを知らないと，経済を論じることが空論となってしまう。しかし，対象が広範になると，経済現象を解析するとき，個人的な限界もでてくる。そこを，両者が相互に補いあうことによって，少しでも正確になるように努めた。

　第1章から第7章までを武田が執筆担当し，第8章から第12章までを金子が執筆担当した。原稿は相互に点検し，忌憚ない意見を交換して，往復作業を繰りかえして，修正するという方法をとった。最近は，コラボレーションという言葉がはやっているが，実際には，これだけの導入書を仕上げるにも，両者に大きな見解の相違があり，調整は楽ではなかった。前半と後半とで，文体はもちろん，論理展開にも差異があることは，一読してもらえば，わかることである。とりわけ第1章は，武田の起稿であるが，両者の見解が大きく隔たっており，金子がかなり修正した。ここは，市場経済に対する考え方であるから，

根本的な問題を含むので，なんども往復作業を繰りかえした。したがって，成文になったときには，原文の痕跡が消えてしまった。そして，両者の考えが混合した形で，しあがっている。そのかぎり，視点の一貫性がないという批判を受けるかも知れないが，経済現象の理解はそういうものであると考えている。

　ただ，両人とも経済事象を具体的に考察し，事実から分析するという共通の姿勢に立っている。人は，みえないものは，自分の考えでみる。経済の仕組みはみえないので，視点によって理解が異なるのであるが，実証という立場は両者の強固な共通姿勢となっている。

　もちろん，執筆については，第1章を除けば，それぞれが責任を負うが，最終的に両者の共同責任ということになる。紙幅の制約もあって，詳細な説明を抜きにした不足もあり，認識の不備もあるので，完全なものであるというつもりはないが，読者の批判を待って，つぎの機会に不備をただしていきたい。

　この出版については，短期間に仕上げたので，田中千津子学文社社長に多大な便宜をいただいた。改めて，深くお礼を申しあげる。また，編集部のスタッフの皆さんには，細かい指示をいただき，本書の完成に貢献いただいたことを感謝する。

2008年3月

　　　　　　　　　　　　　　　　　　　　　　　　金子貞吉・武田　勝

目　次

はしがき　i

第1章　市場経済 …………………………………………………… 1
  1-1　社会的分業　1
  1-2　労働力の商品化　2
  1-3　市場経済-商品生産　5
  1-4　市場原理と市場経済　6
  1-5　経済主体と経済循環　9
  1-6　生産活動と生産財　11
  1-7　資本主義　12

第2章　国民経済計算―生産・分配・支出― ……………………… 16
  2-1　国民経済計算とSNAにおける経済主体　16
    2-1-1　非金融法人企業　16／2-1-2　金融機関　17／2-1-3　一般政府　17／
    2-1-4　家計　19／2-1-5　対家計民間非営利団体　19
  2-2　経済活動量と三面等価の原則　20
    2-2-1　三面等価の原則　20／2-2-2　生産面からみた国内総生産　22／2-2-3
    分配面からみた国内総生産　24／2-2-4　支出面からみた国内総生産　28
  2-3　さまざまな経済活動量　30
    2-3-1　名目と実質　30／2-3-2　GNPとGDP：属人概念と属地概念　31／
    2-3-3　グロス（総）とネット（純）　32／2-3-4　国民所得　33
    　　コラム　経済における秤　34

第3章　生産構造 …………………………………………………… 36
  3-1　景気循環　36
  3-2　戦後日本の経済成長　37
  3-3　投資の分類　40
  3-4　投資の動向　41
    3-4-1　各投資の動向　41／3-4-2　成熟社会における純投資　44
  3-5　産業構造　46
    3-5-1　産業分類　46／3-5-2　産業構造の特徴　47

第4章　労働力構造 ………………………………………………… 52
  4-1　労働力に関する定義　52

4-2　労働力をめぐる諸問題　54
　　　4-2-1　労働力構成　54／4-2-2　高齢化と労働力　56／4-2-3　失業率の推移　57／4-2-4　日本的雇用慣行の変化　58／4-2-5　非正規雇用の拡大　60
　4-3　賃金と労働分配率　61
　4-4　所得の格差と再分配　62

第5章　貿易構造　65

　5-1　貿易についての考え方　65
　5-2　国際機構　67
　5-3　貿易構造　68
　　　5-3-1　貿易収支の動向　68／5-3-2　貿易構造の推移　71／5-3-3　貿易相手国の推移と貿易摩擦　74

第6章　財政構造　77

　6-1　財政の役割　77
　6-2　政府会計と予算　78
　　　6-2-1　政府会計の種類　78／6-2-2　予算　79／6-2-3　一般会計予算の内容　80
　6-3　財政規模の推移　82
　6-4　税制　84
　　　6-4-1　日本の租税体系　84／6-4-2　租税の根拠と租税原則　89
　6-5　国債　90
　　　6-5-1　国債の定義と種類　90／6-5-2　国債管理政策の戦後史　91

第7章　社会資本整備と地方財政　96

　7-1　公共事業の定義　96
　7-2　公共事業の戦後史　97
　　　7-2-1　公共事業の展開　97／7-2-2　公共事業の根拠　99
　7-3　公共事業と地方財政　102
　　　7-3-1　国・地方の税収・歳出構造　102／7-3-2　地方歳出入の推移　104
　7-4　財政投融資制度　107
　　　7-4-1　財政投融資制度の仕組み　107／7-4-2　財投の運用状況　107／7-4-3　財投改革と小泉改革　110

第8章　社会保障制度　113

　8-1　社会保障の歴史と理念　113
　8-2　日本の社会保障制度　115
　8-3　年金制度の推移　115
　8-4　公的年金制度　116

 8-5 年金保険料 120
 8-6 年金の給付水準 121
 8-7 年金保険の財源 122
 8-8 健康保険制度の発足 124
 8-9 医療保険制度の変遷 126
 8-10 国民健康保険税（保険料） 128
 8-11 診療報酬 128
 8-12 介護保険 129
 8-13 後期高齢者医療制度 130

第 9 章 貨幣と日本銀行 132

 9-1 貨幣の発生 132
 9-2 貨幣の機能 133
 9-3 日本銀行と日本銀行券 135
 9-4 日本銀行券 138
 9-5 日本銀行の役割・機能 139
 9-6 日本銀行の政策手段 141

第 10 章 金融システム 147

 10-1 銀行の業務 147
 10-2 日本の金融機関 149
 10-3 金融自由化 154
 10-4 金融制度の崩壊 158
 10-5 金融制度の改正 161
 10-6 ペイオフの導入経緯 162
 10-7 金融行政制度の変革 163

第 11 章 金融市場 165

 11-1 金融市場 165
 11-2 金融市場の形態 167
 11-3 利子論 168
 11-4 通貨の供給メカニズム 169
 11-5 マネーサプライの推移 172
 11-6 金利動向 173
 11-7 株式と証券市場 175
 11-8 株価の指標 176
 11-9 株価の推移 178

11-10　投資信託　180

第12章　国際収支と為替　……………………………………………………… 184
　12-1　国際金融　184
　12-2　国際収支　184
　　　12-2-1　経常収支　186／12-2-2　資本収支　188
　12-3　国際収支動向　189
　12-4　為替相場　192
　12-5　為替相場の決定　194
　12-6　為替相場の変動　195
　12-7　為替介入　198

索　引　201

第 1 章　市場経済

1-1　社会的分業

　経済とは，人々の生活の社会的なつながりのことである。われわれは生産物（財やサービス）を費やして生活しているが，それらは自分でつくるのではなく，他でつくったモノを消費している[1]。個々人の生活は，社会的な生産活動によって，支えられ，つながって，成り立っている。一見，人々は個々ばらばらに生活しているようにみえながら，実は社会的につながって生活している。この社会的なつながりが経済であり，それに関連するさまざまな動きを経済活動という。人々は衣食住という基本的な生活物資をはじめとして，さまざまな財やサービスを生産し，消費して生きている。だから，このような財・サービスの生産・消費活動というモノの流れが経済であるという考えもあるが，経済とは，実はそのようなモノの流れの根底にある人々の社会関係のことである。したがって，**経済学**とは，財・サービスの生産・消費活動を研究対象としながら，そこに流れている人々の社会関係を明らかにする学問だということができる。そのように考えるから，モノの動きだけでなく，富，所得，失業，貧困，あるいは社会保障などが経済学の課題となる。

　大昔には，人間に必要な生活物資は，自然にあるものを狩猟・採取していたが，今日では，機械・器具を装置した企業で生産されている。太古には，人々は小さな共同体のなかで自給自足的な生活を送っており，どうしてもその共同体では得られない塩のような必要物だけをわずかに交換するという時代が長く続いた。だが，次第に外部の共同体と接触し，物資の相互交換を始めるようになった。人々は住んでいる場所が山か里か海かというように異なっているので，その地勢に適した産物をたくさんつくっていた。海辺の住人は魚や塩のような海産物を，里の住人は米や麦や野菜のような農産物を，山の住人はウサギや鹿のような獲物を，比較的多く採ることができる。そのうちの余剰物を，自

らは採ることができないモノと交換するようになる。交換できるようになると、人々は必要な生活物資をすべて自分でつくろうとはせず、住む場所や環境に合ったモノに限定して生産し、生産しないモノは交換によって得るようになる。住む環境に適合した生産物に**特化**して生産する方がより多く生産することができて、効率的だからである。このように、外部社会と接触するようになると、人々は地域によって特定の生産物をつくって、それを相互に交換するようになった。この相互交換が一般化すると、生産の特化が進み、人々は他者の生産物と交換しないと生きていけないことになる。こうした生産物を相互交換する経済圏は、最初は局地的に発生するが、生産力の発展につれて、広がっていく。このように経済圏が広がり、個別の生産が全体の供給を支えあうような生産になることを、**生産の社会化**（あるいは社会的生産）という。

人々は経験を重ね、工夫して、生産力を上げて、この相互交換を発展させた。だが、生産力が上昇するにつれて、余剰物ができるので、社会総体として多種多様な生産物がつくられ、交換が前提となってくる。これは別の面から考えると、自分のために生産物をつくるという個々の私的な労働が、相互交換の社会になると、社会総体のための社会的な労働という性格をもつことになる。多面的であった私的な労働が農業や工業、商業などに分化して、社会の総労働を構成することになる。このように、各分野に専門化することを、**社会的分業**（social division of labor）といい、社会の総労働となっている。人々は、相互に依存しあって、よりよい生活物資を大量に得るようになったのである。われわれ人間は一人で生きているのではなく、交換を媒介に、社会的な存在となっている。だから、現代では個人として一人で生きるといっても、知らないうちに、どこかで他人とつながっているのである。

1-2　労働力の商品化

人々が生きていくには、必要なものを生産しなければならないので、働くしかない。仕事をしないで生きている人がいるというかも知れないが、それは他の人がその分だけ働いているから可能となる。もともと多くの生活物資は、自

らつくるという自給自足の時代が長く続いたのである。農業が主流であった前近代社会では，人々は農地を基礎に生産活動を行った。そのなかで，農産物だけではなく，竹箆や桶をつくるとか，布を織るとか，身の回りのいろいろな必需品も自給自足していた。そこに余剰物ができるようになると，農家が副業として，農産物以外の手工業品を販売するようになる。さらに，生産力が高まると，手工業品だけをつくる手工業者が生まれて，それを販売するようになり，農業の周辺に商品生産が起きるようになる。これが広がって，一般化した社会が**商品生産社会**である。

　このような商品生産は個人の余剰物の商品化から始まっているが，このレベルを**小経営**あるいは**小商品生産段階**という。その技術レベルは道具を使う手工業であった。こうした数百年間の小商品生産段階を経て，農村の**家内工業**とか都市の親方のもとで小規模な作業場が発達し，商品生産が拡大していった。それはまだ手工業レベルの道具類を設置した作業場であった。そのなかに，一定規模の労働者を集めて生産する**マニュファクチャー（工場制手工業）**が生まれ，工場が誕生した。その工場の装置はまだ機械とはいえない道具類を使うレベルであったが，労働者を集中させることによって，生産能力を上げることが可能となった。労働者が集中すると，作業工程をいくつかに分けるという**分業**（社会的分業に対して，**技術的分業**ともいう）を行うことによって，生産性を上げることができるからである[2]。このような工場制は，そこで働く労働者の発生と並行して発展した。それまで農業で生活していた農民の一部が，いろいろな理由で土地から切り離されて労働者となったからである[3]。このように，農民が農業から切り離されて，労働者群ができあがる過程を**本源的蓄積**（あるいは**原始的蓄積**）という。

　イギリスで18世紀に**産業革命**が起きた。生産用具が道具から機械へと発展したのである。機械は，動力・伝達・作業の3機能を分解して結合した人間の肉体能力を超える生産用具であり，モノをつくる手仕事から人間を解放した。それを境に機械類を設置した**機械制工場**といわれる現代的な工場が生まれた。こうして，機械が高度化するにつれて，ますます生産は工場や企業に集中した。

それとともに，個人や自営業の生産活動は成り立たなくなっていくのである。

このように，近代社会では，農民が農地から切り離されて，ほとんどの人は労働者となり，工場の下で生産活動にたずさわるようになる。いまや，企業が生産活動の拠点となっている。生産物のほとんどは，企業でつくられてから流通している。かつてのように自給自足の生産活動はほぼなくなっているし，また個人がつくる生産物も非常に少なくなっている。

生産が企業の下でしかできないということは，個々人は企業に雇用されないと生産にかかわれないし，また生きていくこともできなくなったということである。そこで，個々人は，企業で働いて，報酬（所得）を得て，それでもって市場で生活物資を手に入れるのである。ほとんどの人は労働力を売ることでしか生活することができなくなっているのである。このように，人が企業に勤めることを**労働力の商品化**といっている。労働力の商品化といっても，それは奴隷のように人格もろとも売買されるということではなく，働くという契約を企業とかわしていることである。それは今日では，個人が生活物資を得るために，企業で働くしか生産活動にかかわれない状態を指しているのである。商品生産社会では，労働力も商品となっており，個々人の働き＝労働は，私的なものではなくなり，社会的な労働になっている。

現代では，人々が生産活動にかかわるには，企業という場しかないのだから，労働力の商品化は必然となる。産業革命以来，機械の発明があり，現代ではモノの生産はこの機械を利用するようになった。その機械類は高度化し，自動化して，今や高価な装置となっているので，巨大化した機械類とか施設・設備といった生産に必要な**生産手段**は個人で準備することができなくなっている。巨大な生産手段を設置するには，巨額の資金が必要となり，**個人企業のレベルを超えることになる。そのために**株式会社**という**法人企業**ができた。それは株式を発行して社会全体から遊休資金を調達し，高価な生産手段を準備した企業である。このように，現代では法人企業に生産手段が集中しているので，現代人は否応なく企業に勤め，労働力を商品化することでしか，生きていけなくなっているのである。

1-3 市場経済－商品生産

すでに述べたように，長い時間を経て社会的分業が進み，生産物の交換が広がった。そこに，交換する場としての市場が成立する。市場は，もともと生産者どうしが集まって直接取引する一定の場所に成立して発生したものである。そこで多様な生産物の交換が行われ，臨時的な交換場所が定期化して，市場が成立する。市場が頻繁に開かれるようになると，生産者同士の交換の場であった市場が，生産者（供給者）と消費者（需要者）に分かれるようになってくる[4]。

日本でも古代にすでに定期的な市場が成立している。京都では，東市，西市といわれる市場が成立していたし，中世期には月3度の定期市，いわゆる三斎市が各地にみられるようになっている。定期市の言葉の名残が四日市，八日市，廿日市という地名に残っている。このような市場は，時の権力者によって支配されたり，その庇護のもとに同業者が株仲間をつくって，利権を守ったりして，取引市場としては閉鎖的であった。これを打破して，自由市場を開放しようとするものの一つが，楽市楽座のような政策であった。

市場への参加が自由になると，多くの生産者が市場に参加するようになって，商品生産が活発化し，広範囲に広がる。生産は自らの生活必需品の生産から，交換を前提とする生産あるいは販売を目的とする生産，すなわち商品生産へと変化したのである。とりわけ，18世紀以降の産業革命が生産能力を飛躍的に拡大させ，一挙に商品生産が全面化した。このような経済の仕組みが一般化した社会が**商品生産社会**であり，**近代社会**である。そこでは市場における商品の交換が中心となるので，**交換経済**，あるいは**市場経済**が前提となる。

商品生産が一般化した商品生産社会になると，生産物の価格が人々の生産・消費活動の重要な指標になってくる。なぜなら，生産が個人的な行為から社会的な行為となり，広範囲の交換が行われるようになって，生産物の交換比率＝価格が人々の関心事となったからである。最初のうちは，交換する者が相対で了解するような交換比率は，偶然的，個別的であった。しかし，頻繁に交換されるようになると，例えば米1升と塩1合というような，だれもが納得する交換割合が定まってくる。つぎには米2升と酒1合というような交換が同じよう

に定まってくる。すると，塩と酒との交換比率も決まるというように，多くの生産物相互の相対的な交換割合が決まっていく。このような生産物全体の損得ない交換比率が長い時間をかけて決まり，そこに価格が成立する。だから，経済学では生産物の価格論が最初の課題となるのである。

　では，価格はどのように決まるのか？モノの価格はもともとそれを生産するコストが根底にあり，それを基準にして上下に変動する。市場で，販売者（＝生産者）と購買者（＝消費者）が出会うと，それぞれが有利になるように行動して，均衡価格に落ち着くと考えられる。経済学の父，**アダム・スミス**が「**神の〈見えざる手〉**」(invisible hand) と形容したこのプロセスを通じて，生産物の価格には，**一物一価**（の法則）が成立するようになる[5]。

　このような一物一価の法則が成り立つ環境で，生産者がある一定の価格で利益をあげるには，生産方法等に工夫を加えて，コストを下げて，利幅を増やすことが必要である。同じ土俵で競争すれば，だれもが利益をあげようとして，知恵を働かせ，工夫改良し，よい商品を効率的につくるようになるだろう。これが社会全体に行きわたると，ある商品で儲けが大きいとなると，利幅の小さい分野の生産者がそこに参入して，その商品が増産されることになる。すると，その分野の商品の価格は下落して，利益は減少する。このようなことが，社会全体に及ぶことによって，生産物の種類と分量とが，適切に配分されることになる。このような市場の働き，すなわち神の〈見えざる手〉を通して，適切に**資源配分**（allocation of resources）されるという考えが**市場原理**である。

1-4　市場原理と市場経済

　市場原理というのは，近代になってから主張されるようになった。市場経済のなかに，価格の均衡作用や資源配分の調整機能があるらしいことが発見されたのである。ヨーロッパで，絶対主義時代には貿易上でも，特権階級による独占支配が行われ，自由な生産が阻害されていた。自由放任が国民経済にとって利益となるという論陣を張ったのが，スミスであった。スミスは利己心に基づく個々人の行動が，無意識のうちに社会全体の発展につながると考えて，経済

活動は人間の意図的な計画によって調和がとれるものではなく，神の〈見えざる手〉が，市場の均衡を達成するのだと考えたのである。ここから**レッセ・フェール**という経済学の重要な概念が誕生したのである。

　ただ，スミスがいうところの利己的行為は野放図な自由ではなく，公平な観察者が「共感」(sympathy) しうる自由である。常識的な**経済人**（ホモ・エコノミクス）がもつ最も合理的な利己心にしたがって自由に取引すれば，財やサービスの需給関係が調整されると考えたのである。そういう人々が生産物を相互に交換するような社会では，モノの価格の変動を通じて，需給が均衡すると考えたのである。だましたり，嘘をついたり，法を犯してでも儲けようとする独善的な人は市場参加者として想定されていないのである。市場への参加者がホモ・エコノミクスであり，利益を求めて工夫改善し勤勉に働くならば，モノの価格が安定し，資源配分が最適になるというのが市場原理である。

　このようなホモ・エコノミクスは，現実にはなかなかいない。現実の人々の多くが，スミスのいう「共感」が得られるような利己的な行動をしていない。自分だけが儲ければよいとして，隙あらば詐欺・瞞着をし，暴力・軍事力を使ってでも，利益をあげようとする。こうなると，市場原理は乱されてしまう。市場原理がうまく作用するには，その参加者が良識をもっているという前提がなければならないのである。

　ところで，われわれは市場経済とか市場原理（主義）とかをよく耳にするが，必ずしも両者は同じ概念ではない。**市場経済**は，生産が社会的分業の下で行われ，生産と消費とが分離され，両者が市場を通して結合された経済の発展段階をいう。生産は生産者の下で自由に生産されるが，市場に売りに出されて，価格の変動を通して生産物の種類や生産量が調整される仕組みとなっている。しかし，この仕組みでは，売ってみなければ，その需要がどれだけあるかわからないのである。生産物を市場に出してみて，はじめて需要量がわかるという，消費（需要）が前で生産（供給）が後という転倒した関係を市場経済はもっている。どれだけ生産すればよいか，事前にはわからないので，おおざっぱな需要予測に基づいて生産している。生産者は多数いて，異質のモノを大量に生産し

ている。しかも，それぞれが分離して，勝手につくっているのに，社会全体として需給関係がなんとか均衡しているのである。この不思議な世の中の仕組みを考えて欲しい。

　人々は，いろいろな業種で，バラバラに生産活動しているので，どういうモノを，どれくらいの量を生産すればよいか，すなわち一体どの業種にどの程度の労働力を配置すればよいか，だれも初めにはわからない。このように，社会全体としてだれも制御していないのだから，**市場は無政府的**である。生産物は，売れるかどうかわからないままに，市場に出される。生産物は市場に売りに出されて，その生産物の価格が市場で上昇するなら，その需要があるというシグナルとなる。逆に，それが売れずに価格が下がるなら，その供給に対して社会の需要がないというシグナルとなる。そのシグナルによって，社会全体として生産物の種類や量が調整されるし，労働力の配分が調整される。このように市場経済では，価格の変動を通して生産物の種類や生産量が調整される仕組みとなっている。市場経済では，生産物を市場に出してみて，そこで社会的必要量がわかることになる。すなわち，需要と供給が市場を通して事後的に均衡するのである[6]。

　以上のように，市場における価格変動を通じて，さまざまなモノが適切な価格帯におさまる仕組みを**価格メカニズム（価格機構）**という。また，それを**市場メカニズム（市場機構）**ともいう。自由に生産活動が行われ，その生産活動が社会的に必要かどうかを市場に問い，市場にゆだねれば，その生産活動は社会的な適量に調整されることになる。市場メカニズムによって，時代のニーズに合った財・サービスを生産するために必要な資源が適切に配分されていく。この適切な配分の結果が，その時代の産業構造として現れているといってもよい。国民経済の規模は，その時代の生産力によって決まってくるが，その内容は市場メカニズムに従うと，その時代のニーズに近づくということになる。人々が農産物を欲すると農業分野が増えるし，自動車を望めば自動車産業が拡大するし，道路や橋が必要だとすれば土木業が盛行するというように，市場メカニズムを通して，産業構造が変化する。

このように市場経済とは，市場において資源が配分される仕組みのことであるのに対して，**市場原理**とは，資源配分を市場経済に任せたときに，どのようなメカニズムで経済の均衡が達成されるかという，仮定をおいた原理のことである。それが，1970年代のアメリカで見直されることとなった。それまで実施されてきた**ケインズ政策**によって，巨額の財政赤字と物価が持続的に上昇する**インフレ**が発生し，それに対して**ケインズ経済学**が有効な処方箋を提示できずにいたからである[7]。このころから**市場原理主義**が叫ばれるようになり，市場経済に任せさえすればうまくゆくとする考え方が強調されるようになった。

1-5 経済主体と経済循環

ここでは経済についてもう少し具体的にイメージするために，大まかな全体像をつかむことにしよう。現実の経済はあまりに複雑で，そのまま把握することはできないから，デフォルメしなければならない。そのために，経済活動を行う主体，すなわち**経済主体**を通常は三つに大別して分析している。生産主体としての**企業**，消費主体としての**家計**，そして（再分配）政策主体としての**政府**，の三つである[8]。この三者の関係を明らかにするために，図1-1に基づいて経済循環を考えてみよう。

図1-1には，消費主体としての家計，生産主体としての企業，政策主体としての政府が経済主体として登場している。そのとき家計は生産要素（労働力・土地・資本）の所有者，企業は前期から持ち越した資本設備の所有者と前提する。すると，家計と企業との取引市場として，生産要素市場，財・サービス市場が成立する。

さて，生産主体である企業は**生産財**と**消費財**とを生産し，生産財は生産財市場で企業間で取引され[9]，生産のために使用される。消費財（サービスを含む）は家計を対象とする財・サービス市場で取引される。消費主体である家計は，生活するために財・サービスを購入し，その対価を支払う。企業は消費財，生産財の対価を受け取ることで取引が完結する。

他方，企業が生産活動を行うためには**生産要素**が必要である。それは**労働力**，

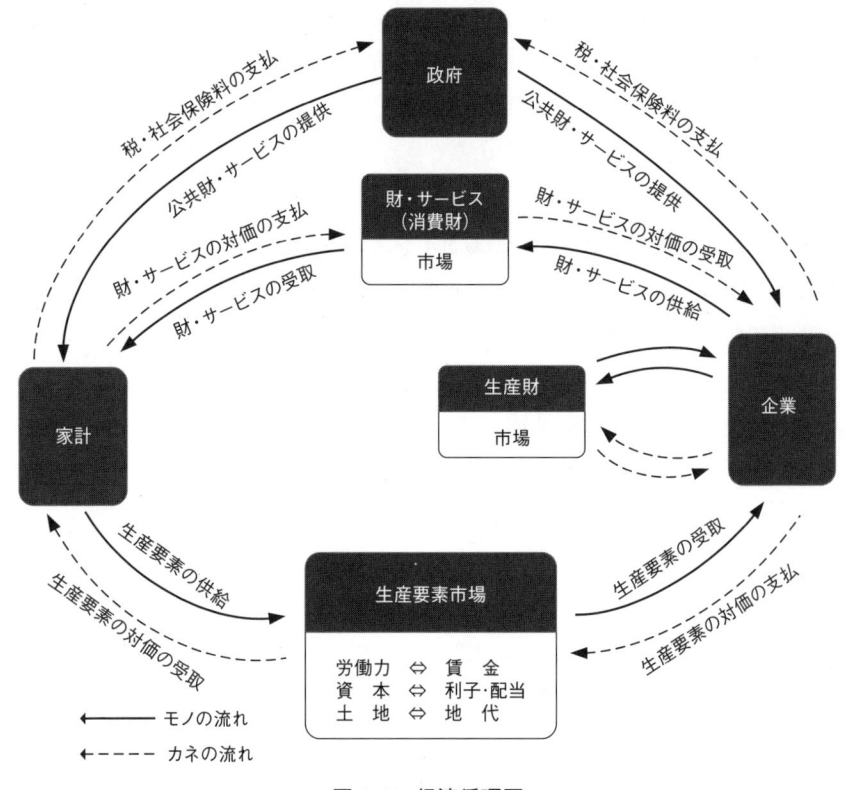

図 1-1　経済循環図

資本，土地とされているが，このうち労働力と土地は再生産不可能な性格をもつので，**本源的生産要素**ともいわれている。労働力は**労働市場**を通じて取引され，労働の対価として賃金が支払われる。資本は**資本市場**で取引され，その対価として利子・配当が支払われる。土地は**土地市場**で取引され，その対価として地代が支払われる。資本と土地については，資本主義の下では，これらに私的所有権を認めており，それを利用するときには持ち主に代価を支払わなければならない[10]。

　政府は，国民経済を維持するために，私的企業にはできない公共的な財やサービスを提供する。そのために，家計からは所得税や消費税，企業からは法

人税のような税金や社会保険料を徴収し、公共財や公共サービスを提供している。また、図示していないが、政府は税や社会保障を通じて所得の再分配を行っている。

1-6 生産活動と生産財

すでにみたように、企業の生産物は、生産財（あるいは、資本財）と消費財とに分けることができる。つまり、生産物（経済財）＝生産財＋消費財である。

消費財は日常生活で直接に使用・消耗するような財をいう。それは家計によって購入され、消費されて、市場からは退場する。これらのモノの流れを仲介するところが流通業等であるが、この流通過程でも人々が働いて、モノの情報を提供したり、移動させたり、さまざまな流通サービスを生産していると考えることができる[11]。

生産財は企業で使う機械類や原材料である。企業が前期から持ち越した資本設備を前提として、生産財が購入される。そしてその生産財は企業のなかで再び機械・原材料として消費され、またモノの生産にかかわることとなる。生産財は人々が直接に消費するものではないが、消費財の生産に役立つ道具である。いったん生産財をつくって、それを利用して消費財をつくる手法を**迂回生産**という。だから、現代の生産は多種多様であり、企業も消費財をつくるところと、生産財をつくるところが分離するようになっている。

経済の根本は、生産したものしか消費できないということである[12]。経済活動は人々が生産物を生産・消費することということができる。この生産＝消費[13]がどのように関連しているかを明らかにすることが経済学の根本的な課題ともいえる。

ここで消費というのは広い意味で使っており、少し説明が必要となる。生産物＝生産財＋消費財の右辺である両財への支出をマクロ的に消費といっている。消費とは「使って無くす、消耗する」という意味なので、消費財を使う、というのが普通の意味であるが、ここでは生産財を使うことも含んでいる。生産財は、消費といっても直ちに使ってしまうのではなく、生産拡大のために使う＝

消費すると考えればよい。消費財への支出が本来の消費であり，それは使われることによって市場から消えていく。食料は毎日消費しているし，衣料は毎日着ても一定期間は使用できるが，やはり消耗している。乗用車や家電製品のような耐久消費財は，相当期間残存するので，しばらくは同じものを使用できるが，それらは社会的な生産・流通の局面からは消えていると考えることができる[14]。

　生産財の消費は，生産活動に利用されて，再生産のために使われているので，市場のなかにとどまっていると考えられる。だから，生産財への支出は単なる消費ではなくて，**投資**という。経済が発展するというのは，生産量が増えることである。生産量を拡大するためには，生産設備を増設するための投資をしなければならない。投資をすることは，社会総体としては，消費財の生産を抑えて，より生産財の生産を増やすことである。ここから，経済発展には投資が重要な鍵であることがわかる。

　この投資をするためには，貯蓄を増やさなければならない。貯蓄とは，消費しないことだから，生産財を生産することになる。ここから，投資＝貯蓄といわれる。

1-7　資本主義

　市場経済の発展は，生産と消費とを分離して，商品生産をもたらし，労働力でさえも商品化させるにいたった。このような商品生産段階になると，生産過程で経済的に利潤を形成することができるようになり，**資本主義**が成立する。前近代社会では領主が強権力（経済外的強制）で他人の生産物を召し上げたり，特権を与えられた商人が大儲けをし，非経済的な権益を得ていたのである。しかし，資本主義社会は一物一価が成立している世界で，等価交換を前提として利潤を生みだす社会である。前近代における商業での利益は，安く買って高く売る，すなわち一方の得は他方の損という不等価交換である。だから，流通過程での利益は，社会全体ではプラス・マイナス・ゼロとなり，価値を生むことにはならない。等価交換でも価値を生むのは生産によると考えたのがスミス

である。

　資本主義は，簡単にいうなら，利潤追求を求める商品生産社会である。このように，生産の動機が利潤追求であるから，利潤を拡大するために，生産方法の効率化を目指す。利益をあげるためには，ある商品が一定価格にあるとき，コストを下げることである。第一の方法として，労働者の労働時間を延ばすとか，賃金を下げるという手法が初期の資本主義時代にはとられた。だが，そこには限界があるし，反対運動が起きた。第二の方法として，機械を高度化して，単位時間当たりの生産量をあげる手法がある。高度な機械を開発したり，導入して，他より抜きんでた低コストで生産できれば，利益があげられる。これには，単に機械だけでなく，労働過程のシステムに改良を加える方法もある。例えば，トヨタ自動車のカンバン方式もそのような労働過程の改良である。このような方法で，一定価格にあるとき，コストを下げることができれば，他企業では得られない利益を取得することができる。この手法が資本主義の利潤創出の手段となる。しかし，どの企業も，技術革新をして追いついてくると，技術的格差が平準化してしまい，今度は，その製品の価格そのものが下がる。よって，先発組にもたらしていた利益が消失する。

　したがって，企業は他より高度な機械技術を開発し，しかも，他の企業が追いついて，価格が下がる前に，フル稼働してこの利益を得ようと必死になる。人間の労働時間には制約があるので，機械をフル回転するために，2交替とか3交替の労働システムが採用される。そして，優れた機械を開発・設置するために，企業は工夫し，効率化を図り，大規模な投資を行う。ここに資本主義は，不断に技術革新をすすめ，止むことのない否応ない競争社会となる。

　利潤追求が生産の動機であるから，生産量を拡大するために，各企業は投資を増大する。投資を増やすことは，生産財に偏る再生産構造となる。このように利潤追求を目的とする資本主義は，競争を起こし，拡大再生産をもたらす。しかし，やむなき競争が生産量の拡大と生産費の低下，ひいては生産物価格の低下をもたらすので，さらに生産を拡大再生産しなければならなくなる。ここから，供給の増大に見合う需要（消費）が増えないという矛盾をもっているのも，

資本主義の姿である。

　こうして19世紀末から20世紀初頭にかけて，資本主義は循環的に**恐慌**を発生させた。これは上述のメカニズムによって，供給と需要との不一致が資本主義のシステム上で発生するからである。資本主義システムの下では，生産は増大するが，富が一方に蓄積されて，他方では労働者が失業し，貧困が広がり，需要が増えないことになる。だから，この現象をめぐって，マルクスは「過剰生産と窮乏化」といい，ケインズは「豊富のなかの貧困」といったのである。このような歴史をふまえて，第二次世界大戦後になると，先進国は社会保障をすすめて**所得再分配** (redistribution of income) を行い，貧困による消費需要不足をカバーしようとした。他方で，政府の財政支出によって公共事業を起こし，投資需要不足を補填してきた。これらの政策は資本主義の欠陥を補う維持装置であった。しかし，それは根本的な解決にはならず，今日の経済に新たな問題を発生させている。

　このように，資本主義は経済拡大をもたらすが，所得の不均衡をももたらした。他方，資本主義は市場メカニズムを基軸としてきたので，生産効率を上げ，生産力を拡大しながら資源配分の均衡がはかられた。ソ連は計画経済を採ったが[15]，官僚制度と軍部によって支配されて，資源の適正配分には失敗の歴史となった。現代は，膨大な生産物の種類と量とを生産するし，世界的に結ばれているので，資源を効率的に配分することが困難である。今日，資源配分の調整には市場経済以上のメカニズムはないのだから，できるだけ価格メカニズムが作用するような市場経済の環境を維持する必要があるといえる。

注
1) なお，生産物を財・サービスといったり，サービスを含めて財やモノという場合もある。
2) アダム・スミス (Adam Smith, 1723-1790, イギリスの経済学者) は，主著『国富論』(1776年) の冒頭で，針（ピン）をつくるのに18工程があり，それを分業すると，一人で全行程をたどってつくるより，240倍ものピンをつくることができると述べている（スミス著，水田洋監訳・杉山忠平訳『国富論（一）』岩波書店，2000年，24-26頁）。
3) 農村にも商品生産が広がり，土地を集中する動きによって，特に小作農のような土地所有権のない層が，生産の場としての土地を喪失したことによる。イギリスでは，エン

クロージャーといわれる羊牧のための囲い込みがあったし，日本では江戸時代末期から土地の集中が始まり，明治期以降は寄生地主が土地を集中したことによる。

4) 市場は，具体的な場所を指す場合はイチバと読み，抽象的な取引の場を意味する場合はシジョウと読む。

5) 価格はどのように決まるのか？ A・スミスら**古典派**は，投下した労働量で決まるとする**労働価値説**を唱えたが，この説に基づくと人間に不可欠な水の価格が安くてダイヤモンドの価格が高い理由を説明できない（**水とダイヤモンドのパラドックス**）。この点は，最後の追加分に対する満足度（＝**限界効用**）の高低で価格が決まると考える**効用価値説**によって説明された（**限界革命**）。この効用価値説にたつ**限界効用学派**（**新古典派**）の人たちによって今日の**ミクロ経済学**がつくられた。

6) 現実的には，需要と供給が均衡するのは一時的であり，市場経済では常に需給は不安定で，需給不均衡の繰り返し（＝**景気循環**）のなかに均衡があるだけである。

7) ジョン・メイナード・ケインズ（John Maynard Keynes, 1883-1946，イギリスの経済学者）の主著『**雇用・利子および貨幣の一般理論**』（1936 年）に基づく経済学を**ケインズ経済学**といい，それに基づいて行われる財政金融政策を手段とする**総需要管理政策**を一般に**ケインズ政策**という。

8) 経済主体を家計，企業，政府に分ける考え方は，ケインズ経済学による**マクロ経済学**が成立して以降のことである。スミスをはじめとした**古典派**は，経済主体を資本家，労働者，地主とみていたし，限界革命以降の**新古典派**は，生産者と消費者に分けていた。カール・マルクスは資本家と労働者とみていた。こうした経済主体の捉え方は，その時代の経済学（者）が経済社会をどのようにみていたか，ということを示している。なお，マルクス（Karl Marx, 1818-1883）は『**資本論**』（1867～94 年）を著したドイツの経済学者である。

9) 生産財市場も財・サービス市場ということができるが，ここでは消費財市場と生産財市場に分けて図示している。

10) 資本と土地は，実際には家計だけでなく，企業や政府も所有しているが，その対価は財産所得として支払われ，最終的には家計に帰属すると考えられるので，ここではその所有と前提している。

11) 流通業では生産活動はしていないと考える説も依然として根強い。

12) ケインズは「生産する範囲でしか消費できない」といっている。ケインズ著，宮崎義一訳『ケインズ全集（9）説得論集』東洋経済新報社，1981 年，161 頁

13) それは現実の経済で生産＝消費になるという意味ではない。実際には，生産量（供給）が常に消費量（需要）に一致する保証はないし，両者の乖離の原因探求こそ経済学の重要課題になる。ただ，経済は需給不均衡が起こっても，一定期間後にはそれが均衡する状態を生み出すとして，経済学は均衡状態を前提の枠組みとして理論を考えている。

14) ただし，住宅は例外とされており，消費財ではなく，生産財（資本財）に分類される。

15) このような計画経済と日本などで行ってきた経済計画とは性格が異なる。

第2章　国民経済計算―生産・分配・支出―

2-1　国民経済計算とSNAにおける経済主体

　人々は生産活動をしながら生きている。そこで経済分析では，何をどれだけ生産し，どのように流通させ，どこでどれだけ消費しているかを考察することが重要になってくる。このような経済活動の実態を量的につかむためには，現実をデフォルメして，大まかな全体像をみることが有用である。ここでは，実際の経済統計で用いられている経済主体についてみておこう。

　各国の経済活動を捉える統計が**国民経済計算**である。この国民経済計算の基準となっている国際的なガイドラインが**SNA**（System of National Accounts）といわれるものである。今日，世界的に採用されているガイドラインは1993年に国連で採択されたもので，**93SNA**といっている。日本では2000年10月にこの93SNAに移行して，データが整備されている。

　この国民経済計算は，国民所得統計，産業連関表，資金循環勘定，国際収支表および国民貸借対照表の五つの勘定を統合した統計である。ここではフローを中心に述べておく。

　SNAでは経済主体を，1) 非金融法人企業，2) 金融機関，3) 一般政府，4) 家計（個人企業を含む），5) 対家計民間非営利団体の五つに分類している。第1章でみた三つの経済主体で考えれば，非金融法人企業と金融機関と対家計民間非営利団体が企業に，一般政府が政府に，家計（個人企業を含む）が家計に相当すると考えてよい。

2-1-1　非金融法人企業

　非金融法人企業（Non-financial Corporations）が現代社会では生産の中心的な場所となっている。企業は投資をして，労働者を雇用し，原材料を仕入れて，消費財を生産し，同時に企業が使う生産財を生産している。投資は企業が事業

活動を行うために，資本を調達（主として借入や株式の発行による）して，それぞれの事業に見合う工場や機械設備あるいは店舗や車両等の施設・設備を設置することである。別の見方をすれば，投資は生産財を購入することでもある。投資は，年々の**資本ストック**（工場・機械器具のような施設・設備，輸送機械，店舗）を累積していくので，生産を拡大させる要因となる。

2-1-2　金融機関

金融機関（Financial Corporations）は，①預金取扱機関，②金融仲介機関（信託，株式等），③非仲介型金融機関，④保険・年金基金の4業種に分類されている。金融機関も，法人企業ではあるが，そこが産出しているものは一般企業とは異なるので，別枠としている[1]。

　①②の金融機関の産出額＝帰属利子＋受取手数料
　④保険・基金の産出額＝保険料－保険金－（支払準備金増額－財産運用純益）

まず，前者の受取手数料は金融機関のサービスによる産出額とされる。それに対して，**帰属利子**＝受取利子＋受取配当－支払利子，は資産の果実であるから，金融機関で産出したとすると二重計算になるので，ダミー産業を設定して，その中間投入としている。後者の保険業における産出額も，年金基金等を含む支払準備額の増分は差し引かれて，その残額が帰属利子と同じ扱いで，中間投入となっている。なお，2006年の帰属利子は24.1兆円となっている。

2-1-3　一般政府

一般政府（General Government）は，**中央政府**と**地方政府**，それに**社会保障基金**の3主体から構成されている。一般政府は，基本的には企業・家計から租税や社会保険の保険料等を徴収し，それに基づいて財・サービスの生産を行っている。また，**ナショナル・ミニマム**を達成すべく，所得の再分配を行っている。

政府が行う生産活動の一つは公共サービスの提供である。それは行政・司法・立法の分野における国民へのサービスで，民間にはなじまない公共性の高

いサービスの生産である。例えば，住民生活に関連する公的証明（住民票の発行など），教育，医療・衛生，あるいは交通，防衛，警察等々にみられるサービスである。なお，政府が生産したサービスはSNAの上では**政府最終消費支出**として計上されている。この公共サービスの産出額は正確には計ることができないので，政府が支払っているコストによって計算されている。そのコストは，以下のようになる。

　　公共サービスの産出額＝政府コスト
　　　　　＝公務員等の人件費＋消耗品購入の物件費＋固定資本減耗＋間接税

　また，産出額（政府コスト）のうち，支払いが明確な部分，例えば公立学校の授業料や公立病院の医療費等は家計から政府に対して支払われていることは明らかなので，この部分は政府サービスへの対価，すなわち販売額と捉えることができる。これを除いて，その残りを政府が自己消費したとみなして，政府最終消費支出を算出している。すなわち，

　　政府最終消費支出＝公共サービスの産出額（＝政府コスト）－販売額

となる。よって，政府は生産主体であると同時に消費主体でもある。
　政府が行うもう一つの生産活動が公共財の生産である。公共財の生産は一般に**公共投資**といわれ，SNAには**公的投資**（**公的固定資本形成**）として計上されている。公的投資は公的住宅投資，公的設備投資，一般政府投資の三つに分けられている。公的住宅投資は公務員宿舎や公営住宅，賃貸住宅（公団・公社が建設する）の建設が含まれる。公的設備投資は民間企業の設備投資と同じような有形固定資産の形成となるものであり，庁舎や事務機器のような公務のための施設・設備を設置することである。一般政府投資は，道路・港湾等の産業基盤施設や下水道・病院・文教施設等の生活基盤施設，いわゆる**社会資本**，あるいは**インフラ**（infrastructure；インフラストラクチャー）の整備が該当する[2]。

2-1-4 家計

家計（個人企業を含む）(Households (including Private Unincorporated Enterprises))を経済単位として考えると，それはその構成員が労働力という生産要素を提供し，企業で働いて，給料等（SNAでは**雇用者報酬**という）を得ている。家計はそれだけではなく，所有する土地・家屋を貸し出すことによっても，地代・賃貸料を得ており，これをSNAでは**財産所得**といっている。また，家計も，貯蓄（預貯金・保険・有価証券の購入）を行うので，それに対する利子や配当を受け取っており，これも財産所得となっている。家計は，これらすべての所得[3]から税金や社会保険料を支払った残りである**可処分所得**でもって財・サービスを購入・消費する主体である。ただし，家計が建設・購入する住宅は資産を形成するので投資にカテゴライズされている。つまり，家計による住宅建設・購入は消費ではなく投資であり，そのローンは返済時に貯蓄に計上される。

このように，住宅は家計による投資と考えるので，そこに何らかの投資収益が発生するとみなされる。そこで，持ち家をもつ家計は家賃相当分を産出し，そのサービスを受けているとみなして，その分を**帰属家賃** (imputed rents) としている。SNAでは，その帰属家賃を家計の**営業余剰**に計上している。また，減価償却についても，固定資本減耗として家計部門に計上されている。2006年の家計の営業余剰（総）＝帰属家賃は43.3兆円にもなり[4]，そのうち固定資本減耗は20.7兆円なので，22.6兆円が純概念でみた帰属家賃となって，家計の所得を構成している。

2-1-5 対家計民間非営利団体

対家計民間非営利団体 (Private Non-profit Institutions Serving Households) は，家計を対象に営利を目的にしないサービスを提供している主体である。具体的には，私立学校，私立病院，労働組合，宗教団体，NGO，私立の社会福祉施設などである。これらの団体は営利を目的にしないので，その産出額は一般政府と同じように，コストによって計算される。高度成長期までは，この経済主体の国民総生産（GNP）に占める付加価値額の構成比は1％以下と大きくなかっ

たが，現在では約2.3％もあり，無視できない比重を占めている。その内訳をみると，私立学校と私立医療機関とその他でほぼ3等分している。

2-2 経済活動量と三面等価の原則

2-2-1 三面等価の原則

　ある国の経済活動量はSNA統計に基づいて，さまざまな側面から推計されている。実際に経済活動量を計測することは簡単ではなく，実測されたサンプルに一定の係数をかけて推計値として算出されている。

　経済活動量を捉える方法はさまざまであるが，今日では一般に，**国内総生産**（GDP；Gross Domestic Product）という概念で把握されている。国内総生産とは，ある一定期間に国内でつくりだされた財・サービスの付加価値額の総額のことである。**付加価値**とは，一定期間内に新たにつくりだされた財・サービスの価値のことであり，付加価値額は産出額から中間生産物を差し引いた最終生産物の合計に等しい。

　いま仮説例としてパンの製造を考えよう。パンができるまでには，小麦の栽培→小麦粉の製粉→パンの製造と三つの段階を経るとして，それぞれのキロ当たり価格が，小麦300円→小麦粉450円→パン700円としよう。このときパンの価格700円には中間生産物としての小麦粉の価格450円が含まれている。パンの製造段階での付加価値を計算するためには，小麦粉はパンの製造過程で新たに生み出された付加価値ではないから，この分を控除しておく必要がある。よって，700円マイナス450円の250円がパンの製造過程で新たにつくりだされた付加価値となる。同様に，小麦粉の製粉段階では，450円マイナス300円の150円が付加価値となる。小麦の場合は，中間生産物を投入していないので，そのまま300円が付加価値になると考えれば，付加価値の合計は，300円（小麦）＋150円（製粉）＋250円（パン製造）＝700円となる。この700円は最終生産物，すなわちパンの価格に等しくなっている。また，総産出額は，300円（小麦）＋450円（小麦粉）＋700円（パン）＝1450円となり，中間生産物は，300円（小

図2-1 2006年における GDP

資料：内閣府『国民経済計算年報』
注：各項目を四捨五入しているため，若干の誤差がある。

麦）＋450円（小麦粉）＝750円となるから，総産出額－中間生産物＝付加価値，すなわち1450円－750円＝700円となる。

ここで実際に，2006年（暦年）のデータに基づいて具体的に説明しよう（図2-1）。

2006年には国内で973.3兆円の経済活動が行われた（総産出額）。だが，この経済活動のなかには原材料や部品類のような最終生産物ではない中間生産物が448.7兆円含まれている。よって，付加価値額を計算するには，この中間生産物分を差し引く必要がある。この中間生産物を控除しておかないと，付加価値額が二重計算されてしまうからである。また，図には調整項目として，15.6兆円が控除されている。これは，輸入品に課される税・関税〈5.4兆円〉－総資本形成に係わる消費税〈3.3兆円〉－帰属利子〈24.1兆円〉＋統計上の不突合〈6.4兆円〉である。ここではそれらの各項目が産出額から加除され，付加価値額が算出されていることを理解すればよい。よって，総産出額から中間生産物および調整項目を控除した残りが付加価値額の合計となり，これが2006年における国内総生産508.9兆円である[5]。

ところで，一定期間に生み出された付加価値は，必ずだれかの所得として分配され，その所得は必ず支出される。よって，生産（供給）＝分配（所得）＝支出（需要），が成り立つ。これを**三面等価の原則**という。分配面での国内総生産に該当するのが，**国内総所得**（GDI）であり，支出面での国内総生産に該当するのが，**国内総支出**（GDE）である。まとめると以下のようになる。

生産面 = GDP （Gross Domestic Product）……………国内総生産
分配面 = GDI （Gross Domestic Income）……………国内総所得
支出面 = GDE （Gross Domestic Expenditure）………国内総支出

　生産面，分配面，支出面の三面が等しいという三面等価の原則から以下の恒等式が成り立つ．

国内総生産（GDP）≡ 国内総所得（GDI）≡ 国内総支出（GDE）

　この三面等価の原則を2006年（暦年）の実数で示したものが，**表2-1**である．はじめに2006年のGDPが508.9兆円であることを確認して，それぞれの国内総生産についてみておこう．

表2-1　三面等価の原則（2006年）

生産面		分配面		支出面	
産業	466.7	雇用者報酬	262.6	民間最終消費支出	290.7
第1次産業	7.4	営業余剰・混合所得	93.5	政府最終消費支出	90.0
第2次産業	141.3	固定資本減耗	106.0	総固定資本形成	119.4
第3次産業	318.0	生産・輸入品に課される税	43.6	在庫品増加	2.5
政府サービス生産者	47.2	（控除）補助金	3.2	財貨・サービスの輸出	81.8
対家計民間非営利サービス生産者	10.7	統計上の不突合	6.4	（控除）財貨・サービスの輸入	75.4
小計	524.6				
（控除）その他調整項目	22.0				
統計上の不突合	6.4				
国内総生産	508.9	国内総所得	508.9	国内総支出	508.9

出所：内閣府『国民経済計算年報』
注1：各項目を四捨五入しているため，合計が一致しないものがある．
　2：第1次産業：農林水産業，第2次産業：鉱業，製造業，建設業，第3次産業：電気・ガス・水道業，卸売・小売業，金融・保険業，不動産業，運輸・通信業，サービス業

2-2-2　生産面からみた国内総生産

　生産面からみたGDPは，国内総生産がどのような主体から生み出されているかを把握しようとするものである．SNAでは，産業，政府サービス生産者，対家計民間非営利サービス生産者がGDPを生産しているとみている．産業は，

いわゆる第1次産業，第2次産業，第3次産業に分けることができる。大まかには，**第1次産業**が自然を対象とし，**第2次産業**が財を生産し，**第3次産業**がサービスを生産している，と考えればよい。第1次産業には農林水産業，第2次産業には鉱業，製造業，建設業，第3次産業には電気・ガス・水道業，卸売・小売業，金融・保険業，不動産業，運輸・通信業，サービス業が含まれている。

いま各産業の対 GDP 比をみると，第1次産業 (7.4兆円) は 1.5%，第2次産業 (141.3兆円) は 27.8%，第3次産業 (318.0兆円) が 62.5% となっている。また，政府サービス生産者 (47.2兆円) は 9.3%，対家計民間非営利サービス生産者 (10.7兆円) は 2.1% を占めている。このようにみると，今日の経済における第3次産業の大きさが目立つ一方で，第1次産業は，いまや対家計民間非営利サービス生産者の構成比さえも下回っていることがわかる。

生産活動は現在では，単にモノをつくるという製造活動だけではない。つくったモノを運搬するような運輸業とか，それらを販売する卸売りや小売り等の流通業もある。さらに物的なものを生産するのではなくサービスを提供する業種もある。飲食店やパチンコ店などはサービス業である。野球やサッカーではプロの選手たちが一定の活動をしている。新聞やテレビのようなマスコミや IT 産業のような情報産業もあるし，広告代理店のような産業でも付加価値生産に加わるとみる。大学や病院も国民経済計算ではサービス産業にはいる（正確には，対家計民間非営利サービス生産者である）。

また，モノをつくることは付加価値生産で，無形のサービスをつくることは付加価値生産ではないとする考えもある。しかし，その見方は労働分野が広範に広がっている今日では，納得的な説明を得られないであろう。例えば，野球場で優雅なプレーをみせるプロ選手の活動は付加価値を生産しないが，その球場で観衆がもっている応援メガホンの生産は付加価値を生み出しているとなると，これは理解不能な区別となる。音楽でも，もともとは狩りや農作業のなかで生まれたとされているが，中世期までは領主が抱える音楽士の演奏を，サービスとして享受していた。そのかぎり，楽士は領主丸抱えで自立していないので，付加価値を生産していないといえる。しかし，近代音楽の発展は，楽士た

ちを独立させることになった。人間の生活が文明の発展とともに広がって,音楽とか絵画とかの芸術も,プロスポーツのような興行サービスも,人々の物的な生活水準が高まった結果,それらを求めるようになり,取引対象となっている。このような人々の活動も,社会的生産に加わっているので,それは付加価値生産とみるほうが納得的である。

通常,市場で評価されない労働を**アンペイドワーク**(**無償労働**)といっているが,この代表が家事労働である。今日でも家事労働は私的なものとして扱われており,付加価値を生まないとされている。かつて,旧経済企画庁によって,いわゆる専業主婦による1年間の平均的な家事労働の貨幣評価が303.9万円であるとする推計が発表されたことがある[6]。また,従来はアンペイドワークであったが,今日ではかなり市場化されてきたものとして,高齢者介護サービスがあげられよう。このような事例から明らかなように,さまざまなサービスが市場化するということは社会的分業の広がりであり,資本主義の深化を意味しているが,必ずしもそれは有用性や価値といった問題とは次元の異なる話であることを理解しておく必要がある。

2-2-3　分配面からみた国内総生産

一定期間(通常は1年間)に生み出された付加価値は,必ずどこかの所得として分配されている。分配面からみたGDPは,国内総所得(GDI)という。そこでここでは,所得がどのように発生して分配されているかを考察しておく(表2-1)。

生産・輸入品に課される税(付加価値税や関税,その他の生産物に課される税),補助金,統計上の不突合を除くと,大きく3項目が残る[7]。雇用者報酬(262.6兆円),固定資本減耗(106.0兆円),営業余剰・混合所得(93.5兆円)である。雇用者報酬は労働力の提供に対する所得であるのに対して,営業余剰・混合所得は企業が得る所得である。ここではまず上の3項目について説明し,その後で,所得の発生と分配について考えることとする。

1) 雇用者報酬は,雇用者が労働力という生産要素を提供して得た所得であ

る。ここで雇用者とは，就業者（あらゆる部門で生産活動に従事している者）のうち，個人事業主と無給の家族従業者を除くすべての者である。それは，会社等に雇われて勤めている者と考えればよいが，SNA 基準では，企業の役員，特別職の公務員，議員等も雇用者に含まれる[8]。よって，この雇用者という概念は，通常の労働者概念とは質的に大きく異なっている点に注意を要する[9]。

また，SNA 統計における雇用者報酬は，いわゆる賃金概念とは異なっている。雇用者報酬は生産活動から発生した付加価値のうち，雇用者への分配額である。雇用者報酬は賃金・俸給，社会保障雇主負担，その他の雇主負担（退職一時金，退職年金等の雇主負担金）と三つに大別されている。社会保険雇主負担分，すなわち年金，健康保険，雇用保険，介護保険のような公的社会保険については，雇用主が一定割合で負担することが法制化されている。この社会保険の雇主負担分は，雇用者には手渡されないで，チェックオフされた本人負担分と合算して，社会保険庁等の所轄機関に納入される。よって，これらの雇主負担部分も雇用者への分配とみることができる。

2) **固定資本減耗**はいわゆる減価償却に相当するものである。例えば，10 年間の耐久性がある 1000 万円の機械を設置したとすれば，1 年間に平均して 100 万円だけ機械が磨耗していると考えられる。したがって，企業は年々の機械の消耗分に相当する 100 万円の減価償却費を積み立てていくとすれば[10]，10 年後に 1000 万円だけ引当金（減価償却引当金）が残ることになる。10 年後に機械が磨耗して使えなくなったとき，1000 万円の機械の投資額を回収できることになる。それによって，機械が廃棄される時点で，設備の更新として再投資されることになる（このような投資を**更新投資**という）。これも，現実には 10 年間積み立てておくのではなく，会計帳簿上積み立てられるだけで，実際には年々新規の設備投資や企業の運転資金にまわされて支出されている。しかし，国全体としては，毎年相応の機械設備の摩滅があるので，更新投資が行われていることになる。それが，SNA にでてくる固定資本減耗である[11]。2006 年の固定資本減耗は 106.0 兆円で，対 GDP 比で 20.8％を占めている[12]。

3) **営業余剰・混合所得**は，大まかにいえば，企業が生産した財・サービス

の売上げから減価償却の費用(固定資本減耗)と雇用者報酬を控除した残りに相当するもので,通常の利潤概念に近いものである。2006年の数字をみると,93.5兆円で,GDIの18.4%を占めている。この営業余剰と混合所得については,特に企業概念を理解しておく必要がある。

SNAにおける企業は非金融法人企業,金融機関,対家計民間非営利団体であるが,この企業には個人企業(自営業)も含まれている。個人企業とは,農家や商家,開業医などを指す。例えば,農家は耕作地を所有して農作物を栽培し,収穫したものを販売して所得を得ている。農家はほとんどが家族経営であるが,SNA上では個人企業とみなしている。よって,企業というときには,雇用者を抱える法人企業だけでなく個人企業も含んだものである。これまでは,この自営業の比重が非常に高かったが,今日の日本では自営業は激減しつつある。流通業をみても,スーパーやコンビニが広がるにつれて,個人企業は消滅している。自営業という形態が減少していることは,資本主義が広がっていることと同義である。

しかし,93SNAでは,世界的には自営業が広範に存続している点を重視して,個人企業の営業余剰に相当する部分を混合所得として計上している。個人企業の所得は,企業の営業余剰相当分と雇用者報酬の性格を併せもつものなので,"混合"とされている。すなわち,個人企業の所得は,企業活動より消費活動として支出される割合が高く,税金や社会保険料にしても貯蓄にしても家計的行動をとる,といった理由による。したがって,個人事業主の所得は雇用者報酬には含まれない。2006年における混合所得(総)は,22.7兆円となっている。

4) **所得の発生と所得の分配**は厳密には区別されなければならないので,ここでみておく。生産された付加価値は,だれかの所得として分配される。表2-1によれば,以下の式で示される。

GDI＝雇用者報酬＋営業余剰・混合所得＋固定資本減耗＋純間接税
　　＋統計上の不突合

ただ，この式は**所得の発生**を示しており，所得が分配されるには，もう一段階経る必要がある。というのは，個人企業も含めた企業の所得は営業余剰・混合所得（≒利潤）から財産所得を差し引いた部分になり，SNAでは**企業所得**という。すなわち，営業余剰・混合所得＝企業所得＋財産所得となる。よって，営業余剰・混合所得は，所得の発生段階での概念であり，企業所得，財産所得は**所得の分配**段階での概念であることに注意する必要がある。

現代では，資産の所有主体はそれを必要とする他の経済主体に貸すことによって，その収益の分配に与ることができる。預貯金や債券に対しては利子が，株式に対しては配当が，アパートのような不動産等を賃貸ししている主体には賃貸料が支払われている。このような資産を提供した対価として受け取る所得を**財産所得**（利子・配当・賃貸料）という。それらは借りた側からの分配所得であり，その資産そのものが自動的に付加価値を生んだのではないので，派生的な所得であると考えることができる[13]。この財産所得は，通常は生産主体である企業や政府が生産要素の借り手となるので支払超過となり，家計が受取超過となる。財産所得の受払いを行った後の財産所得が2006年では14.3兆円（財産所得（受取）118.0兆円－財産所得（支払）103.8兆円）となっている。

企業所得は営業余剰・混合所得から財産所得を差し引いたものである。混合所得は個人企業における所得の発生であるが，分配においては，家計への所得として勘定される。それは個人企業の企業主の勤労所得と企業利益とが混合しているから，単純に企業利益とはいえず，家計への分配所得とされる。

もう一つ考えておかなければならないのは，営業余剰のなかに，家計の帰属家賃が混入していることである。つまり，家計の帰属家賃は営業余剰の項目に計上されているのである。したがって，企業所得は厳密には帰属家賃も控除する必要がある。すなわち，

　営業余剰・混合所得＝企業所得＋帰属家賃＋財産所得

となる。

2-2-4 支出面からみた国内総生産

最後に，支出面からみた GDP，すなわち国内総支出（GDE）をみておこう。一定期間に生産された付加価値は，所得として分配され，その所得は必ず支出されることとなる（表2-1）。それは以下の式で示される。

GDE ＝民間最終消費支出＋政府最終消費支出＋総固定資本形成
　　　＋在庫品増加＋（財貨・サービスの輸出－財貨・サービスの輸入）

民間最終消費支出と政府最終消費支出が**消費**であり，総固定資本形成，在庫品増加が**投資**であり，財貨・サービスの輸出－財貨・サービスの輸入が（財貨・サービスの）**純輸出**であるから，つぎのように記述することができる。

国内総支出＝消費＋投資＋純輸出

2006 年は民間最終消費支出が 290.7 兆円（対 GDP 比 57.1％），政府最終消費支出が 90.0 兆円（同 17.7％）となっており，両者をあわせた消費支出は，380.7 兆円（同 74.8％）となっている（表2-1）。

また，**総固定資本形成**がいわゆる投資であり，この動向が景気を牽引する重要な指標となっている。2006 年，それは 119.4 兆円（同 23.5％）となっている。この数字は，民間投資と政府投資を含んだものである。政府投資は 1996 年までは 40 兆円を越えていたが，いまや 20 兆円程度になっている。総固定資本形成に占める政府投資の割合をみても，ピーク時には 30％を超えていたが，2004 年には 22.3％，2005 年には 19.6％，2006 年には 17.9％となっている。いわゆる**大きな政府**から**小さな政府**にベクトルが向いていることがわかる。このように，大きな政府とか小さな政府とかいうときに，これらの規模は一つの目安となる。

純輸出は，輸出－輸入なので，81.8 兆円－75.4 兆円＝6.4 兆円となる。輸出（入）依存度を輸出（入）額／GDE とすれば，輸出依存度が 16.1％，輸入依存度が 14.8％となっている。しかし，総需要を**内需**（国内需要＝消費＋投資）と**外需**（国外需要＝純輸出）に分けてみた場合は，内需は総需要の 98.7％で，外需

は1.3％しかなく，貿易立国，あるいは一方的な貿易黒字国などと形容される日本経済のイメージと実態とは乖離しているようにみえる。だが，貿易については，マクロ統計的な観察よりも個別産業の問題として捉える必要があるので，この点は後述することとする。

なお，この支出面からみたGDPであるGDEには，これまでの二面にはみられた統計上の不突合という項目が見当たらない（表2-1）。実は，すでに述べたように，GDPというのは推計値なのだが，三面それぞれに統計の基礎となるデータ，調査などが異なっている。そこで，実際のGDPの算出作業においては，最も実態に近いとされる支出面のGDEの数値を基準として，他の二面の推計を行っている。よって，他の二面については統計上の不突合が計上されるのである。

ところで，再三述べているように，三面等価の原則，すなわち，生産（供給）＝分配（所得）＝支出（需要）は，生産されたものが所得として分配され，支出されるということを示している。生産（供給）されたもの＝GDPは，一国経済全体の供給なので，総供給ということができ，支出（需要）されたもの＝GDEは，一国全体の需要なので，総需要ということができる。

　GDP（国内総生産）＝総供給
　GDE（国内総支出）＝総需要＝消費＋投資＋純輸出

三面等価の原則から，総供給＝総需要（＝消費＋投資＋純輸出）となる。これを記号であらわせばつぎのように書き直すことができる。

　　Y ＝ C ＋ I ＋ Nx

ここで，Y；Yield, C；Consumption, I；Investment, Nx；Net Export, である[14]。左辺のYは，「産出されたもの」の意であるYieldの頭文字であるが，このYは国民所得（あるいは総所得）とされることもある。これはなぜだろうか？

実は，このからくりは，三面等価の原則にある。三面等価の原則が，国内総

生産≡国内総所得≡国内総支出であることを想起すれば,「産出されたもの」を意味するYは,所得に等しいことになる。よって,「産出されたもの」の意味をもつYieldのYが一国経済全体の総所得をあらわすものとして用いられることも理解できよう。その総所得(Y)が,消費(C)や投資(I)や純輸出(Nx)に支出されている,ということを上の式は示しているのである。

2-3 さまざまな経済活動量

これまで,国内総生産を生産面,分配面,支出面から捉えて説明してきたが,経済活動量を計る概念は,GDP,GDI,GDE以外にもさまざまなものがある。そこで,ここではさまざまな経済活動量についてみておこう[15]。

2-3-1 名目と実質

これまで単にGDPだとかGDIだとか述べてきたが,正確には名目GDPや名目GDIといわなければならない(これまでの数字はすべて名目値であった)。だが,**名目値**を用いた場合,例えばGDPが増えたとしても,その背後には物価の上昇があったかもしれないため,そのような物価の変動を考慮しなければ,正確な経済活動量を把握することができない,という問題がある。そこで,経済活動量を正確に計るために,物価変動の影響を取り除いた**実質**値が使われる。実質値は,名目値から**GDPデフレーター**を除したものである。

$$\text{GDPデフレーター}=\text{名目GDP}/\text{実質GDP}$$

なお,この式から,GDPデフレーターは,名目GDPと実質GDPがどれだけ乖離しているかを示していることがわかる。この物価指数は**消費者物価指数**(CPI；Consumer Price Index)や**企業物価指数**(CGPI； Corporate Goods Price Index)のような物価指数よりも経済全体の物価動向を反映している点に特徴がある。

2-3-2 GNPとGDP：属人概念と属地概念

　GDPは地域（国）ベースで計量された数値である。それは，ある一定期間（通常は1年とされる）に，ある国内で生産された付加価値額の総額である。それは一国の経済活動量をみる指標なので，国内企業であっても海外支店等のそれは含まれない。逆に外国企業であっても，日本にある支店，子会社の経済活動量は含まれることになる。また，国内（領土）とは，外国公使館とか駐留軍（そこの外国人従事者を含む）を除いたものに，領土外に所在する公館および軍隊を加えたものである。例えば，日本にあるアメリカ大使館や米軍基地は日本国内ではなく，アメリカ国内として扱い，アメリカにある日本大使館は日本国内として扱うことになる。

　以上のGDPが**属地概念**に基づいているのに対して，**国民総生産**（GNP；Gross National Product）は，国民という**属人概念**に基づいた経済活動量である。GNPは，ある一定期間（通常，1年間とされる）に，ある国民が生産した付加価値額の合計である。GNPは，ある国民が，という点が重要である。この場合の国民とは，**居住者**という概念が使われる。居住者とは，国内領土に1年以上（日本の場合は半年以上），居住する個人・法人のことであり，国籍は問われない。日本の場合を考えると，外資系企業やそこで働いている外国人も，日本で半年以上の経済活動を行っているなら，日本の居住者となり，そこで生産された付加価値額はGNPに含まれる。また，在日韓国人のような日本国籍はないけれど，日本で働いている人々も，SNAでは日本の居住者となっている。反対に，短期に日本に出張している外国人（非居住者）の要素所得（雇用者報酬，国内企業への投資による財産所得等）は，日本のGNPには含めず，当該国のGNPとなる。反対に，短期に外国に出張している日本人の要素所得は，日本のGNPに含めなければならない。よって，GNPはGDPに**海外からの純要素所得**（日本における要素所得の受取マイナス外国への要素所得の支払）を加えたものとなる。

　　GNP ＝ GDP ＋海外からの純要素所得

　国民総生産が「国民」（居住者）が生産した付加価値額合計であるのに対して，

国内総生産は「国内」で生産された付加価値額合計である。かつてはGNPが経済活動量を計る代表的な指標となっていたが，経済のグローバル化の進展を背景に，GDPを用いて各国の経済活動量を把握するようになっている。

なお，**図2-2**にSNA上の諸概念を示している。三面等価の原則から，GNPはGNI（国民総所得），GNE（国民総支出）と等しいことがわかる。

2-3-3　グロス（総）とネット（純）

経済活動量を計るときに，グロスとネットの違いを理解しておく必要がある。GDP（Gross Domestic Product）のG（**グロス**）は，「総」と訳されているが，「粗」という意味で，減価償却分，すなわち固定資本減耗を含むという意味である。だから，GDPは正確には，国内粗生産と訳すのが適切であるが，慣習化して国内総生産と訳されている。他方，固定資本減耗を含まない額をネット（net；純）といっている。よって，GDPから固定資本減耗を差し引くと**国内純生産**（NDP；Net Domestic Product）となる。

NDP ＝ GDP －固定資本減耗

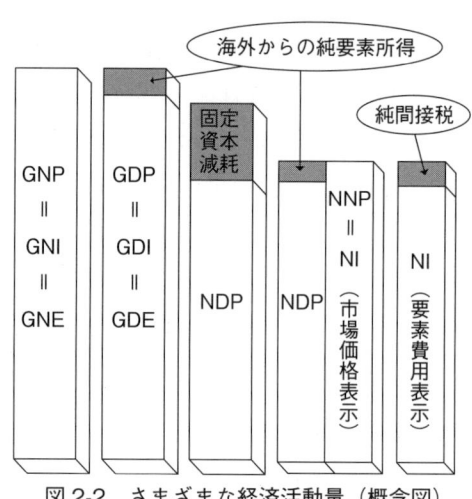

図2-2　さまざまな経済活動量（概念図）

固定資本減耗は、以前に投資された設備施設の減価した部分を補填するための支出であるから、厳密にいうと新規の投資ではなく、更新投資といえる。新規の投資ではないのだから、新しい生産能力を増加させることにはならず、過去の設備施設の維持費であると考えられるので、純粋な付加価値額ではないとされる。よって、この固定資本減耗を差し引いたものが国内純生産（NDP）となるのである（図2-2）。

また、GNPはグロスの値であるが、GNPに対応する純概念が**国民純生産**（**NNP**；Net National Product）である（図2-2）。

NNP ＝ GNP －固定資本減耗
　　　＝ NDP ＋海外からの純要素所得

2-3-4　国民所得

さて、国民純生産（NNP）は生産面から捉えた概念であるが、これを分配面から捉えたものが**市場価格表示の国民所得**（**NI**；National Income）である（図2-2）。

NNP ＝ NI（市場価格表示）＝ NDP ＋海外からの純要素所得

ここで市場価格表示とは、生産・輸入品に課される税－補助金、すなわち純間接税を加えた価格表示形式であり、この純間接税を除いた概念は、**要素費用表示の国民所得**という。

NI（要素費用表示）＝ NI（市場価格表示）－純間接税

〈コラム　経済における秤〉

　経済の実態を正確につかまえようとすると,なんらかの量的な指標が必要である。経済が発展したとか,景気が後退しているとかの経済現象を考えるときに,一定の量的な判断,すなわち定量分析をしなければならない。この量的集計は単純ではない。例えば,鉄鋼産業では1億トンの鋼鉄を産出し,農業では1000万トンの米を収穫している。この両者を重さの単位である"トン"で合算することはできない。自動車産業では1000万台の車を製造しているが,これはトラック・バス・乗用車を合算した台数であり,車種によって値段は異なるから,経済価値がいくらかは,台数を合計しただけではわからない。このように異なる産業や異なる生産物を単純に合算することはできない。したがって,共通の"ものさし"が必要となるが,経済における"ものさし"は何か。

　自然科学の分野では,メートル,グラム,時分秒,カロリー等と尺度を固定することから厳密な科学が始まった。しかし,経済活動は貨幣価値ではかられ,日本なら円で,アメリカならドルで,というように,単位は各国の通貨となっている。このように通貨単位は国際間で異なるし,今日ではその通貨価値（外国為替相場）も日々変動している。また,一国のなかでも時代が変われば通貨価値どころか,通貨単位でさえ変わることがある。かつてのような**国際金本位制**の時代であれば,金が経済におけるものさしだったといえるかもしれないが,今日の貨幣価値は必ずしも金とリンクしているわけではない（今日の貨幣制度は,**管理通貨制度**といわれている）。

　このように,他の科学とは違って,"ものさし"の不確かさが現実の経済を捉えるのを難しくしているし,それを対象とする経済学を難解な科学にさせている側面をもっている。

注
1) 93SNAでは,金融仲介サービスを「間接的に計測された金融仲介サービス」(FISIM; Financial Intermediary Service Indirectly Measured) とし,他のサービスと同じよう

に付加価値を発生させる活動として提案しているが，日本ではまだ試算段階で，GDP には計上されていない。
2) なお，鉄道等も一般には社会資本に含まれる。したがって，JR や民間交通機関，ガス・電力企業も社会資本を担うことになる。
3) 雇用者報酬と財産所得は，家計が生産要素を提供した対価として得た所得なので，あわせて**要素所得**（あるいは**分配要素所得**）ともいう。
4) 国民経済計算では，帰属家賃が過大に推計されているという批判が多い。
5) なお，ここでは各項目を四捨五入しているため，本章の本文にある計算では下一桁の誤差が生じる。
6) 内閣府ホームページ（経済企画庁「1996年の無償労働の貨幣評価」）
7) 生産・輸入品に課される税マイナス補助金は，かつては**純間接税**といわれていた。
8) 企業の役員の定額報酬は雇用者報酬に区分されているが，個人事業主の所得は雇用者報酬には含めない。したがって，雇用者報酬は勤労への対価として統一されている訳ではない。なお，税法では，役員報酬は企業の利益から分配されるものとみなしている。
9) また，企業に勤める人は雇われているので被雇用者（employee）というが，今日では**雇用者**という場合が多い。この場合の雇用者は，雇う側の**雇用主**（employer）との対義語なので，SNA 統計上の雇用者とは異なっている。
10) 税法上では，この耐久期間を短期間と想定して減価償却期間を短くしているので，企業に有利になっている。
11) したがって，ある期間の固定資本減耗は，過去に生産された付加価値額の補填であるから，純粋にはその期間の付加価値額とはいえない。詳しくは，本章 2-3-3 グロス（総）とネット（純）を参照。
12) 近年における日本の固定資本減耗は GDP の 20%を超えており，他国と異なった値を示している。欧米諸国ではだいたい 12～13%となっている。
13) ただし，構築物，設備，機械等の再生産が可能な有形固定資産の賃貸に関するものは含まれない。なお，賃貸料には，著作権や特許権の使用料が含まれる。
14) 特に政府投資の問題を重視する場合は，**政府支出**（G; Government）を取り出し，民間投資（I）と区別して，つぎのように書き直すことができる。
$$Y = C + I + G + Nx$$
15) ここで，フローやストックについて説明しておく。**フロー**概念は，一定期間の流量を捉える概念であるのに対して，**ストック**概念は，一時点での貯量を捉える概念である。○月○日現在，といった「時点」で示される経済指標はストックであり，○月○日から○月○日まで，といった「期間」で示される経済指標はフローと考えてよい。この定義から，GDP，消費，貯蓄，貿易黒字などはフローであり，マネーサプライ，人口，預貯金残高などはストックとなる。

第3章　生産構造

3-1　景気循環

　国民生活の豊かさは，国内生産が増えることによって保障される。生産しないものを消費することはできないからである。国内生産量を計る代表的な指標として国内総生産（GDP）がある。この GDP の伸び率を**経済成長率**といい，以下の式で示される。

$$経済成長率 = \frac{当期における GDP の増減}{前期の GDP} = \frac{Y_t - Y_{t-1}}{Y_{t-1}}$$

　ここで，Y_t は t 期における GDP，Y_{t-1} は t-1 期の GDP を示す。例えば Y_t が，ある年の GDP であれば，Y_{t-1} は前年の GDP を示す。

　ところで，経済過程では生産活動が活発なときと停滞するときとが循環的に繰りかえす。これを**景気循環**といっている。図 3-1 に示されているように，景気の波動の谷から谷までが一つの景気循環である。そのなかで，景気の波動の谷から山までを**拡張期**，山から谷までを**後退期**という。この２局面法は，経済

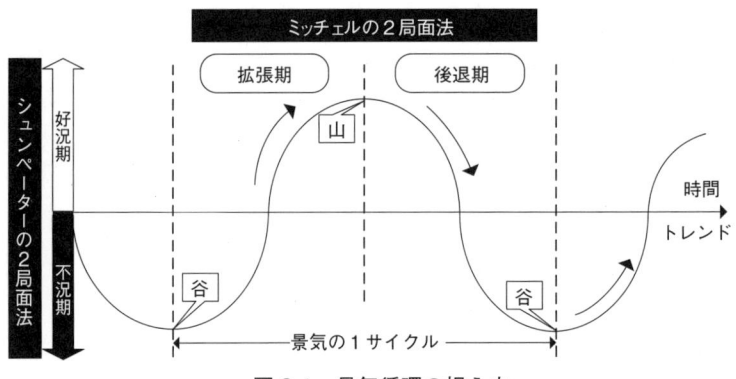

図 3-1　景気循環の捉え方

活動の変化の方向を問題にしており，**ミッチェルの２局面法**といわれている。他方，経済活動の水準を問題にして，景気循環の波動の平均的なトレンドを上回っている時を**好況期**，トレンドを下回っている時を**不況期**とする区分法もある。この「好況期・不況期」と分ける２局面法は，**シュンペーターの２局面法**といわれている。

　景気循環はさまざまな要因によって引き起こされ，その１サイクルの長さもさまざまである。代表的な景気循環論として，①コンドラチェフの波（周期；50〜60年），②クズネッツの波（周期；20年），③ジュグラーの波（周期；7〜10年），④キチンの波（周期；3〜4年）がある。①**コンドラチェフの波**は，**長期波動**とも呼ばれ，技術革新によって引き起こされると考えられている。これまでの観察では，産業革命時の蒸気機関や紡績機械，鉄道，電気，化学，自動車などの技術革新によって，コンドラチェフの波を経験しているとされている。②**クズネッツの波**は，**建設循環**ともいわれており，建物等の建設と建て替えが景気循環の要因になっているとみるものである。③**ジュグラーの波**は，**設備投資循環**ともいわれ，設備投資によって循環が引き起こされているとみている。最後に，④**キチンの波**は，**在庫循環**ともいわれ，在庫投資の増減が景気循環を惹起するとみるものである。

　表3-1は，内閣府が発表している日本の**景気基準日付**である。戦後の日本経済は，表3-1に示されるような景気循環を経験してきた。今日，第14循環にあり，その拡張期は戦後最長といわれたいざなぎ景気，すなわち第6循環のそれを超えたといわれている。

3-2　戦後日本の経済成長

　図3-2は，高度経済成長期から今日までの日本のGDPがどのように拡大してきたかを示している。**高度経済成長期**は第3循環から始まって，第4循環，第5循環，第6循環までの約17年間を指す。その各循環の年平均の名目成長率と実質成長率は，グラフの上部に示している。高度成長期全期間の年平均でみた名目成長率は約15%であり，実質成長率は約9%である。高度経済成長期

表 3-1 戦後日本の景気基準日付と拡張期・後退期の俗称

	谷	山	谷	期間 拡張	期間 後退	全期間	俗称 拡張期	俗称 後退期
第1循環		1951年 6月	1951年 10月		4ヵ月		特需景気	
第2循環	1951年 10月	1954年 1月	1954年 11月	27ヵ月	10ヵ月	37ヵ月	投資景気	
第3循環	1954年 11月	1957年 6月	1958年 6月	31ヵ月	12ヵ月	43ヵ月	神武景気	鍋底不況
第4循環	1958年 6月	1961年 12月	1962年 10月	42ヵ月	10ヵ月	52ヵ月	岩戸景気	転型期構造不況
第5循環	1962年 10月	1964年 10月	1965年 10月	24ヵ月	12ヵ月	36ヵ月	オリンピック景気	証券不況
第6循環	1965年 10月	1970年 7月	1971年 12月	57ヵ月	17ヵ月	74ヵ月	いざなぎ景気	
第7循環	1971年 12月	1973年 11月	1975年 3月	23ヵ月	16ヵ月	39ヵ月	列島改造ブーム	
第8循環	1975年 3月	1977年 1月	1977年 10月	22ヵ月	9ヵ月	31ヵ月		
第9循環	1977年 10月	1980年 2月	1983年 2月	28ヵ月	36ヵ月	64ヵ月		
第10循環	1983年 2月	1985年 6月	1986年 11月	28ヵ月	17ヵ月	45ヵ月		円高不況
第11循環	1986年 11月	1991年 2月	1993年 10月	51ヵ月	32ヵ月	83ヵ月	バブル景気	平成不況
第12循環	1993年 10月	1997年 5月	1999年 1月	43ヵ月	20ヵ月	63ヵ月		平成不況
第13循環	1999年 1月	2000年 11月	2002年 1月	22ヵ月	14ヵ月	36ヵ月		平成不況
第14循環	2002年 1月			ヵ月	ヵ月	ヵ月		

資料：内閣府ホームページ等

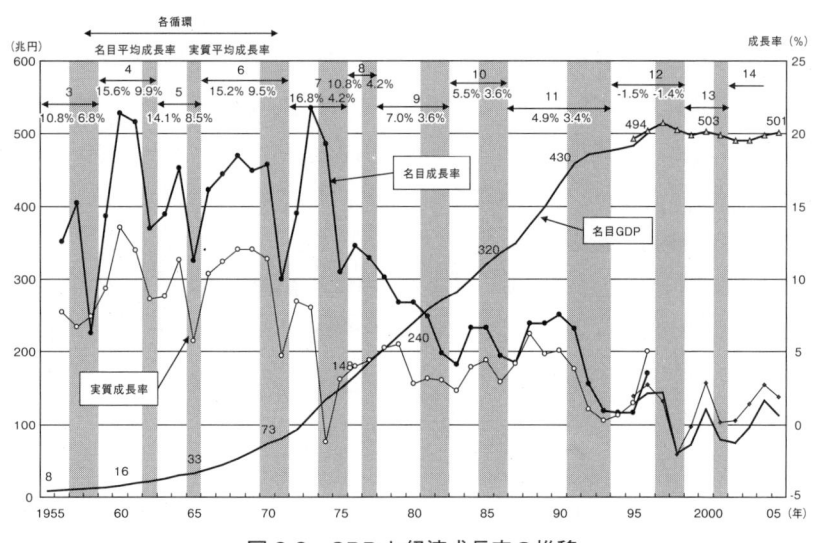

図 3-2 GDP と経済成長率の推移

資料：内閣府『国民経済計算年報』
注1：1993年までは68SNA，1994年以降は93SNAによる。
　2：シャドー部分は，景気後退期を示す。

のはじめ (1955年) は GDP が約8兆円であったが，5年後の1960年には16兆

円に倍増している。1965年には33兆円，1970年には73兆円と，5年ごとに倍増するという，世界にない高成長を遂げた時代である。

　しかし，1970年代になると**ニクソン・ショック**と**オイル・ショック**のダブルショックをきっかけとして，経済成長率は鈍化する。1971年にアメリカ大統領ニクソンが経済声明を発表して，**ドルの金兌換**を停止し，1973年からは世界各国で**固定為替相場制度**を放棄して**変動為替相場制度**に移行していった。また，1973年のオイル・ショックによって，原油や輸入原材料が高騰するようになり，経済成長率は低下することになる。グラフをみると，第7循環も成長率が大きく伸びているが，これは名目成長率だけであって，実質成長率の水準は高度成長期に比べて大きく落ち込んでいる。**狂乱物価**といわれるほどに物価が高騰したので，名目的にGDPが大きくなったに過ぎないのである。第7循環から第10循環までを低成長期（ないし安定成長期）といっている。名目平均成長率で約6％，実質平均成長率で約4％程度であった。このように1970年代には急激な成長率の低下がみられたのである。1970年代は物価の上昇と不況が同時に起こったため，**スタグフレーション**の時代ともいわれた。それは，スタグネーション（不景気）とインフレーション（物価の持続的上昇）が同時に起こるという現象を捉えた造語である。

　1985年の**プラザ合意**の後，**円高不況**を克服すると日本経済は**バブル**経済へ突入していく。だが，そのバブルも1990年にははじけて，それ以降，最近まで長期不況が続いている。この1990年代以降の平成不況は「**失われた10年**」ともいわれている。

　現在，日本の名目GDPは500兆円前後と，高度経済成長期の約50倍となっているが，成長率はほとんどゼロとなっており，成長はストップしている。経済が一定程度発展すると，人間の身長と同じように成長は止まる。このように一定の経済発展を達成して，経済成長率がほとんど伸びなくなった社会は**成熟社会**になったということができる。どのような国も，このような経過をたどるのであり，日本の経済成長率が止まったからといって，国が貧困になるわけではない。経済成長率だけが経済をみる唯一の指標ではないことに注意しておこう。

3-3　投資の分類

人々の生活は，生産活動が基本にある。その生産はもともとは人々が労働をもって自然に働きかけて資源を採取し，それを変形して，自らの必要物をつくりあげたのである。その際，人々は生産用具を開発して，生産能力を高めてきた。生産用具をつくることは，生活用品，すなわち消費財をつくるための手段であり，**迂回生産**といわれている。その方が，消費財を直接つくるよりも，結果としてはるかに大量に効率的に生産できるからである。とりわけ，産業革命以降，高度な機械が発明されて，生産の過程に導入されてくると，生産が質量ともに発展してきた。同時に，生産財をつくることが独立した産業となってきた。また，**生産手段**（機械設備や施設のような生産に必要な手段のこと）が法人企業に集中したので，生産の場は企業が中心となった。企業がこのような生産手段を設置することを**投資**あるいは**資本形成**（または**固定資本形成**）といっている。したがって，現代の生産はそのような生産手段を設置する投資が重要になり，生産の出発点になっている。

投資には，生産設備の設置である**設備投資**，**住宅投資**，**公共投資**，そして製品や原材料への**在庫投資**がある。設備投資は建物（非居住用），構築物，機械設備，輸送機器，さらに事務機器，ショーケース等，一定価格以上（日本では20万円以上）の固定資本を形成することである。公共投資は，公的機関が行う生活関連のための社会資本（上・下水道，ごみ処理，道路，鉄道，公園，治水，学校，図書館，文化施設，病院などの諸施設）と産業基盤のための社会資本（上記の重複分を除いて，港湾，橋梁など）への投資をいう。

図3-3は，SNAにおける投資の具体的な金額を示したものである。投資というときは，通常，**総固定資本形成**をさすが，なかでも民間による**企業設備**（いわゆる**民間設備投資**）が，生産能力を高める役割をもっている。この総固定資本形成に**在庫品増減**を加えて，**総資本形成**という。

在庫品増減は，一般に在庫投資ともいわれている。企業が将来の需要を見込んで事前に生産したり購入したりして保管しているものが在庫である。夏場のクーラーはその季節に製造していたら間に合わないので，事前に生産して，一

```
┌─────────────────────────────────────────────────────────────┐
│                  総資本形成121.9兆円                          │
├─────────────────────────────────────────────┬───────────────┤
│           総固定資本形成119.4兆円            │  在庫品        │
├─────────────────────────────┬───────────────┤  増減          │
│        民間98.1兆円          │     公的      │               │
├───────────┬─────────────────┤   21.4兆円    │  2.5兆円      │
│住宅18.8兆円│  企業設備79.3兆円│               │               │
└───────────┴─────────────────┴───────────────┴───────────────┘
┌─────────────────────────────────────────────┬───────────────┐
│          固定資本減耗106.0兆円               │   純投資       │
│                                              │   13.4兆円     │
└──────────────────────────────────────────────┴───────────────┘
```

図 3-3　投資の内訳（2006 年）

定期間を在庫で保有することとなる。また，それは急激な需要変動や故障等に備えて，安定した生産・流通を可能にするバッファーともなる。このように，製品が出荷されるまでは在庫投資となる。

3-4　投資の動向

3-4-1　各投資の動向

ここでは，戦後日本の経済発展において投資がどのような動きをしたか，具体的に考察しておく。図 3-4 は，高度成長期から今日までの日本の投資がどのように変化しているかを対 GDP 比でみたものである。

投資（総固定資本形成）は，高度成長期の出発点では対 GDP 比で 20％弱であったが，**所得倍増計画**が発表された 1960 年には 30％近くにまで増加している。5 年間で約 10％近くも伸びるという急拡大であった。1961 年度版の『経済白書』が「**投資が投資を呼ぶ**」といったように，ある企業の設備投資の増加が他企業の設備投資を引き起こして，それが経済全体に広がって，設備投資が拡大していったのである。高度成長末期の 1970 年には 35％を超え，総支出の 3 分の 1 以上が投資でまかなわれていた。これが，日本の高度経済成長は投資が牽引した設備投資主導型であったといわれるゆえんである。

しかし，高度成長が終焉し，スタグフレーションの時代になると，総固定資本形成の対 GDP 比は低下し，1980 年代になると 30％を割り込んでいる。こ

図3-4 投資の対GDP比の推移

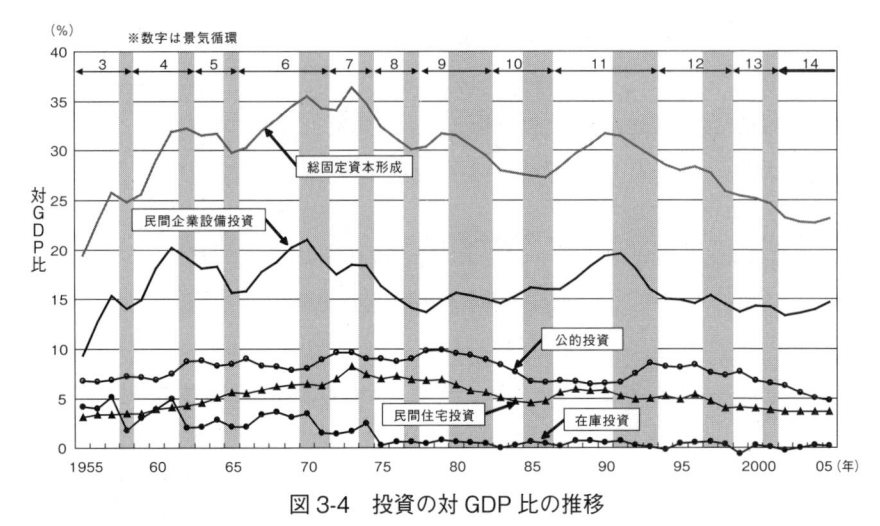

資料：内閣府『国民経済計算年報』
注：1993年までは68SNA、1994年以降は93SNAによる。

の低下は民間企業設備投資の低下によるが，ロンドン・サミットでの要請もあって（**機関車論**），これを補う形で公的投資が比重を増やしている。1975年度から**赤字国債**が大量に発行されはじめたが，1980年代には財政危機が起こって，公的投資の伸びは止まらざるを得なかった（**財政再建期**）。反面で，民間企業設備投資は復調し，バブル期には一気に拡大して，総固定資本形成を押し上げ，1990年には再び30％を超えるにいたっている。だが，これをピークとして以後低下している。

民間企業設備投資の動向で注目したいのは，民間企業設備投資の動向と景気循環との関係である。景気の拡張期には民間企業設備投資が拡大し，景気の後退期（図3-4のシャドー部分）には民間企業設備投資が低下するという関係がみられ，特に高度成長期に著しい。ここからも高度成長期の日本経済が民間企業設備投資に牽引されていたことが読みとれる。

それが第8循環では，景気上昇期にもかかわらず，オイル・ショックの影響で設備投資は急低下している。それ以降，バブル期を例外として，景気が拡張

期であっても民間企業設備投資が急激に伸びることはなくなっている。

　公共投資は，高度成長期には景気拡張期に伸びて，後退期には下がっており，民間企業設備投資に似た動きをしている。高度成長期における公的投資（中心は公共事業）が産業基盤のための社会資本整備（インフラ整備）のためであり，不況対策的ではなかったことを示している。公的投資が不況対策化していくのは1970年代からで，民間企業設備投資の伸びが下がるときに，公的投資が伸びるという傾向をもっている。これは列島改造政策以来，国土開発のためとして土木国家化してきたことも反映している。とりわけ，1990年代には，民間企業設備投資減をカバーして，公的投資が不況対策的に発動されていった。特に1990年代前半にはその比重が急増している。しかし，1990年代後半には，もはや財政的に困難となって，2000年代には公的投資は減少の一途をたどっている。

　また，民間住宅投資の動向をみると，1970年代に持ち家促進策によって比重を増しているが，バブル期においてもそれほど大きく増加しなかった。バブルが不動産売買の資産価格高騰であって，住宅建設そのものは極端に拡大してはいなかったことがわかる。

　最後に，在庫投資をみると，1970年代を境に大きく比重を低下させている。高度成長期には対GDP比で2〜5％程度の比重を占めて，景気循環に大きな役割を果たしていたが，1970年代後半以降は1％を超えることはなくなっている。在庫管理がコンピュータ化され，また，経済予測が多くの研究機関から頻繁に発表されるので，大きな在庫量を保有しなくなっていることによる。

　なお，在庫の動きと景気循環との関係は**在庫循環**といわれ，つぎのような特徴をもっている。まず，景気が後退してくると，その初期には意図せざる在庫が積み上がるが（在庫積み上がり局面），その後企業は在庫整理を行い，無駄な在庫を抱えないように減らすので，在庫は減少する（在庫整理局面）。その後，景気が拡張し始めた初期には，需要増に対して生産が追いつかず在庫で対応しようとするので，在庫は減少する（意図せざる在庫減局面）。その後，景気拡張が続くと，将来の需要増を見込んで意図的に在庫投資を行うこととなる（在庫

積み増し局面)。このように，景気循環と在庫投資の動きが密接に関係していることから，在庫投資は景気動向の指標となっている。また，この在庫投資が総需要と総供給を事後的に一致させる役割を果たしている。

3-4-2　成熟社会における純投資

　ここでは，固定資本減耗と純投資について考察しよう。すでに述べたように，総固定資本形成（投資）は機械設備の拡充に投資されることであるが，そこで形成された固定資本（土地を除く）は年々劣化して生産能力が落ち，資産価値が下がっていく。したがって，この固定資本を維持するために，減価した部分を補填しなければならない。この補填部分を**固定資本減耗**という。この部分は，論理的には既存の固定資本（機械設備等）の損耗・劣化部分を補填するのだから，それは**更新投資**であり，**新規投資**ではない。その更新された固定資本の価値は変わらないことになる。そのかぎり，付加価値が増加したことにはならない。固定資本減耗は純粋な付加価値ではないから，SNA でもグロスとして扱い，ネットと区別している。そこで，投資から固定資本減耗部分を差し引いた純投資という概念を考えてみる。

　　　純投資＝総固定資本形成－固定資本減耗

　資本主義経済の発展は生産能力を高めて利潤を増やすことを至上命題とするので，必然的に投資が増大する。だが，投資が行われ続けると資本ストックが蓄積されるので，その補填費である固定資本減耗も大きくなる。反対に，純投資の比重は減少することとなる。

　現在の日本経済は固定資本が膨大に蓄積されており，その資本ストック（SNA では，有形固定資産）は，2006 年末に 1160.4 兆円となっている。よって，現代ではこの補填費，すなわち固定資本減耗も多大となる。具体的にその数字をみると，総固定資本形成が 119.4 兆円で，そのうち固定資本減耗（更新投資）が 106.0 兆円（構成比 88.8%），純投資（新規投資）が 13.4 兆円（構成比 11.2%）となっている（図 3-3）。

図3-5のグラフは，純投資額の推移を示したものである。そこでは国内純生産（NDP）に占める純投資額の割合を純投資比としている。年間の付加価値（NDP）のうちどれだけ投資に向かっているかをみた指標である。さらに，総固定資本形成に占める固定資本減耗の比率を固定資本減耗比としている。

はじめに純投資の動きをみると，1980年代までは増加していたが，それ以降は実額，純投資比ともに低下している。2000年代には10兆円前後にまで急減している。ピークの1991年には約75兆円であったから，7分の1ほどに減少している。反対に，固定資本減耗比の動きをみると，それは高度成長期には40％前後であったが，1980年代に40％を超えるようになり，1990年代後半には70％を超えて，いまや90％を超えている（2004年度は92.9％）。

これらの事実は，68SNAから93SNAへの移行に伴う統計上の問題というだけではなく，現代経済の実情として理解する必要がある。それは，すでに日本のような工業が発達した国では，既存ストックの更新，すなわち更新投資で十

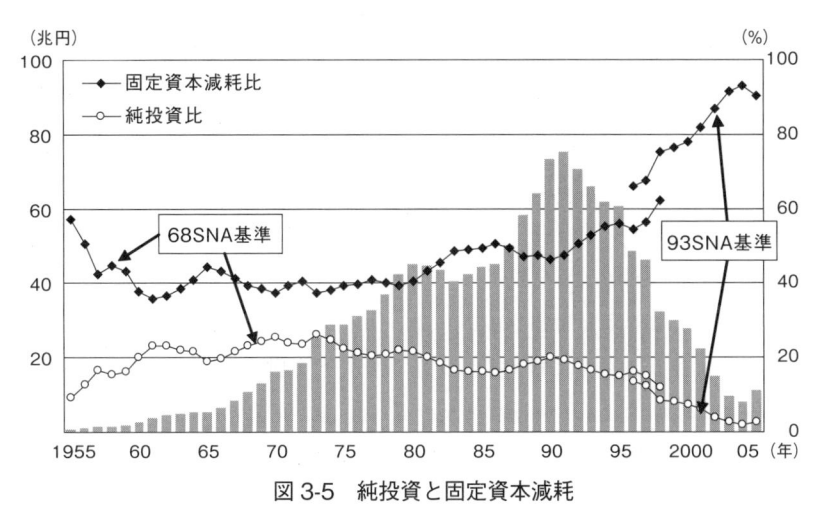

図3-5 純投資と固定資本減耗

資料：内閣府『国民経済計算年報』
注1：純投資額は，1995年までは68SNA，1996年以降は93SNAによる。
　2：純投資＝総固定資本形成－固定資本減耗…左目盛り
　3：純投資比＝（総固定資本形成－固定資本減耗）／国内純生産（NDP）…右目盛り
　4：固定資本減耗比＝固定資本減耗／総固定資本形成…右目盛り

分に生産力を維持していることを示しているのである。純投資がここまで減少しているということは、生産能力が増えずに成長率が伸びないということである。だが実際には、固定資本減耗分に相当する投資、すなわち更新投資は、資産規模としては同水準の維持であるとしても、更新した機械設備は新規のものとなるから、高度な生産能力をもっている。よって、新規投資（純投資）が少なく、更新投資（固定資本減耗）が多いからといって、すぐに生産力の低下をもたらす訳ではない。こうしてみると、成熟社会における投資とは何か、改めて考えてみる必要がある。

3-5 産業構造

3-5-1 産業分類

生産力の拡大は、産業分野によって不均等である。機械化がはやく進む分野とそうでない分野があるし、国外からの格安な輸入製品との競争があるので、産業によって、発展度合いが異なる。とりわけ、製造部門が機械化を最も進めて、その分野に投資が集中する。同じ製造部門でも、業種によって投資額は異なり、業種別の成長にも差がでてくる。生産額が膨大になれば、つくることだけでなく、それらを販売することが重要になり、産業の展開に差異が生まれる。この現象の傾向性を特徴づけて説明したのがウィリアム・ペティーである。彼は「農業より製造業が、また製造業より商業がずっと多くの利得がある」[1]といっている。この考えを発展させて、**コーリン・クラーク**は産業を第1次産業、第2次産業、第3次産業に分けて、一国の資本や労働が第1次産業から高次へ比重を移すにつれて、国民所得水準が上昇し、経済的進歩がもたらされるとして、**ペティーの法則**（あるいはペティー・クラークの法則）といった[2]。経済の構造を探る手がかりの一つとして、このように類似する業種を分類し、その特徴を分析することが有効となる。

第1次産業とは自然から直接に生産する分野で、農業、林業、水産業が入る。**第2次産業**は、原材料を加工して製品化する工業分野である。製造業が主

であるが，鉱山業と建設業もここに分類される。鉱山業も，鉱石を採掘するだけでなく，それを原燃料に加工するので，工業といえる。**第3次産業**は工業の発展によって大量生産される製品の販売・流通にかかわる分野およびサービス産業である。サービス業は，その利用対象者に直接にサービスを提供する業種で，有形の製品（財）をつくるものと区別されている。具体的には，電気・ガス・水道業，卸売・小売業，金融・保険業，不動産業，運輸・通信業，サービス業が該当する。なお，今日では建築設計や機械設計，翻訳業，機械修理業など，他の産業をサポートする分野の業種も広がっている。第1次，第2次，第3次とする3次の産業分類では，現代産業の特徴を示すには不十分となっている。

また，日本の3次の産業分類について，つぎの点は考慮しておかなければならない。諸外国では，電気・ガス・水道業を第2次産業の工業に含めて考えている。日本では，電気・ガス・水道業は公益事業であるから，公的なサービス提供と考えて，第3次産業に分類している。しかし，電気にしろガスにしろ，それが有形でない＝サービスという意味で工業に分類されていないとしたら不合理である。それは無形ではあるけれども，今日では工場で高度な技術のもとで製造されている。この点，普通の工業製品と異なるところはないので，工業に含めるほうが合理的といえる。したがって，日本の分類によるデータでは，第2次産業は外国と比べて小さくみえることになる。

3-5-2 産業構造の特徴

図3-6は，日本の産業構造を付加価値基準でみたものである。このグラフでは，通常の産業分類ではなく，農林水産業，生産業（＝鉱業＋製造業＋電気・ガス・水道業），建設業，流通運輸業（＝卸売・小売業＋運輸・通信業），仲介業（＝金融・保険業＋不動産業），サービス業，政府サービスに分けてグラフ化している。

さて，第1次産業（農林水産業）は高度成長が始まる頃までは国内総生産の10％を超えており，工業国家前夜の特徴をもっていた。だが，高度成長が終わる頃には急速に衰退して，それは対GDP比で10％を割り，今日では対GDP比で2％にすら達していない。また，図示していないが，付加価値額をみても，

図 3-6　産業構造（付加価値）の推移

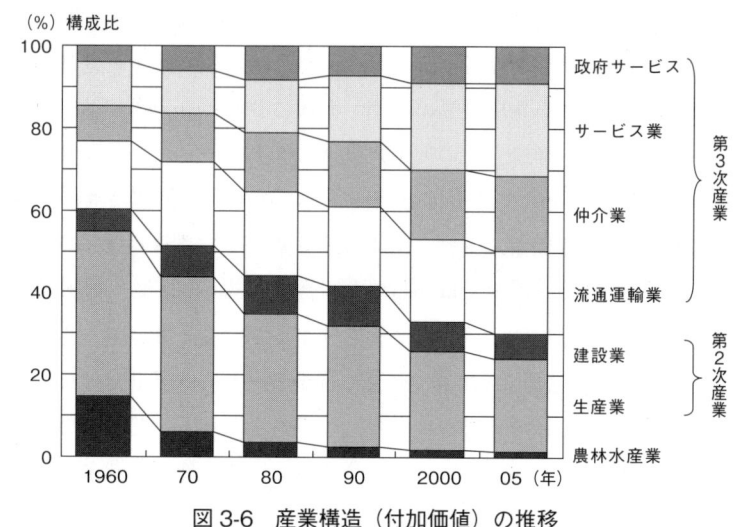

資料：内閣府『国民経済計算』，総理府『労働力調査報告』
注 1：1990 年までは 68SNA，1991 年以降は 93SNA による。
　 2：生産業＝鉱業＋製造業＋電気ガス水道業，仲介業＝金融・保険業＋不動産業
　 3：サービス業には民間非営利サービス生産者を含む。

1990 年代以降は減少すらしている。第 2 次産業（図 3-6 では，生産業＋建設業）は，高度成長の開始期には国内総生産の 40％を超えており，終焉期の 1970 年には対 GDP 比で 45％を超えていた。それが今日では，対 GDP 比で 30％を下回っている。高度成長期は重化学工業化時代で，製造業へ重点的に投資されたので，日本は"モノつくり"国家として発展したのである。しかも，日本製品は戦前には「安かろう悪かろう」の代名詞になっていたが，高度成長とともに高品質低価格の"made in Japan"と評価され世界に広がっていった。こうして，輸出競争力をつけ，世界でも有数の機械関連の生産国として発展してきた。具体的には，鉄鋼から始まり，船舶，電機，自動車，半導体，電子製品，ロボット生産と世界をリードしてきた。

　第 3 次産業（図 3-6 では，流通運輸業＋仲介業＋サービス業＋政府サービス）は，高度成長末期には対 GDP 比で 50％弱を占めていた。その後，**サービス経済化**

が進行し，1990年には対GDP比で60％弱となった。2000年代にはそれがさらに進んで国内総生産の70％に迫る勢いである。

こうしたサービス経済化は，それまでの「つくる時代」から「売る時代」への転換とも関連する。高度成長期にスーパーが開店して，それまでの流通過程の合理化が行われた（**流通革命**）。また，1970年代にはコンビニができて，1990年代には全国的に広がって，それが村々にあった自営業の"よろず屋"にとって代わっていった。今日ではフランチャイズ・チェーンに属さない個人商店は風前の灯火となっており，地方都市には**シャッター通り**が広がり，商店不況が深刻となっている。また，サービス業は一般に対人サービスの提供であるから，人々の集まるところでしか成立しない。よって，サービス経済化の進展は都市部への職住の集中を促すこととなる。

戦前の日本では，国民総生産の30％が農業で，製造業部門は比重が小さく，第3次産業が高い比率を占めていた。これは日本的な特徴で，**戦前水準**（1934〜1936年平均）でみると，第3次産業の占める比率は48.6％であった[3]。日本の都市は，江戸時代から消費都市として生産地と分離されて発展したので，流通部門やサービス部門がもともと大きな比重を占めていた。"出前"のような他国にはあまりみられない細やかなサービス分野もすでに発展していたのである。それが戦後に工業国家となったのである。

ここで，産業構造の変化を就業人口でみておこう。**図3-7**から明らかなように，戦前には**米と繭の経済**と形容されるように半分近くが農業を中心とした第1次産業に就いていたが，戦後，高度成長期に大きくその比重を下げて，いまや5％程度を占めるに過ぎない。他方，その第1次産業から流出した労働力を他産業が吸収していった。高度成長期には，第2次産業は雇用が不足しがちであり，地方出身者を**金の卵**として重宝していたが，高度成長期を終えるとその吸収力にかげりがでて，いまではその構成比を低下させつつある。そのなかで，雇用を吸収しているのが第3次産業である。いまや65％近くの人たちが第3次産業に就いており，就業人口の面からもサービス経済化が進んでいることが読みとれる。

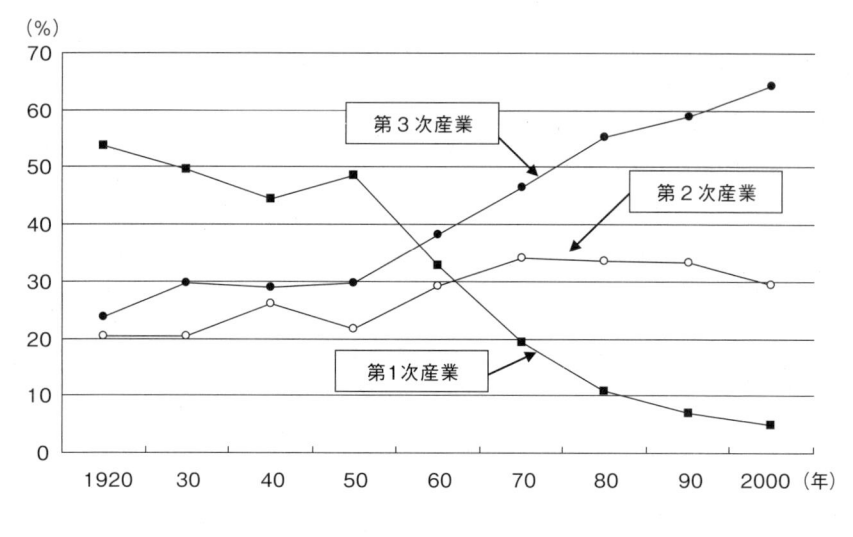

図 3-7　就業人口でみた産業構造の推移

資料：総務省ホームページ

　このように，日本の産業構造はソフト化，サービス化が急激に進んでいる。だが，サービス産業は概して賃金が安い。サービスを受ける側からみると，高い費用を払ってサービスを受ける気にならないので，どうしてもこの分野では人件費がコスト節約的になるからである。欧米では，このような低賃金分野に，途上国の外国人労働者を多数受け入れてきた。それが，2，3世代経た今日では人種や宗教の違いとなって社会不安を醸成し社会問題化している。それは単なる人種・宗教上の混乱というより，根本には経済格差を原因とする問題であるとみるべきであろう。日本でも，1970年代からサービス産業が広がり，そこに学生のアルバイトや主婦のパート就業が定着した。これらの**非正規雇用**の労働条件が悪いことは誰もが知っているとおりである。これは市場原理の貫徹であると強弁することもできるが，放置したら将来必ず社会不安を引き起こすことは明白である。政策的には，非正規労働者の社会保障を充実させることが重要である。

注
1) ペティ著,大内兵衛・松川七郎訳『政治算術』岩波文庫,1955年,44頁
2) クラーク著,大川一司ほか訳『経済進歩の諸条件』勁草書房,1953〜55年
3) 日本銀行統計局『明治以降本邦主要経済統計』1966年,29頁

第4章　労働力構造

4-1　労働力に関する定義

　図4-1に，近代以降における日本の総人口の推移をグラフにしている。1872（明治5）年に3481万人であった日本の総人口は，戦前のうちに2倍に達している。敗戦直後の1945年には7215万人であったが，1950年に8320万人となった。この間の出生率が急増して，**団塊の世代**（1947～1949年の第1次ベビーブームに生まれた世代）が生まれて，いま定年を迎えつつある（いわゆる2007年問題）。その後，いざなぎ景気まっただ中の1967年に1億人を超えた。明治初期からほぼ100年で日本の総人口は3倍に増えたのである。1971～1974年の第2次ベビーブームに生まれた世代は**団塊ジュニア**を形成し，1980年には1億1706万人になった。1990年には1億2000万人を超え，2005年は1億2700万人の水準にある。厚生労働省の推計人口（中位推計）によると，2006年の1億2774万人をピークに漸減するとされており，近年の出生率を考えても，日本は人口

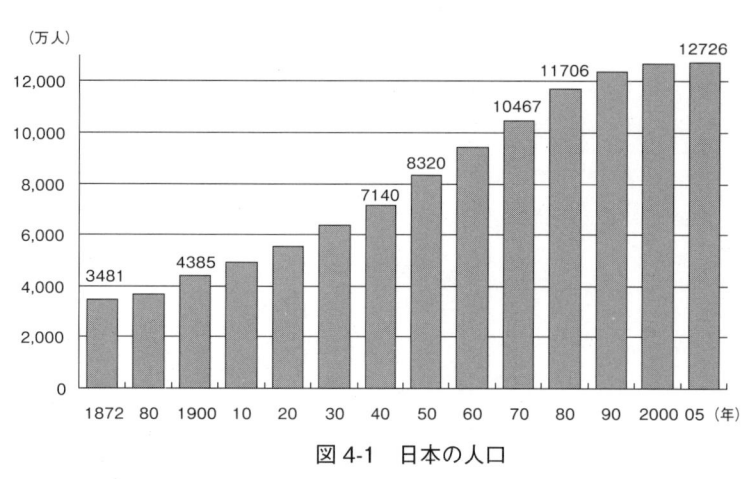

図4-1　日本の人口

資料：総務省ホームページ

第4章 労働力構造

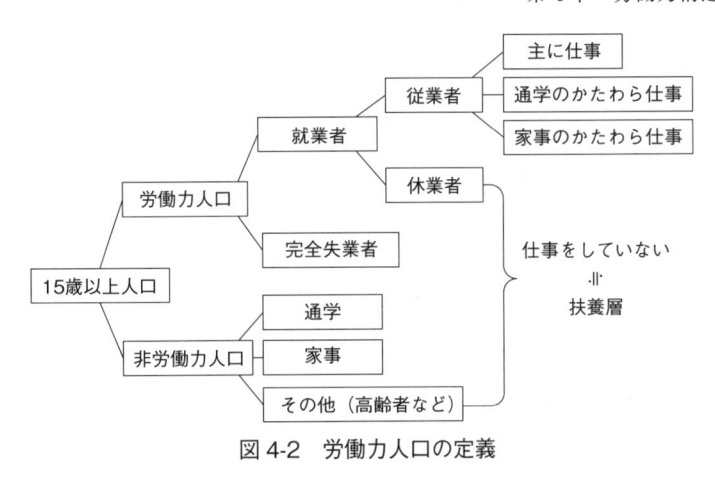

```
                          ┌─ 主に仕事
                  ┌─ 従業者 ├─ 通学のかたわら仕事
           ┌─ 就業者 ┤      └─ 家事のかたわら仕事
  ┌─ 労働力人口 ┤      └─ 休業者
  │         └─ 完全失業者
15歳以上人口 ┤                    }  仕事をしていない
  │         ┌─ 通学                  ＝
  └─ 非労働力人口 ├─ 家事              扶養層
            └─ その他（高齢者など）
```

図 4-2　労働力人口の定義

減少社会を迎えることとなる。

　人口を労働力としてみた場合，**図 4-2** に表出したように定義されている。基本的には 15 歳以上の年齢層を労働力の対象としてみており，**15 歳以上人口**としている[1]。このうち，働く意思・能力があるものは，たとえ高齢者であっても**労働力人口**にカテゴライズされる。ただ，15 歳以上の人たちすべてが働く意思・能力があるかというと，現実にはさまざまな人がいる。例えば，学校に通っている者もいるし，主に家事労働を行っている専業主婦が日本には多い。また，高齢者のなかで働く意思をもたない人もいる。これらの人々は労働力人口には含まれず，**非労働力人口**とされる。

　労働力人口のうち，実際に仕事に就いている人口を**就業者**という。このうち，実際に働いている者を**従業者**といい，何らかの理由で休んでいる者を**休業者**という。また，表出していないが，**就業者**を雇用形態からみた場合は，自営業の人々（**自営業主**とその**家族従業者**）と企業に雇われている人々（**雇用者**）からなる。

　また，労働力人口のうち，仕事に就いていない者を**完全失業者**としている。**失業率**（**完全失業率**）とは，労働力人口（就業者と完全失業者の合計）に占める完全失業者の割合のことで，百分率で表示される。

　失業者の定義は，国によって異なっているので，正確に理解しておくことが

必要である。特に，日本の失業者の定義はかなり限定されているので，諸外国からみると失業率が小さくなるといわれている。調査週間中（月末1週間）に，賃金・諸手当だけでなく内職をも含む収入をともなう仕事を1時間以上した者は就業者となる。したがって，逆に，失業者は月末1週間に1時間を超えない範囲の労働しかしていない者ということになる[2]。調査期間外の有業者も調査期間に仕事をしなければ失業者になるし，ずっと仕事がなくても最後の調査期間に1時間以上アルバイトをすると就業者となる。さらに，パート労働等で子供の病気などで仕事を休んで一時的に従業しない者は，もともと労働力人口から除外されるので分母が小さくなる。したがって，日本では失業率だけでなく，完全失業者数の変化をみる必要がある。

ところで，いわゆるフリーターも，その就業の程度によって，就業者・完全失業者・非労働力人口のいずれかに区分される。また，ニート（NEET；Not in Education, Employment or Training）は非労働力人口にカテゴライズされるが，『労働経済白書』ではそれを**若年無業者**と呼んで，「15〜34歳の非労働力人口のうち，家事も通学もしていない者」と定義している。

4-2 労働力をめぐる諸問題

4-2-1 労働力構成

表4-1で，2005年の人口構成をみておく。総人口は1億2726万人，うち15歳以上人口が1億1007万人（総人口の86.5％）で，年少人口（15歳未満人口）が1719万人（同13.5％）となっている。内訳をみると，15〜65歳未満の合計数が8461万人（同66.5％），65歳以上が2546万人である。高齢化が進行して，年金受給資格をもつ65歳以上の者は現在では20％となっている。

労働力構成に関する日本の特徴は，総人口に占める労働力人口の比率が少ないことである。労働力を問題にする場合は，15歳以上人口に占める労働力人口の比率である**労働力人口比率**または**労働力率**という概念を使っている。

具体的に表4-1でみると，全体としては60.4％であり，男性は73.3％となっ

表 4-1　人口構成（2005 年）

(万人)

	15〜24歳	25〜34	35〜44	45〜54	55〜64	65歳以上	15歳以上人口	年少人口	総人口
年齢別人口 (A)	1,420	1,835	1,680	1,664	1,862	2,546	11,007	1,719	12,726
女 (B)	693	903	835	833	951	1,469	5,684		
労働力人口 (C)	635	1,503	1,376	1,392	1,240	504	6,650		
男 (D)	323	886	819	799	757	317	3,901		
女 (E)	312	617	557	593	483	187	2,750		
労働力人口比率 (C／A)	44.7%	81.9%	81.9%	83.7%	66.6%	19.8%	60.4%		
男 (D／(A−B))	44.4%	95.1%	96.9%	96.1%	83.1%	29.4%	73.3%		
女 (E／B)	45.0%	68.3%	66.7%	71.2%	50.8%	12.7%	48.4%		
就業者 (F)	580	1,419	1,324	1,350	1,189	495	6,356		
女 (G)	289	579	534	576	470	185	2,633		
就業者人口比率 (F／A)	40.8%	77.3%	78.8%	81.1%	63.9%	19.4%	57.7%		
就業率 (女) (G／F)	49.8%	40.8%	40.3%	42.7%	39.5%	37.4%	41.4%		
完全失業者 (H)	55	84	52	42	51	9	294		
完全失業率 (H／C)	8.7%	5.6%	3.8%	3.0%	4.1%	1.8%	4.4%		

出所：総務省統計局『労働力調査年報』

ているが，女性は 48.4％にすぎない。女性も 25 歳から 54 歳までの 3 階層では，70％近くが労働力化している。男性の場合，その年齢層では 96％ほどが労働力化している。日本では，なぜ女性の就労が低いか，その理由はいくつかいわれている。一つは男性の家事分担の協力がないからであるといわれるが，単純に男性の意識だけが原因ともいえない。それは男性の労働時間（残業を含む）が長く，家庭を顧みることができない仕組みになっていることが大きな要因となっている。そのために，女性が家事に専業化しないと，家庭崩壊がおきかねない。また，企業も女性を登用せず，女性が会社で長期に働くインセンティブを低めている。したがって，結婚退職をする女性が多い。このような日本的な雇用状態に，女性就労が低くなる大きな原因がありそうである。

　追加的に労働力のデータを示しておく。企業に雇用されて仕事をしている雇用者は，表出されていないが 5393 万人（就業者の 84.8％）であり，自営業者および家族従業者は 963 万人（同 15.2％）となっている。就業者＝雇用者＋自営業者（自営業主＋家族従業者）であるから，就業している者の約 85％は企業に雇用されていることになる。1968 年には，自営業者は 37.7％，雇用者は 62.3％であっ

たが，雇用者の構成比は今日まで一貫して拡大している[3]。現代では，企業が生産の主要な場であるという意味は，この数値にあらわれている。グローバル化のもとで，自営業がどんどん減少しているから，企業は働く場所を提供するという社会的責任がますます大きくなっている。雇用者を増やし，失業者を減らすことが，政策的には重要である。

4-2-2 高齢化と労働力

高齢化について，厚生労働省の推計では，2014年に**高齢人口比率**（65歳以上人口比率）が25％に達し，以後どんどんその比率が高くなるとしている。総務省は現状をつぎのように述べている。

「労働力人口比率（15歳以上人口に占める労働力人口の割合）は，2003年平均で60.8％となり，前年に比べ0.4ポイントの低下と，6年連続で低下した。

男女別にみると，男性は74.1％で，前年に比べ0.6ポイント低下した。これを年齢階級別にみると，45～54歳及び55～64歳以外の各年齢階級で低下している。

女性は48.3％で，前年に比べ0.2ポイント低下した。年齢階級別では15～24歳及び65歳以上以外の各年齢階級で上昇しているものの，65歳以上の人口が増加していることから，総数では，0.2ポイントの低下となっている」[4]。

ここでは，この厚生労働省の見解について少し考えてみよう。

まず，労働力人口比率が60.8％と計算される前提には，分母を15歳以上人口としていることがある。これでは扶養者全体をみる視点を欠くことになる。働く・養われるという視点なら，分母は全扶養者を含むように総人口とすべきである。経済学的には，就業者が国内総生産を生み出していることになる。こうした視点にたつならば，厚労省が使った労働力人口基準よりも，失業者を除いた就業者をもとにしてみる方が正確になる。

総人口−就業者を被扶養層とすれば，その数は6370万人（総人口の50.1％）となる。そのうち15歳未満の被扶養層が約1719万人（総人口の13.5％）であり，15歳以上の被扶養層は4651万人（対総人口比36.5％）となる。この内訳は65歳

以上の高齢者だけでなく，家事専業者(1751万人，うち女性1713万人)，高校生や大学生等の修学中の仕事をしていない者(780万人)ということになる。そこで，就業者人口比率で考えてみると，分母を15歳以上人口とするならば57.7％となるが，分母を総人口とすれば49.9％となる。半分の人口が働く層であり，残りが被扶養層ということになる。被扶養層の割合がもともと高いことがわかる。厚生労働省の説明は，**被扶養人口**としての高齢者が25％に近々なるので，扶養負担が増えるという危機ばかりを訴えている嫌いがある。将来65歳以上人口が増加し，総人口の4分の1になるから，3人で1人の老人を養うことになるので大変であるという俗説は間違いである。

現在，被扶養層の比率が50％であるということは，逆にいうと働き手が50％で，約1人が1人を養っているということになる。65歳以上の高齢者が増えるからといっても，被扶養層の比率が極端に増大するとは考えられない。15歳以下の子供も被扶養者であり，少子化で若者が減っているということは，被扶養層が減少するということにもなる。高齢者が増えても子供は減り，主婦が家事から解放されて就業することになるから，被扶養層が減るので，被扶養層の割合である50％が老人増ほどに増えることはありえない。人口政策は，単に出生率の問題だけでなく，いかに人々に職場を提供するかという就業に視点をもった労働政策と関連させて考えなければならないことがわかるだろう。

4-2-3 失業率の推移

完全失業率については，**図4-3**のグラフに示している。日本の経済発展の特徴は失業者が少ないということであった。高度成長期に失業率は2％台から1％台へと改善されて，以後の失業は，職を失った人がつぎの職場を探すまでの一時的な**摩擦的失業**程度であったといわれている。1970年代後半から，それは2％台へと上昇したが，失業者は100万人を超える程度であった。1980年代になると失業者が160〜180万人ほどになってくる。そして，1990年代の長期不況の時代となってから失業者が増加して300万人を超え，2002年には350万人を超える事態となった。失業率もバブル期以前は3％を超えていなかったが，

図 4-3 完全失業率の推移

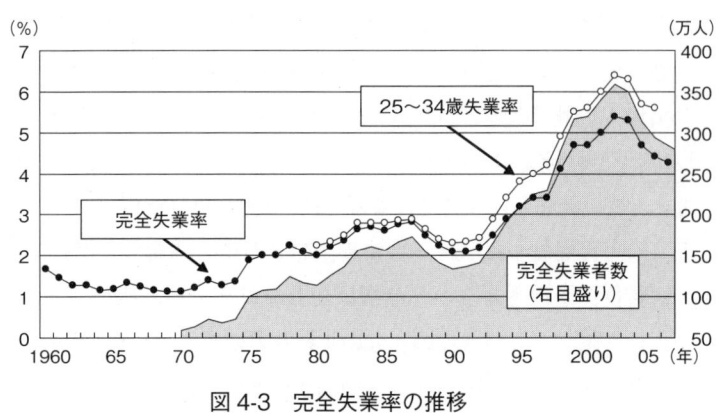

資料：総務省統計局『労働力調査年報』
注1：失業者，失業率ともに男女合計値，年平均値。
　2：2006年は6月までの平均値。

1990年代になると急上昇している。2000年代には，それが5%を超えるという戦後最悪の状態となった。2003年に最悪の状態を脱して，失業率が改善されている。これは経済構造が変化する時代の特徴であるとされているが，この間の長期的な失業者の存在は，市場にそれを調整する機能がないことを物語っている。

さらに新たな問題がみられる。一つは24〜35歳の失業率が全体の失業率を上回っている状態である。この世代は大学を卒業して，働き盛りのはずであるが，この失業率が高いのは新たな現象といえる。これは単に長期経済低迷の所為であろうか。二つは日本の雇用形態の急激な変化であり，非正規雇用の増加と関係している。

4-2-4　日本的雇用慣行の変化

日本的雇用慣行とは，終身雇用，年功序列賃金，企業別労働組合を柱とするものであり，これらに付随して定期昇給制度，ボーナス制度，退職金制度などが組み込まれている雇用慣行のことである。

これらの起源は部分的には明治期末にみられるが，戦間期に雇用者確保のた

めに一部の大企業で採用され，それが戦後の高度成長期に一般企業でも採用されて一般化した慣行である。これら諸制度は，企業と一体化した従業員の雇用関係で，当初は企業が熟練労働者を養成・確保するために囲い込みをして，企業側が採用した制度ということができる。それらが，戦後になり，労働者保護制度が法的に整備され，労働条件の改善となって定着した。また1950年代以降高度成長期に，毎年4月に新卒者を定期採用して，企業内で労働者を養成するようになると，その待遇のために賃金体系と結合して，上記の諸制度が進展してきた。それには，労働組合側も組合員の権利として，それら雇用条件を闘争目標としたので，法的ではなく慣行的に確立したという歴史経過をたどっている。したがって，それらは大企業中心の雇用慣行であって，零細企業の労働者は，そのような待遇はほとんど受けていなかった。

　終身雇用は，従業員が定年時まで，生涯同じ会社に勤務する慣行である。年功序列賃金制度とは，新規採用者の初任給から定年時まで，勤務年限によって一定額が昇給する賃金制度である。定期昇給制度もこれと関連しており，高度成長期以来インフレーションがあったので，実質賃金を保障するために，名目賃金を一定額および一定比率で，毎年度底上げする方法である。**総評**（総労働評議会）が春季闘争（**春闘**）によって，ベースアップ運動を展開したので，毎年繰りかえされることになり，年度初めの4月に遡って，ベース部分（基本給部分）にインフレ目減り分を上乗せするという形態をとった。

　そのような雇用慣行は，企業が新規採用者を養成することと関連しており，労働者の企業への帰属意識を涵養し，企業業績に一体化して貢献し，企業の発展と連動して定着していった。同時に，新規採用者を中心に，勤務年限を軸に企業内年功賃金体系・定期昇給制度および退職金制度ができあがっていった。これらの制度は新規採用時から始まるので，中途採用者にとっては不利となる。よって，労働者が他社へ移るという労働市場の流動性は生まれなかった。なんらかの理由で中途退職する者は再雇用先がランク落ちする企業であるといわれ，移るたびに雇用条件が悪化するといわれた。このような日本的雇用慣行は，グローバル化に適応しないから改めなければならないシステムといわれた。

1970年代後半から経済成長が鈍化し，国際競争が激化して，日本の大企業で再合理化策が行われるようになる。国際競争力をつけるために労働力にも流動化が必要であるといわれはじめた。こうして，戦後確立した終身雇用体系が崩れはじめたのである。1980年代には，自由競争・民活・民営化が進められて，官公庁の雇用がまずやり玉となった。すると大企業中心の組織にのっていた総評の春闘が敗北し，労働組合の力が失われた。そして，経済のソフト化といわれる産業構造の変化が起きたので，雇用形態の弾力化が要求されるようになった。職種によっては夜勤も必要であり，短期間の技術労働（コンピューター関連）も必要である。そのような特殊な仕事では，旧来の一律的な勤務状態とは異なる雇用が必要であるということになった。こうして，1985年に「労働者派遣法」が導入された。この法律が今日大きな問題を投げかけている。

　経済成長が停滞し始める1980年代になると，**成果主義**がうたわれるようになって，終身雇用・年功賃金体系は勤勉に働く者に不利で，悪平等であるといわれるようになった。効率的に働く者を優遇すべきだという成果主義が，企業側だけでなくて，労働者側でも一部に受け入れられることになった。賃金，特に初任給周辺賃金が上がらず，若手と長期勤続者との間で賃金格差が顕著になると，若手層から不満がでてくる。初任給賃金が上がらないので，若年層の一部に，働きに応じた成果に見合う賃金要求が強くなり，誰もが上がる年功型賃金に対して否定的となる者が現れてきた。こうした労働者側の意識変化が醸成されて，雇用の流動化や定期昇給制度見直しが底流となり，大きな影響を及ぼすようになった。企業側も，総賃金を上げないようにするために，労働者への分配を変える必要があったし，最大の狙いは社会保障費の雇主負担を節約するコスト削減にあった。

4-2-5　非正規雇用の拡大

　その結果，1990年代に**非正規雇用**が拡大していった。フリーターやパートタイム労働などの非正規雇用が増加し，雇用の弾力化や雇用調整に利用されている。統計で確認してみると，1990年には非正規雇用の割合は20.2％であっ

たが，2000年に26.0%，2005年に32.3%，2007年に33.7%と，雇用は非正規雇用の増加によって維持されているのである。若年（15～34歳）に限ってみると，若年完全失業者はピークの2002年に168万人から2006年には127万人に減少している。だが他方で，パート・アルバイトに派遣社員等を加えた非正規の職員・従業員数の推移をみると，2002年の323万人から2006年には362万人となっている。若年における雇用増が非正規雇用の形で実現していることがわかる[5]。このように，持続的好景気といわれるなかで，若者を中心とする働き手が将来に希望をもてない事態（「希望格差社会」（山田昌弘氏の表現））やワーキングプア（働く貧困層）を，どのように判断するか考えなければならない。

また，企業の現場での労働条件や労働環境の実態についてもみつめる必要がある。規制緩和の一環として「労働者派遣法」（1985年）が制定され，とりわけ1999年に大幅改正されて以降，非正規雇用が増えて，若者から将来の希望を奪いとっているといわれている。「働き方の多様化」という標語で進められたこの規制緩和が，実は「働かせ方の多様化」（内橋克人氏の表現）になっている。最近の労働環境の悪化と現代若者の意欲が失われていることと無関係とはいえない。日本人は，戦前の劣悪な労働条件を克服して，戦後の経済的な繁栄を達成してきたのである。敗戦後から今日までに，憲法や労働三法をはじめとして労働者のさまざまな権利保障が法制化されてきた。とりわけ，戦後民主化過程では，日本の労働民主化の遅れが，戦前日本を軍国主義ファシズムへ追いやった非民主主義体制の土壌の一つであったという猛省があった。そこにおける労働者の権利保障はただ理念的なものではなく，戦前に実際にあった非近代的な人身拘束的な雇用慣行を排除するためであった。ここでその詳細に触れる余裕はないが，働く者が希望をもって働ける環境は，企業の発展にとっても決して負の要素にならないし，日本人の質の高い労働力を育成することにつながるはずである。

4-3 賃金と労働分配率

図4-4は1990年代の長期不況が労働者の賃金にどのように影響しているか

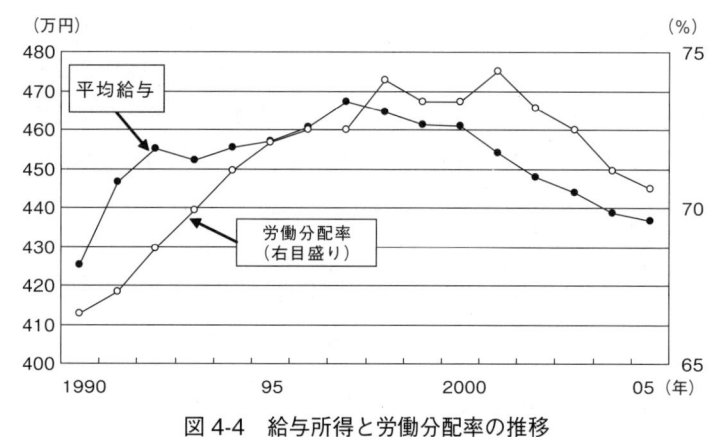

図 4-4 給与所得と労働分配率の推移

資料：国税庁『民間給与調査』，内閣府『国民経済計算年報』

をみたものである。平均給与は1年を通じて勤務した者の年間給与所得である。1997年の年収467万円をピークにして，2005年には437万円（月額36万4100円）となって，かなり減少している。

また，**労働分配率**の動きをみると[6]，1990年代には上昇ないし横ばいであったのに対して，2000年代に入って平均給与と同様に急速に低下している。これらのデータは，グローバル化のなかで雇用制度等を自由化したことによって，非正規雇用が増えて，労働者全体の賃金が上昇しなくなったことを示している。

図 4-5 は，年収300万円以下の給与所得者数の推移を示したものである。2000年には1507万人であったが，2005年には1692万人と約200万人弱も増加している。失業率が2002年をピークに低下し，雇用増があったといわれているが，この内実は低賃金労働者の増加となっているのである。

4-4 所得の格差と再分配

厚生労働省は1962年から3年ごとに所得再分配調査を行っている。それは各世帯が働いて得た〈当初所得〉と税金や社会保障によって調整された収入である〈再分配所得〉について，それぞれ所得階層ごとにどれだけの世帯数と

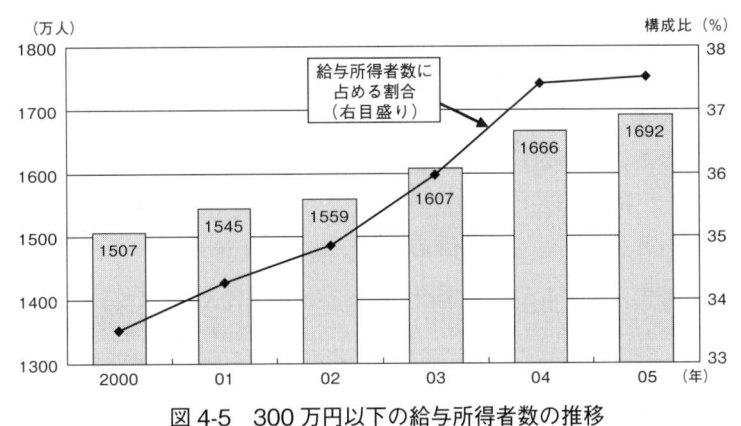

図 4-5 300万円以下の給与所得者数の推移

資料：国税庁『民間給与調査』

なっているかを調査したデータである。**図 4-6** は，1978年以降のデータをグラフにしたものである。

ここに示されているように，当初所得のジニ係数は毎年悪化している[7]。とりわけ，1990年代後半からの悪化は著しい。だが，厚労省は社会保障および税による再分配措置によって改善されているとしている。2002年は，社会保障によって20.8％，税によって3.4％，2005年は，社会保障によって24.0％，税によって3.2％改善していると厚労省は述べている[8]。しかし，この社会保

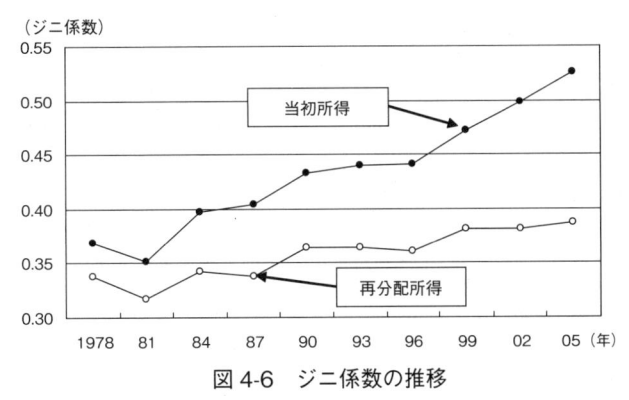

図 4-6 ジニ係数の推移

資料：厚生労働省『所得再分配調査結果』

障による改善の実態は，年金給付が大きいが，それは現役世帯から高齢者世帯への所得移転であり，受給者のレベルで改善されているが，厳密な意味での所得格差の是正策とはいえない。また，医療給付および介護支援による改善も，高齢者世帯のところで是正されているにすぎない。税についても，累進課税は緩められたし，消費税が比重を増して，従来の直接税中心の租税構造から間接税に比重が移りつつあり（直間比率の是正），格差是正策とはなっていない。実際に，所得格差に関するOECD調査で，日本は加盟国中15位となって，不平等度の高い米英に近づいている[9]。

以上の諸統計をみると，バブル崩壊で抱えた過剰債務を返済して企業業績は改善し，政府がいざなぎを超える好景気といっているなかで，一般の労働者を取り巻く環境は悪化しているようにみえる。雇用制度をはじめとして，労働問題にかかわる規制緩和がどのような意味をもつか，再考しなければならなくなっている。

注
1) 年齢によって人口を区分すると，15歳未満人口の**年少人口**，15歳以上65歳未満の**生産年齢人口**，65歳以上の**老年人口**に分けることができる。
2) さらに，求職活動をしており（結果待ちを含む），すぐに仕事に就くことができることが，完全失業者の構成要件である。
3) 総務省統計局『日本の就業構造』2005年，6頁
4) 総務省統計局『労働力調査年報』2003年，6頁
5) 以上，総務省統計局『労働力調査年報（詳細結果）』，総務省統計局ホームページ（『労働力調査』）による。
6) 労働分配率とは，労働者に支払われる要素所得，すなわち賃金総額（人件費）がその生産額（付加価値レベル）の何割に当たるかを示す数値である。ここではSNA統計を用いて，国民所得（要素費用表示）に占める雇用者報酬の割合として労働分配率を求めている。
7) ジニ係数は，所得分配の隔たり（所得格差）を測る指標で，最大値が1，最小値が0となり，数値が1に近づくほど所得格差が大きいということを示している。
8) 厚生労働省『所得再分配調査報告書』2005年，6頁
9) 橘木俊昭『格差社会』岩波新書，2006年，12頁

第5章　貿易構造

5-1　貿易についての考え方

　近代になると，貿易が増大して，国際交易が広がっている。昔は，自国で生産できないものを輸入し，相手国が生産できないものを輸出するという，いわば特産品貿易であった。それが，世界が東西結ばれる絶対王政の時代になると，自国の安価な生産物と，外国の高価な生産物とを交換することが貿易による儲けだと考えられた。貿易差額を求めて，貴重品をもちかえることが有利な貿易と考えられていた（**重商主義**）。このような不等価交換は植民地的な交易で，反発を受けるが，貿易保護政策をもって強制し，国家の権益とした。これに対して，近代の貿易は等価交換においても，相互に利益があると考え，そのような自由貿易が望ましいと考えられるようになった。それを理論づけたのが**リカード**である[1]。ここでは比較優位という考え方を説明しておこう。

　いまA国とB国があって，それぞれワインと毛織物をつくっているとしよう。**図 5-1** に示されている人数は，それぞれを1単位つくるのに必要な労働者の数

	ワイン	毛織物
A国	12人	10人
B国	8人	9人

図 5-1　絶対優位・比較優位
資料：リカード『経済学および課税の原理』の内容を若干修正。

である。この表をみる限り，B国の方が，ワイン，毛織物どちらをつくるにしてもA国より少ない人数で生産できるので，生産性が高く効率的であることがわかる。この状況を，B国はA国に対して，ワインについて**絶対優位**がある，という。また，毛織物についてもB国はA国に対して絶対優位があるといえる。であるならば，B国でワイン，毛織物のどちらもつくって，A国は輸入だけすればよいかといえば，そうではない。それぞれの国で得意な分野に特化して貿易（交換）をすることによって，お互いの国が特化の利益を得ることができる。

いまそれぞれの国でどちらの生産に向いているかということを考えてみると，A国では同じ1単位をつくるのにワインだと12人，毛織物だと10人必要なので，毛織物を生産することに向いている。このとき，A国は毛織物の生産に**比較優位**をもつという。反対にワインの生産には**比較劣位**をもつという。

他方，B国をみると，同じ1単位を生産するのに，ワインだと8人，毛織物だと9人必要なので，B国ではワインの生産に向いている。このとき，B国はワインの生産に比較優位をもち，毛織物の生産に比較劣位をもつという。

このとき，各国が比較優位をもつ財の生産に特化して，比較劣位をもつ財を輸入することによって双方が利益を得ることができる。この例では，A国は比較優位がある毛織物の生産に特化してワインを輸入し，B国は比較優位にあるワインの生産に特化して毛織物を輸入することによって，A国B国とも利益を得ることができる。リカードが主張したこの考えを**比較生産費説**といい，**国際分業論**に基づく**自由貿易論**の基礎的な考え方となっている。

ただ，このリカード・モデルについては，労働のみを生産要素とする単純なモデルであるため，それを多元化しようとする見解がある。その一つが**ヘクシャー・オリーン・モデル**といわれる要素賦存説である。これは，各国の生産要素や天然資源の賦存状況（もともとその国に存在している量）に差異があるので，自国に賦存する天然資源や，あるいは恵まれた生産要素を集約的に用いて生産する財を輸出することが国際分業のもとになる，とする考え方である。

しかし，この説に基づいて，産油国が独占した原油をただ自国の利害で量的あるいは価格上で政策的に操作するとしたら，自由貿易が阻害される可能性が

ある。ましてや，賦存の資源が投機対象となる時代では，国際分業に対して，新たな政策的対応が考察されなければならなくなっている。

5-2 国際機構

1929年の**世界恐慌**から脱出するために，アメリカのスムート・ホーレー法 (1930年) に端を発して，各国が関税を引き上げて国内産業を保護したり，為替相場を切り下げて輸出振興を図るという政策がとられた (**近隣窮乏化政策**)。その後，関連国が**ブロック経済化**することによって世界貿易は縮小傾向をたどり，戦争の遠因となった。だから，戦後経済はこうした戦前経済の反省にたって，市場を開放して自由貿易を推進するものとして，1947年1月に**ガット** (GATT；General Agreement on Tariffs and Trade；関税および貿易に関する一般協定) が締結され，翌48年1月から発効した。日本も1955年にGATTに加盟して貿易自由化を目指すこととなる。日本が直面した戦前と戦後の経済環境の大きな違いは，国際的な市場経済に組み込まれているか否かにある[2]。

GATTはブロック化や貿易禁止措置のような関税以外の貿易障害，すなわち**非関税障壁** (NTB；Non-Tariff Barriers) を撤廃し，貿易障壁を関税に置き換えるとともに，その関税を引き下げようとするものである。また，利害の調整は二国間ではなく多国間交渉によって解決し，その成果は加盟国すべてに無差別に適用されるべきであるとした。こうしてGATTは**自由** (NTBの関税化，関税率の引き下げ)，**多角** (ラウンド＝多国間交渉)，**無差別** (**最恵国待遇**) の三原則でもって自由貿易を活発化させ，世界経済の発展を目指そうという理想を掲げた協定であった。現実には各国の経済構造や経済発展度が異なるから，GATTの協議では常に各国の利害がぶつかることとなった。だが，この理念の下に，GATTは貿易自由化と関税引き下げとを進めてきた。とりわけ，ケネディ・ラウンド (1964〜1967年)，東京ラウンド (1973〜1979年)，ウルグアイ・ラウンド (1986〜1994年) で大きな成果がみられた。

この間，日本は1961年から貿易・為替の自由化をすすめ，1967年から資本の自由化に着手して，1970年代初めまでに大部分の目標を達成した。こうし

た国際協調をとりながら，着々と輸出を伸ばしたのである。

1995年1月，ウルグアイ・ラウンド合意をうけて，GATTに代わる機関として**世界貿易機関**（WTO；World Trade Organization）が設立された。WTOはGATTでは扱わなかったサービス貿易，知的所有権などに関するルールも監視の対象とし，GATTより強化された機能で紛争処理に当たるものである。2001年には中国がWTOに加盟するなど，その役割は依然として期待される。だが，今日では主として二国間での**自由貿易協定**（FTA；Free Trade Agreement）を締結する動きが急速に進んでおり，GATTやWTOがもつ多国間主義（最恵国待遇）が形骸化しかねない動きが目立っている。FTAが広がった背景には，1994年に発効した**北米自由貿易協定**（NAFTA）の成功があげられる。

日本では，2000年代に入り，知的財産権の保護や経済協力など，FTAよりも広い範囲を対象とした**経済連携協定**（EPA；Economic Partnership Agreement）を締結する動きがみられる。2002年には日本で初めてのEPAがシンガポールとの間で発効しており，アジア諸国を中心として締結に向けた動きが進んでいる。

5-3 貿易構造

5-3-1 貿易収支の動向

戦前の日本は農業経済が中心であったが，**寄生地主制**の下での**小作農経営**であったので，農村は貧しい状態におかれていた。他方で，近代化を目指し，機械工業化を進めるためには外貨が必要で，繊維産業が外貨獲得産業となった。繊維産業は農村から析出される低賃金の女子労働力を使って競争力をつけたが，飢餓輸出であった。国内は，低賃金であるがゆえに内需は広がらなかった。そこで需要を求めて軍事的に海外進出していった。それは貧困で過剰な農民に開拓地を与えるという意味ももっていた。いうまでもなくその結末は敗戦であった。

戦後はそれを反省して，生産財と消費財のバランスある内需中心の産業発展，

とりわけ重化学工業化を目指した。そのためには原材料，工業機械，資金が必要であるが，それらの多くを外国に頼らざるを得なかった。そこで外貨割当を行って管理貿易を行い（「外国為替及び外国貿易管理法」：**外為法**），また，外資を導入するが，経営権は握られないような規制を行って（「外資に関する法律」：**外資法**），国内産業を保護・育成した。

高度成長期前半までは，貿易収支はほぼ赤字であった（**図 5-2**）。当時はまだモノ不足の時代であったから，景気がよくなると輸入が増えて，貿易収支が赤字となったのである。貿易赤字の増大は対外決済の増大を意味するから，外貨準備高が減少するようになる。ところが，当時は **1 ドル＝ 360 円の固定為替相場制度**で，IMF に加盟していたから，貿易収支が不均衡になった場合には，通貨当局は固定相場を維持する義務があったのである。そこで，輸入金融を引き締めて輸入を減少させることとなる。輸入金融は輸入業者に対する金融なので，そこが引き締められると輸入業者は輸入ができにくくなる。そうすると，それまで輸入されていた生産財が不足して，投資が伸びなくなり，生産が停滞

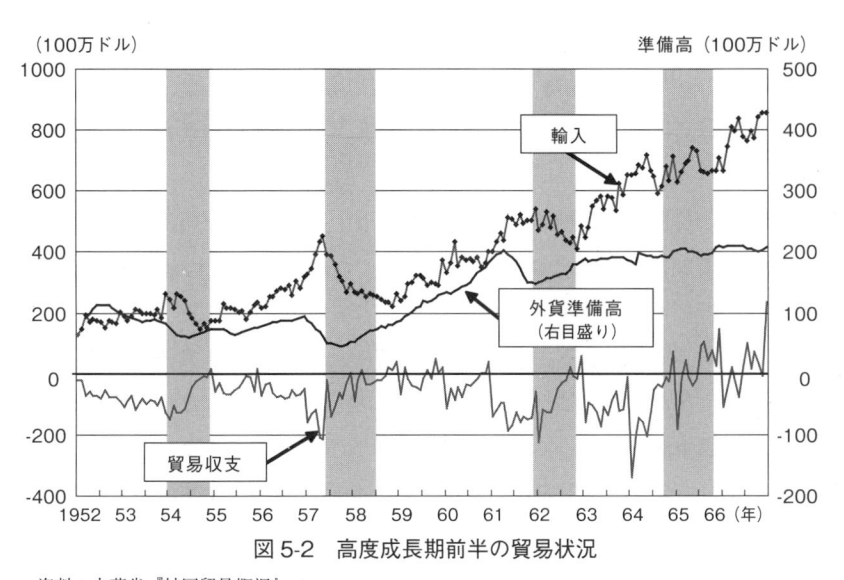

図 5-2　高度成長期前半の貿易状況

資料：大蔵省『外国貿易概況』

して，景気も後退することとなる。そこで，金融が緩和されて再び生産財の輸入が増え，投資が活発化して，輸出を振興したので，景気が上向くこととなる。このように，高度成長期の前半には，貿易収支の赤字が外貨準備の減少を招いて，**国際収支の天井**にぶつかって景気が後退に向かうという現象が起こった。そしてまた，輸出が景気回復を牽引したということで**輸出ドライブ**といわれた[3]。これらの現象は岩戸景気まではっきりとみられるが，いざなぎ景気にはいると外貨準備が2億ドルを超え，国際収支の天井が高くなったので，必ずしも高度成長期前半のような景気循環との関係がみられなくなった。

貿易収支が黒字化するのは高度成長期後半になってからであるが，1970年代は2度のオイル・ショックによって，赤字に転落している。ただ，この貿易赤字は，高騰した原油輸入額が総輸入額の3割を超えて，輸入増によって発生したものであり，輸出そのものは順調に拡大していた。したがって，原油高がおさまる1981年から，日本は恒常的な貿易収支黒字国になるのである。しかも，この時期にアメリカのレーガン大統領による高金利・ドル高政策があったので，対米輸出増によって，貿易収支黒字が急増する[4]。日本の貿易は**ドル建て**が中心であるから円ベースでみると一挙に跳ね上がるのである。またこの頃，対GDP比でみた輸出額は毎年13%程度を占めるようになった。このような輸出依存型の経済構造を維持するためには，常に円安が求められることとなるのである。

為替相場と貿易収支の動向をみると（**図5-3**），総じて円安期には貿易収支黒字が拡大する傾向にあることがわかる。ところが，1970年代後半やプラザ合意後には円高にもかかわらず，貿易収支黒字が拡大している。また，1990年代前半にも円高期に黒字拡大がみられる。これらの現象は**Jカーブ効果**によって説明されてきた。例えば，貿易収支黒字の場合は円高がもたらされると考えられるが，価格調整に比べて数量調整はタイムラグが生じるため，ドルベースの輸出価格は上昇するが数量は変化せず，ドル建ての輸出金額はかえって増大し，短期的な不均衡が拡大するというものである。

このように，貿易収支の動向から為替相場の動きを説明する理論は，**アブ**

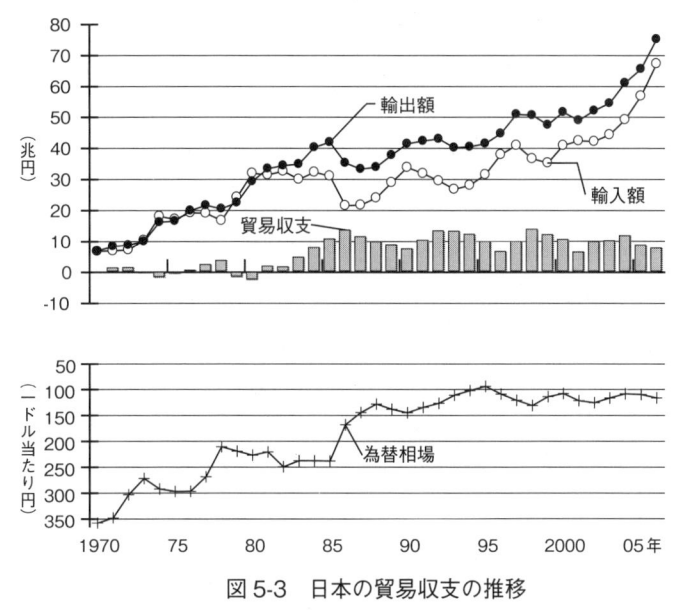

図 5-3 日本の貿易収支の推移
資料：財務省『外国貿易概況』

ソープション・アプローチと呼ばれるが，今日では，為替相場の変動は，貿易動向，すなわちモノの動きだけで説明できるものではなく，カネの動きも視野に入れる必要がある。この点については第 12 章で述べる。

5-3-2 貿易構造の推移

ここで貿易構造をみておこう。まず，高度成長期の貿易構造の特徴をみると，輸出品の中心は，高度成長期初期は繊維品（1956 年の対輸出総額割合は 42.4％）であったが，その末期には機械機器（1970 年の対輸出総額割合は 51.4％）に代わりつつあった。また，いざなぎ景気以降になると，鉄鋼が最大の輸出品目となっており，日本が高度成長を経て工業化を果たしたことが理解できる。

反対に，輸入品は原料品（繊維原料，金属原料，その他の原料）が中心であった（1956 年の対輸入総額割合は 57.1％）。鉱物性燃料のシェアは，原料価格が安かったこともあって，それほど高くなかった（1970 年の対輸入総額割合は

23.7％)。日本は高度成長期に石炭から石油へエネルギー転換を図ったが，幸いにも原油価格は1バレル＝1～2ドルの時代であったから，それは高度成長を側面支援することとなった。**ファンダメンタルズ**（経済の基礎的条件）よりも円安水準にあるといわれた為替相場も輸入の隘路となることはなく，ただ輸出振興の側面を強くもつこととなった。

　1973年に変動相場制に移行して，同年には1ドル277円となり，固定相場制の時よりも23％も円高になった。そこにオイル・ショックが発生して，1973～75年と1979，80年に貿易収支は赤字となった（図5-3）。だが，ここでは為替相場によって貿易収支が赤字になったのではない。赤字の原因は，輸出の伸びにもかかわらず，原油輸入額が急騰して輸入額が伸びたので，大幅赤字となったからである。**図5-4**の輸入品のシェアをみると，1970年代に鉱物性燃料のシェアが急膨張している。1974年には原油輸入シェアが30％となり，前年の16％から倍増していた。原油1バレルが1ドルから3ドルへと高騰したからである。そのシェアは1980年代から1990年代には縮小傾向をもっていたが，2000年代に入り，そのシェアを拡大しつつある。

　今日では機械機器の輸入シェアが伸びている。これは家電製品のような加工製品を輸入するようになったからである。日本が従来の原燃料輸入国から製品輸入国に変質していることがわかる。中国からの低廉な製品を大量に輸入していることがこの背景にある。

　他方，輸出品構成をみると，1970年代半ばから金属品のシェアが増加から減少に向かっている。金属品に含まれる鉄鋼の輸出シェアが1974年にピークとなったことによる。この時期に鉄鋼生産はピークに達していたが，再び2000年代に入ってから世界的な需要増がみられ，若干の拡大がみられる。輸出品の大宗は機械機器（一般機器，電気機器，半導体製品，輸送用機器，精密機械の合計）で，その輸出シェアが1970年代後半には60％台となり，1980年代には70％を超えている。一般機械が15～20％，電気機械が22％前後，輸送機械が28％前後の輸出シェアを占めるようになった。その中心は輸送機器，とりわけ乗用車といえる。原油高騰によって省エネがいわれる時代となり，アメ

(%)

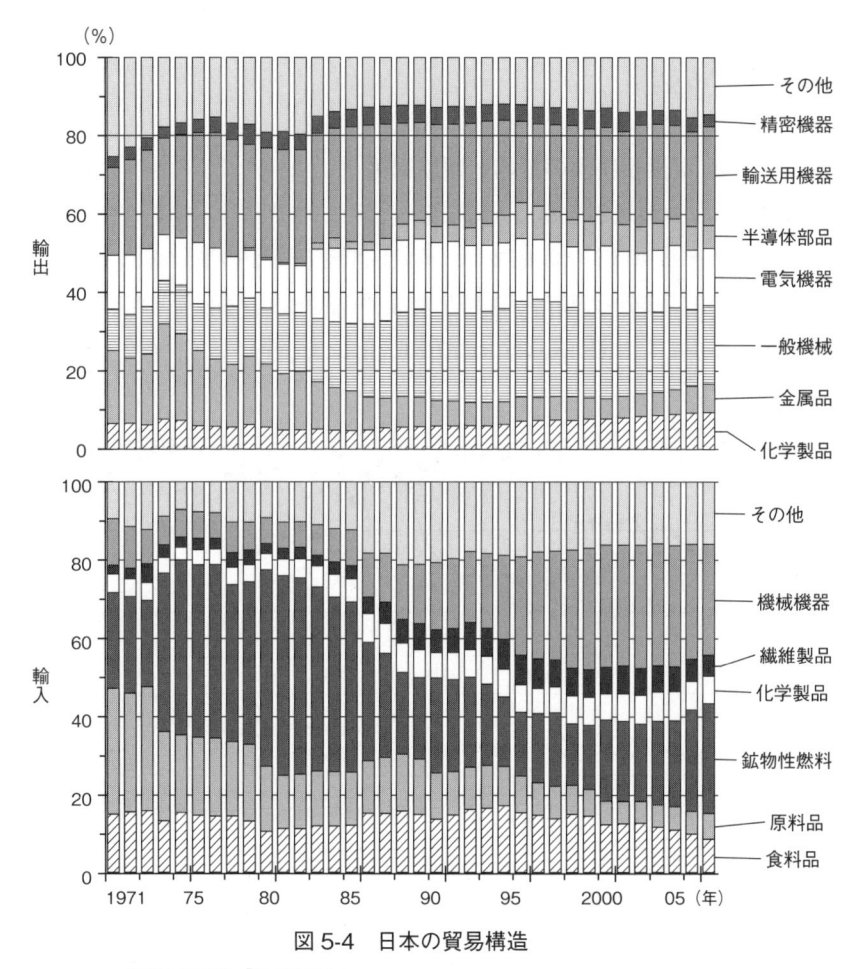

図 5-4　日本の貿易構造

資料：経産省『通商白書』

輸出凡例：その他／精密機器／輸送用機器／半導体部品／電気機器／一般機械／金属品／化学製品

輸入凡例：その他／機械機器／繊維製品／化学製品／鉱物性燃料／原料品／食料品

リカへの小・中型の乗用車の輸出が急増するようになって，自動車の時代となった。以降，それは日本の輸出品の花形となっているが，いまや海外現地工場で生産されるようになっている。また，半導体生産が 1990 年代に IT 産業化のなかで急発展したが，2000 年代に入ると低迷し始めている。

　日本の輸出品は機械機器に金属品，化学品を含めると輸出額の 85% 超を高

度機械工業製品が占めている。日本が高度機械製品の輸出国に変化していることが明らかである。

5-3-3 貿易相手国の推移と貿易摩擦

図 5-5 は，主要地域別の輸出入構成を示したものである。日本の輸出相手先はアメリカと東南アジアが主要で，両地域で輸出総額の半分を占めていたが，1990 年代に中国への輸出が本格化すると 6 割を占めるに至っている。東南アジアのなかでも NIEs (Newly Industrializing Economies) 諸国，すなわち韓国，

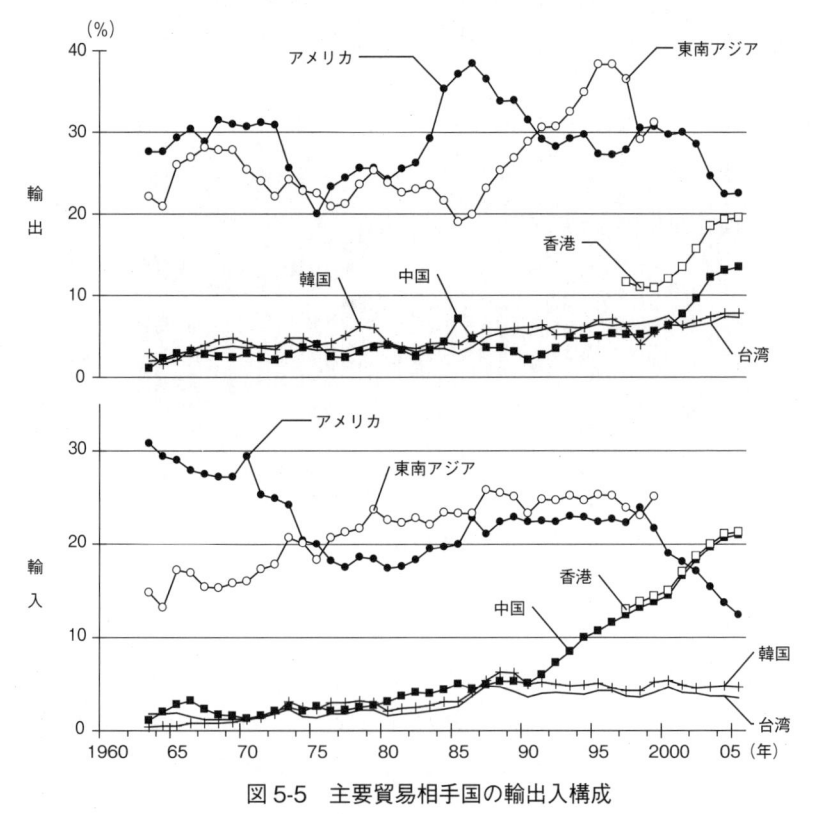

図 5-5 主要貿易相手国の輸出入構成

資料：財務省『外国貿易概況』
注：香港は，1997 年以降のデータを示している。

台湾，香港が比較的大きな取引先となっている。こうした特徴は輸入面でもほぼ同様で，アメリカと東南アジアの二極集中となっている。ただ，1990年代における中国依存は輸入面で特に激しくなっている。このようにみると，アメリカ一辺倒だった日本の輸出入構造が，1990年代以降の中国の台頭によって変化しつつあることが読み取れよう。

2006年の貿易相手国の状況を示したものが図5-6である。斜線は貿易収支の均衡線を示しており，それより右側の国が出超，すなわち貿易黒字国で左側の国が入超，すなわち貿易赤字国となっている。貿易赤字国は中国を除くと原油輸入の原産国となっている。なお，2002年以降，中国は輸入額でアメリカ

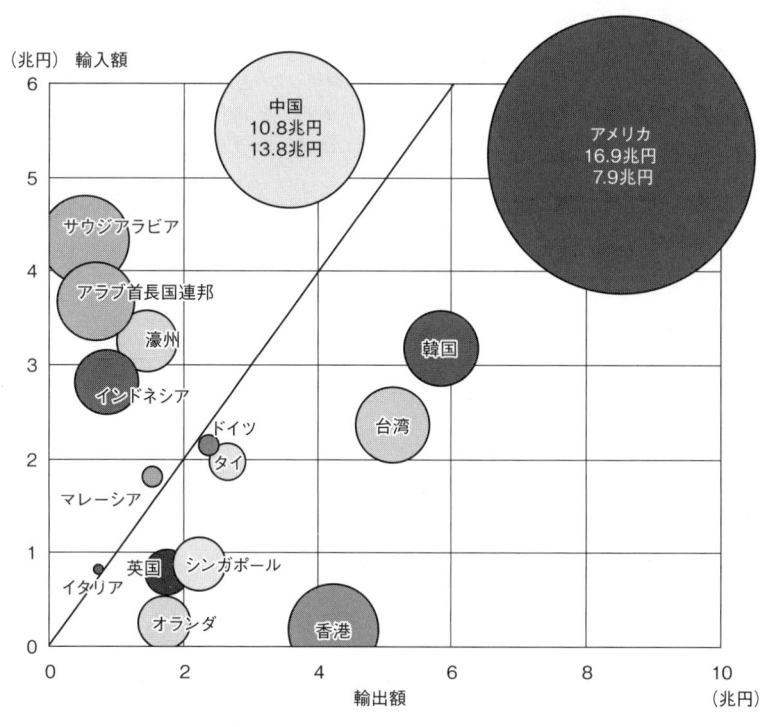

図5-6 主要貿易相手国の輸出入構成（2006年）

資料：財務省『外国貿易概況』
注：円の大きさは貿易収支に比例しているが，アメリカ，中国の位置・大きさはイメージである。

を抜き，最大の輸入相手国となっている。

ただ，それまでのアメリカ中心の貿易構造，とりわけ日本の**集中豪雨的**な対米輸出を反映して，1960年代以降，日米間で**貿易摩擦**が繰り返し起こってきた。1960年代の繊維にはじまって，1970年代はカラーTV，鉄鋼，1980年代は自動車，半導体，VTR，牛肉・オレンジ，1990年代は自動車部品と連綿と摩擦が起こったのである。それはアメリカ産業の防衛策であったが，日本は対処療法的に摩擦をクリアして凌いできた。政治的な理由だけでなく，対米貿易が日本経済にとって重要な位置を占めていたからである。

注
1) デヴィット・リカード（David Ricardo, 1772-1823），イギリスの経済学者。主著『経済学および課税の原理』（1817年）。
2) なお，為替相場の安定をはかるための国際機構として1945年にIMFが設立された。このIMFとGATTをあわせた戦後世界経済の枠組みを**IMF・GATT体制**という。
3) なお，高度成長期の前半における景気循環と金融緩和・引締政策との関係をストップ・アンド・ゴー政策という。
4) この結果は財政赤字と貿易赤字の**双子の赤字**をもたらしたが，1985年9月の**プラザ合意**によって，この是正が企図される。

第6章　財政構造

6-1　財政の役割

　財政とは，公共部門（国や地方自治体など）が行う経済活動のことである。マスグレイブ[1]によれば，今日における財政の基本的役割は，1) 資源配分機能，2) 所得再分配機能，3) 経済安定化機能の三つに集約される。

　1) **資源配分機能**は，政府が民間企業にはなじまない**公共財**や公共サービスを提供する役割を果たしているということを指している。政府は道路や上下水道のような社会資本の整備や，基礎教育や医療など**価値財**を提供する役割をもっている。

　2) **所得再分配機能**は，社会保障政策や租税政策を通じた所得分配の是正を政府が行っているということを指している。貧困や経済的格差が必ずしも個人の責任に帰すことはできないという考えが20世紀中葉に浸透した。1942年にイギリスで発表された「**ベヴァリッジ報告書**」がその基礎的な考えとなっており，日本でも日本国憲法において**ナショナル・ミニマム**，つまり**生存権**が保障されることとなった（第25条）。

　3) **経済安定化機能**は，政府が不況期には減税をしたり公共支出を増やして失業を防ぎ，好況期には増税をしたり公共支出を減らすことでその過熱を抑えたりすることである。戦前の資本主義社会では周期的に恐慌が発生しており，とりわけ1929年の**世界恐慌**以降，失業が深刻化していた。この事態に対して，ケインズは積極的な公共事業の実施による失業救済を提唱した。この考えを中心とする**ケインズ理論**は，政府が積極的に経済に介入する根拠となった。

　これらの財政3機能のうち，資源配分機能はもともと財政が担ってきていたが，1930年代以降に所得再分配機能や経済安定化機能を財政が果たすようになってきた。所得再分配を行う国家を**福祉国家**と定義して，1930年代以降の国家をケインズ・ベヴァリッジ型福祉国家といったりもする。だが，このケイ

ンズ・ベヴァリッジ型福祉国家は，1970年代以降，財政赤字の増大や金融自由化，変動相場制への移行を背景に変容を余儀なくされている。

6-2 政府会計と予算

6-2-1 政府会計の種類

政府の会計には，一般会計，特別会計，政府関係機関の会計の三つがある。

一般会計が一般に国の財政といわれるもので，租税などの財源を受け入れ，社会保障や公共事業などの国の基本的な経費を処理している会計である。

特別会計は，国が特定の事業や融資を行う場合に設置される会計のことである。現在，31の特別会計が存在するが，それぞれ事業，資金運用，その他の三種類の特別会計に分類されている。

この特別会計は事業ごとの収支を明確にするために設けられているが，今日ではその特別会計が複雑で真の支出がみえにくくなっていると同時に，一般会計に比して大きく膨張している。1970年には特別会計は16兆円で一般会計は8.2兆円であったのでその規模は2倍弱であった。ところが，1990年代後半にはその比率は3倍を超え，小泉内閣時代には4倍に達して，2006年度予算では5.8倍にもなっている。かつての財務相が「母屋ではおかゆ食って，辛抱しようとけちけち節約しておるのに，離れ座敷で子供がすき焼き食っておる」と答弁したことに象徴されるように，財政分析をする場合には特別会計にも目を向ける必要がある[2]。

政府関係機関とは特別の法律によって設立された法人で，全額政府出資の特殊法人の形態をとり，予算について国会の議決を必要とする機関のことである。かつては公団，公社，事業団，政府系金融機関などが存在したが，2001年6月の「特殊法人等改革基本法」に基づき，今日ではそのほとんどが独立行政法人化したり，民営化したり，廃止されるなどしている。

6-2-2 予算

予算には上でみた政府会計に応じて一般会計予算，特別会計予算，政府関係機関予算の3予算がある。政府の財政活動はこれらの予算に基づいて執行されなければならず（憲法第83条），その予算は議会での議決を経なければならない（第86条）。これを**財政民主主義**という。財源の調達や公共サービスの提供は基本的にはこの予算を通じて執行されるが，これらは民間部門における財・サービスが市場における価格メカニズムによってその需給が調整されるのとは異なり，政治的な意思決定に基づいて調整される。それゆえ，予算はその政治的意思そのものであり，その意思決定のあり方はその国の民主主義を体現したものといってよい。

さて，その予算の編成は**図6-1**に示されるスケジュールで決定される。とりわけ，8月中に決定される**概算要求基準**では，**一般歳出**の上限をシーリングと

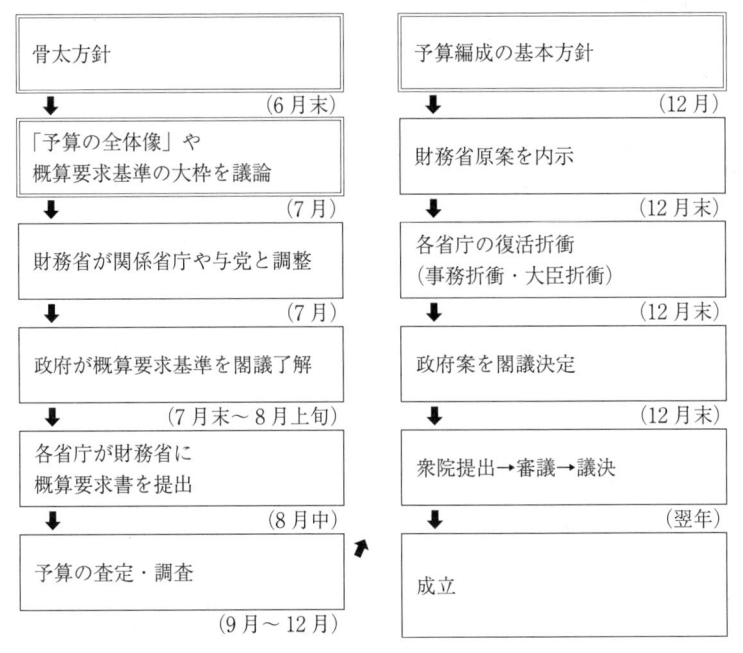

```
骨太方針                              予算編成の基本方針
  ↓                                    ↓
         (6月末)                              (12月)
「予算の全体像」や                    財務省原案を内示
概算要求基準の大枠を議論
                                       ↓
  ↓      (7月)                              (12月末)
財務省が関係省庁や与党と調整          各省庁の復活折衝
                                      （事務折衝・大臣折衝）
  ↓      (7月)                         ↓
政府が概算要求基準を閣議了解                 (12月末)
                                      政府案を閣議決定
  ↓    (7月末～8月上旬)
各省庁が財務省に                       ↓      (12月末)
概算要求書を提出                      衆院提出→審議→議決
  ↓      (8月中)                      ↓       (翌年)
予算の査定・調査                      成立
         (9月～12月)
```

図6-1　予算編成の流れ（二重枠＝諮問会議が関与）

して設定して予算の膨張を防いでいる。この概算要求基準に基づき，各省庁が概算要求書を8月末に提出し，その後12月の財務省原案，政府案の策定に向けて査定，交渉が行われることとなる。年度内に翌年度予算案（**当初予算**）が成立した場合にはそれに基づいて予算が執行されるが，成立しない場合は**暫定予算**を組むこととなる。また，会計年度の途中で当初予算の修正が行われる場合，**補正予算**を組むこととなる。

なお，これらの予算編成過程において，小泉内閣時代には，内閣府に設置された**経済財政諮問会議**が重要な役割を担っていた。この諮問会議の活用によって，政治的意思決定過程が従来の**族議員**を中心としたボトムアップ型ではなく[3]，トップダウン型に変質したようにみえたが，昨今ではこの諮問会議の積極的な活用も後景に退いた観がある。

6-2-3 一般会計予算の内容

図6-2は，2008年度一般会計当初予算の政府案である。まず財政規模をみると，83兆円となっており，前年度の当初予算と比べて0.2％の増加となっている。そのうち，歳出をみると，一般歳出が47兆2845億円（対一般会計歳出比56.9％），国債費が20兆1632円（同24.3％），地方交付税交付金などが15兆6136億円（同18.8％）となっている。**国債費**は過去に発行した国債への元利金の支払い費であり，**地方交付税交付金**などは**地方財政調整**のために地方に配分される資金であるから（これらを**義務的経費**という）[4]，毎年度，政府が政策的に使える資金（義務的経費に対して**政策的経費**という）は，一般会計歳出から義務的経費を差し引いた金額となる。これを**一般歳出**という。

　　一般歳出＝一般会計歳出－国債費－地方交付税交付金など

一般歳出の中身をみると，社会保障，公共事業，文教及び科学振興費，防衛関係費が四大支出項目となっている。そのうち社会保障関係費が増大して，公共事業関係費が減少しているのが近年の大きな特徴となっている。

他方，歳入をみると，租税及び印紙収入が53兆5540億円（対一般会計歳入比

第 6 章　財政構造　81

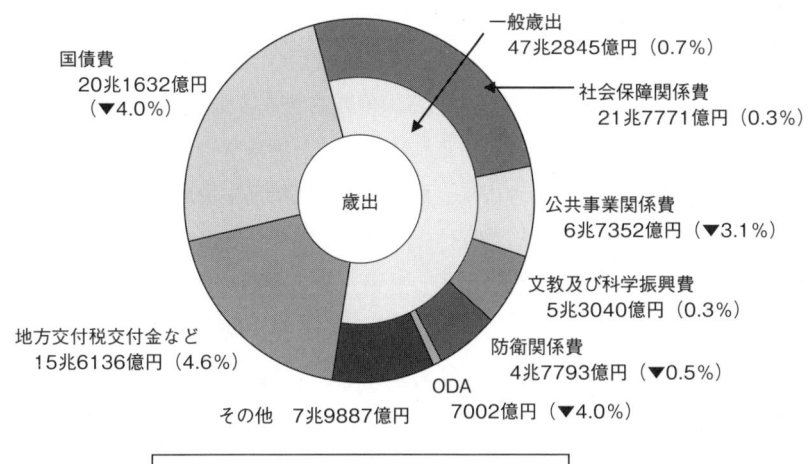

歳出

- 国債費　20兆1632億円（▼4.0%）
- 一般歳出　47兆2845億円（0.7%）
- 社会保障関係費　21兆7771億円（0.3%）
- 公共事業関係費　6兆7352億円（▼3.1%）
- 文教及び科学振興費　5兆3040億円（0.3%）
- 防衛関係費　4兆7793億円（▼0.5%）
- ODA　7002億円（▼4.0%）
- その他　7兆9887億円
- 地方交付税交付金など　15兆6136億円（4.6%）

一般会計総額　83兆613億円　（0.2%）

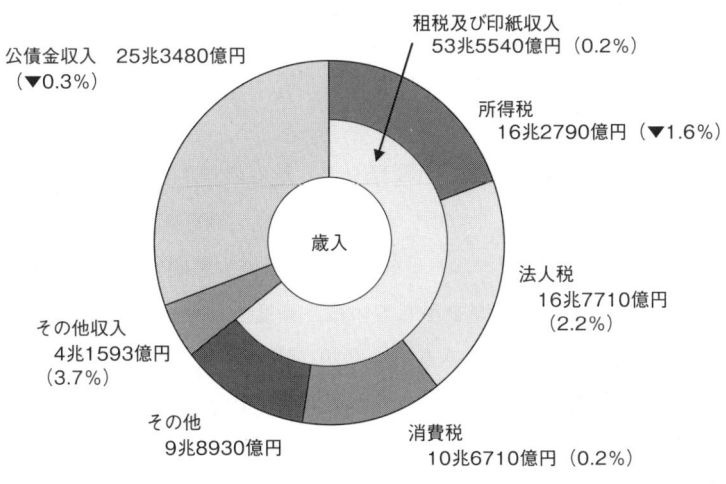

歳入

- 公債金収入　25兆3480億円（▼0.3%）
- 租税及び印紙収入　53兆5540億円（0.2%）
- 所得税　16兆2790億円（▼1.6%）
- 法人税　16兆7710億円（2.2%）
- 消費税　10兆6710億円（0.2%）
- その他　9兆8930億円
- その他収入　4兆1593億円（3.7%）

図 6-2　2008 年度一般会計当初予算（政府案）

資料：財務省ホームページ
注 1：カッコ内は 2007 年度当初予算比増減率
　2：▼はマイナス

64.5%）であり，所得税，法人税，消費税が三大税目となっている。また，新規国債発行額である公債金収入は 25 兆 3480 億円で前年度よりも若干減少しているが，一般会計歳入に占める公債金収入の割合である**国債依存度**は依然として 30.5％を占めている。国の借金である国債残高が 553 兆 3118 億円に達すると見込まれているなかで，大きく借入れに依存した財政構造となっている。

このような財政構造になる理由は，財政原則と大衆民主主義に大きく与っている。通常，われわれは（例えば家計では）収入に応じた支出を行っている。すなわち，「入るを量りて出るを制する」という**量入制出の原則**に従っている。だが，財政は「出るを量りて入るを制する」という**量出制入の原則**に従っている。歳出，つまり公共サービスに対するニーズを先に確定して，その後に歳入をコントロールする，という構造になっているのである。それゆえ，歳出と租税収入のギャップは借入れ（＝国債発行）に依存することになる。もちろん，その前提には大衆民主主義下における公共サービスに対するニーズの多様化やそれを反映した利益誘導政治の問題がある。したがって，予算にはその国の一つの姿が集約的に表現されているといっても過言ではない。

6-3 財政規模の推移

図 6-3 は，一般会計歳出（決算）の推移を示したものである。1955 年度の歳出は 1 兆円を超える程度であったのに対して，1999，2000 年度には 89 兆円を超えて戦後のピークを示している。その後の歳出は減少傾向にある。また，このグラフには当初予算の伸び率を示している。高度成長期から 1970 年代までは 20％を超える伸びを示したときもあったが，1980 年代の**財政再建期**にその伸びは一挙に小さくなった。その後は，バブル期，1990 年代央から後半にかけての一時期を除けば，当初予算の伸び率は非常に低くなっている。

また，この図で着目しなければならないのは，一般会計歳出に占める一般歳出の割合を示した一般歳出比の推移である。ドッジ・ライン以降の**均衡財政主義**が崩れて国債発行が再開されたのは 1965 年度からであった。また，1975 年度以降は，オイル・ショック後の不況を受けて，赤字国債が大量に発行される

第6章　財政構造　83

図6-3　一般会計歳出（決算）の推移

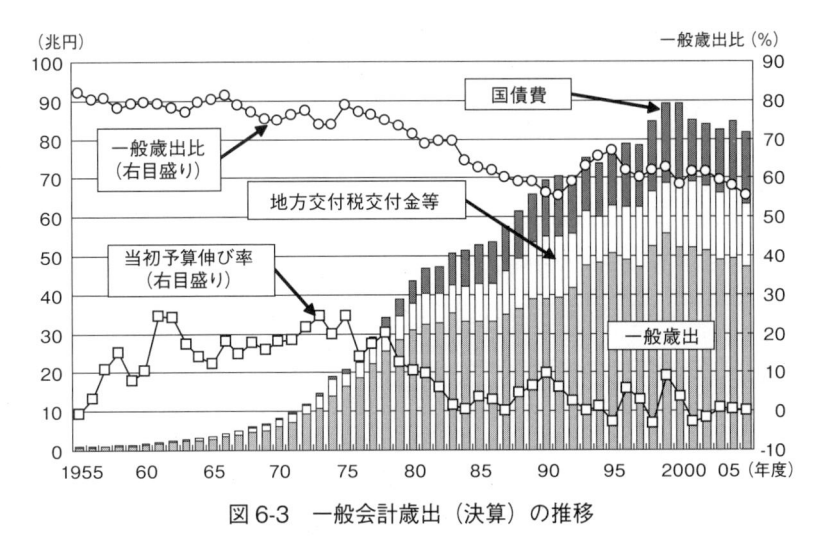

資料：財務省『財政統計』，財務省ホームページ
注1：一般歳出比＝一般歳出／一般会計歳出（決算）
　2：数値は決算額，2005年度は予算額。単位は兆円。

ようになっている。国債発行が再開されるまでは一般歳出比は80％程度であったのに対して，とりわけ1975年度の赤字国債の大量発行以降，一般歳出比は低下して，60％を下回る水準にまで下がっている。このように一般会計歳出に占める国債費の割合が増えて一般歳出比が低下すること，つまり政策的経費の割合が低下することを**財政の硬直化**という。この財政硬直化が国債の累積による弊害の一つとされている。

図6-4は，一般会計歳出（決算）の対GDP比の推移を示したグラフである。高度成長期までは11％前後を推移していたのに対して，1970年代になってから急増しており，1981年度には18％に達している。財政再建期にはその割合は低下しているが，1998年度から再び積極的な財政政策が実施されたので，その比重を上げることとなった。ただ，2000年代にはその比率を再び下げている。

この一般会計歳出（決算）の対GDP比をもって，小さな政府・大きな政府の一つの指標とすると，高度成長期には相対的に**小さな政府**であったことがわかる。**大きな政府**への転換は1970年代である。スタグフレーションといわれた

図 6-4　一般会計歳出（決算）の対 GDP 比

資料：財務省『財政統計』，財務省ホームページ，内閣府『国民経済計算年報』
注：GDP は 1993 年までは 68SNA，それ以降は 93SNA による。

時代にあって，公共事業はそれまでの社会資本整備を中心としたものから不況対策的なものへと大きく性格を変えていった。この公共事業の増大が日本的な大きな政府を作り上げていったのである。なお，1973 年は**福祉元年**といわれ，その後，社会保障が増加していくこととなる。これが大きな政府をつくる原因だといわれているが，この評価には留保が必要である。

6-4　税制

6-4-1　日本の租税体系

日本の租税体系は**図 6-5** のようになっている。課税主体からみると，**国税**と**地方税**とがあり，地方税はさらに道府県税と市町村税とに分けられる。また，その収入の使途が特定されず，一般経費に充当される**普通税**と特定の使途に充当される**目的税**とに分けられる。

2007 年度における税収構造を示した**図 6-6** によれば，所得課税が 58.2％ を占め，消費課税の 27.8％，資産課税等の 14.0％ が続いている。今日では所得課

第 6 章　財政構造　85

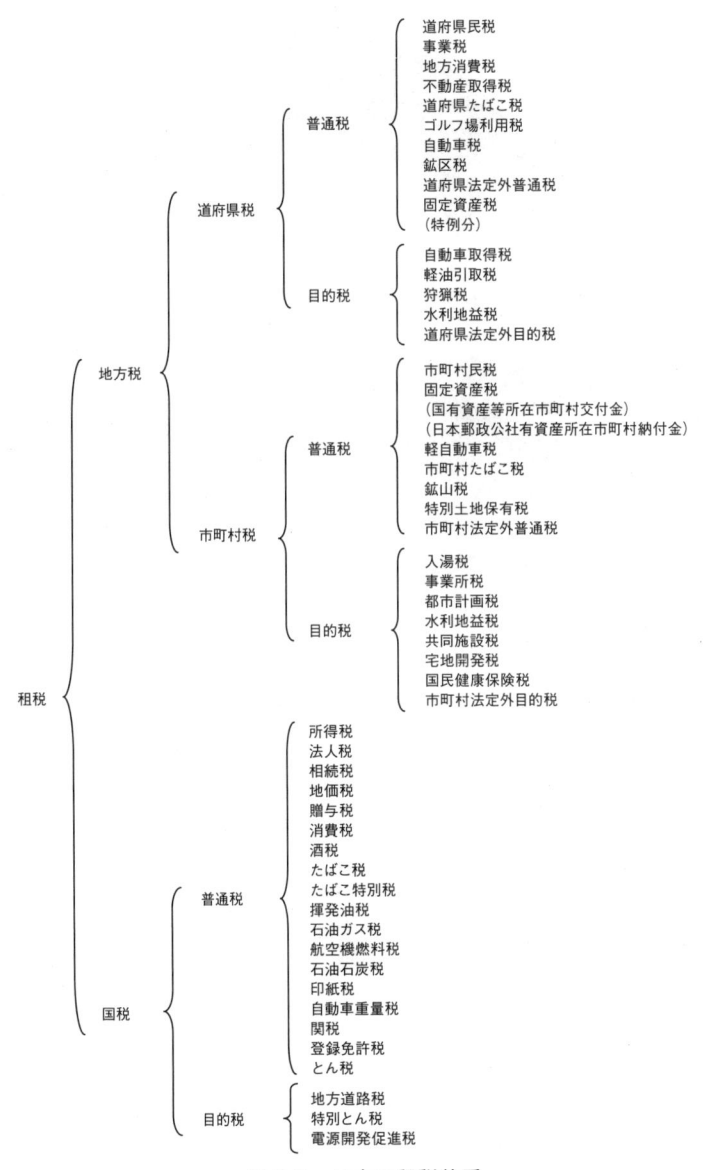

```
                              ┌ 道府県民税
                              │ 事業税
                              │ 地方消費税
                              │ 不動産取得税
                     ┌ 普通税 ┤ 道府県たばこ税
                     │        │ ゴルフ場利用税
                     │        │ 自動車税
                     │        │ 鉱区税
          ┌ 道府県税 ┤        │ 道府県法定外普通税
          │          │        │ 固定資産税
          │          │        └ （特例分）
          │          │
          │          │        ┌ 自動車取得税
          │          │        │ 軽油引取税
          │          └ 目的税 ┤ 狩猟税
          │                   │ 水利地益税
  ┌ 地方税┤                   └ 道府県法定外目的税
  │       │
  │       │                   ┌ 市町村民税
  │       │                   │ 固定資産税
  │       │                   │ （国有資産等所在市町村交付金）
  │       │          ┌ 普通税 ┤ （日本郵政公社有資産所在市町村納付金）
  │       │          │        │ 軽自動車税
  │       │          │        │ 市町村たばこ税
  │       │          │        │ 鉱山税
  │       └ 市町村税 ┤        │ 特別土地保有税
  │                  │        └ 市町村法定外普通税
  │                  │
  │                  │        ┌ 入湯税
  │                  │        │ 事業所税
  │                  │        │ 都市計画税
  │                  └ 目的税 ┤ 水利地益税
  │                           │ 共同施設税
租税┤                         │ 宅地開発税
  │                           │ 国民健康保険税
  │                           └ 市町村法定外目的税
  │
  │                           ┌ 所得税
  │                           │ 法人税
  │                           │ 相続税
  │                           │ 地価税
  │                           │ 贈与税
  │                           │ 消費税
  │                           │ 酒税
  │                           │ たばこ税
  │                  ┌ 普通税 ┤ たばこ特別税
  │                  │        │ 揮発油税
  │                  │        │ 石油ガス税
  │                  │        │ 航空機燃料税
  │                  │        │ 石油石炭税
  └ 国税             ┤        │ 印紙税
                     │        │ 自動車重量税
                     │        │ 関税
                     │        │ 登録免許税
                     │        └ とん税
                     │
                     │        ┌ 地方道路税
                     └ 目的税 ┤ 特別とん税
                              └ 電源開発促進税
```

図 6-5　日本の租税体系

出所：総務省ホームページ

図 6-6　日本の租税構造
出所：財務省ホームページ

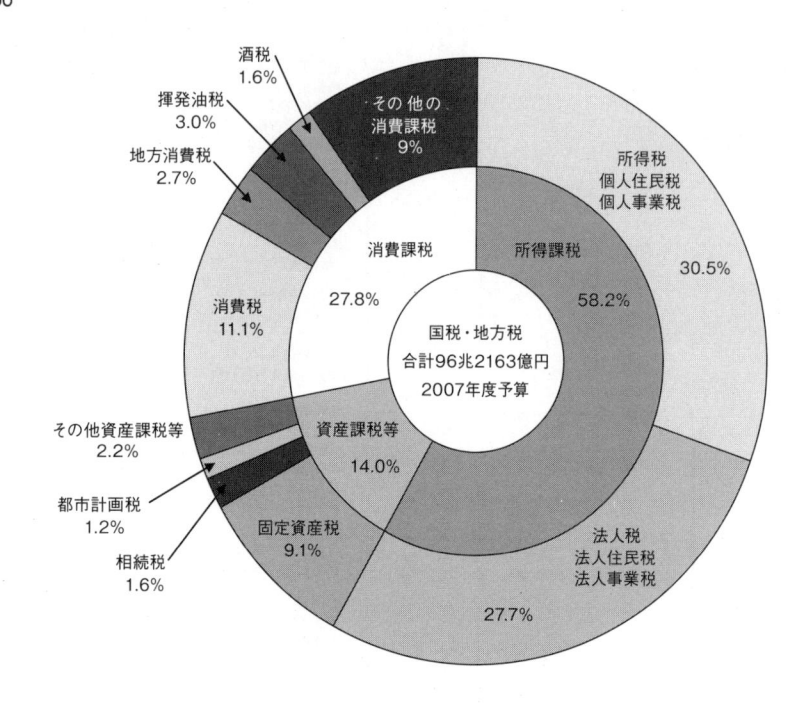

税を基幹税として，消費課税，資産課税を補完税とする体系となっていることがわかる。所得課税は個人や法人（企業）の所得に課せられる税で，個人に課される**所得税**，法人に課される**法人税**が代表的な税目となっている。消費課税は財・サービスの消費に対して課される税であり，今日では**消費税**が代表的である。資産課税は土地などの保有財産や相続財産に課税されるものであり，**固定資産税**，相続税が大宗を占めている。以下では，そのうち所得税，法人税，消費税についてもう少し述べておく。

　所得税は個人の所得に課される税で，給与所得をはじめとして，事業所得，利子所得，配当所得，不動産所得など 10 種の所得が対象となる。それぞれの所得から必要経費を差し引いて所得金額を出す。それらを合わせた所得金額の

合計（A）から所得控除分（社会保険料控除，生命保険料控除，扶養控除，配偶者控除，基礎控除など）を差し引くと，課税所得（B）が得られる。この課税所得（B）が**課税標準**（**課税ベース**）となる。この課税所得に税率をかけて，納付税額が決まる。おおよそ次式のような算出過程となる。

　　所得金額合計（A）＝（各所得－その必要経費）の合計
　　課税所得（B）＝ A －所得控除
　　税額＝課税所得（B）×税率－税額控除

　日本では，給与所得者（いわゆるサラリーマンなど）の所得税は普通は勤務先で**源泉徴収**され，複数の所得源や特別な経費がある場合には，申告納税している（**確定申告制度**）。
　所得税率は累進税となっている。**累進税**とは，課税標準が大きくなるにつれて税率が高くなる仕組みの税である[5]。2007年現在では，所得税率は課税所得が195万円以下の5％から，330万円未満10％，695万円未満20％，900万円未満23％，1800万円未満33％，1800万円超の40％までの6段階となっている。また，日本では**超過累進課税**方式で算定されるが[6]，面倒な計算なので以下で例解する。例えば，課税所得が1188万円の場合は，以下の計算式となる。

　　（195 － 0）× 5％＋（330 － 195）× 10％＋（695 － 330）× 20％
　　　＋（900 － 695）× 23％＋（1188 － 900）× 33％＝ 238.44 万円

　この計算式にあるように，238.44万円が所得税額となる（税額控除がない場合）。
　法人税は，法人の所得（利潤）に課される税である。個人に対する所得税とは異なって，その税額を求める式は単純で，以下の通りである。

　　税額＝（益金－損金）×税率

　現在の税率は30％であり，法人形態の違いや一定の所得以下の法人には22％の軽減税率が適用されている。これは国税としての法人税であるが，法人は地方税として**法人住民税**と**法人事業税**のいわゆる**法人二税**を納めなければな

らない。これら国税法人税と法人二税を合わせた**実効税率**は，今日では40％程度となっている。

　ただ，法人税額の算出にあたっては，益金や損金への算入・不算入の項目が企業会計とは異なっていたり，**租税特別措置**によって政策的に誘導されるものとなっており，算出式ほど単純なものではない[7]。また，こうした益金や損金の扱いによって法人所得が左右されるため，現実には3分の2以上が赤字法人で非課税となっている。特に法人事業税は，大企業の半分は納税していないという実態があり，こうした点を改善するために，課税標準を法人所得ではなく資本金とする**外形標準課税**が2004年度から導入されている。

　消費税は，財・サービスの消費に対する課税であるが，実際には，付加価値部分を課税ベースとする**付加価値税**となっている。例えば，最初の販売業者が価格2万円で原材料を販売したとすると，5％の消費税1000円はこの販売業者が税務署に納入することとなる。つぎに，この2万円の原材料を21,000円で調達した業者は，それを加工の上，50,000円で販売したとする。そうするとこの業者は消費税分として2500円を手に入れるが，そのうち1000円分はすでに前段階の業者が納入しているので，それを差し引いた1500円を消費税として税務署に納入することとなる。このように，消費税は売上げから仕入れを差し引いた付加価値部分に課税されているので，付加価値税となっている。

　また，消費税は各段階で正確な仕入価格を捕捉しないと，正確な消費税額は算出できないこととなる。そのため，EUでは**インボイス方式**をとっているが，日本では**帳簿方式**をとっているため，必ずしも正確な仕入価格の捕捉とはなっていない。また，担税者が支払った消費税の一部が納税されないといった**益税**も日本の消費税の問題点として指摘されている。この益税は，高い**免税点**や**簡易課税制度**を背景としている。日本の一般消費税は，租税抵抗もあってなかなか導入されなかったので，1989年に導入された日本の消費税は，上でみた免税点，簡易課税制度，帳簿方式の三つの妥協的な内容をもつ制度となっている。

　以上みたように，今日の租税構造は所得税，法人税，消費税を中心とした租税構造となっている。もちろん，このような租税構造は時代とともに変遷して

きた。今日のような所得課税（**直接税**）中心の税制は，戦時中の1940（昭和15）年に成立し，1949（昭和24）年の「**シャウプ勧告**」でも追認された。それ以前，例えば1900（明治33）年の税収構成をみると，所得税は税収の4.8％に過ぎず，消費課税である酒税が37.6％を占め，資産課税である地租が34.9％を占めていた。この地租は1880（明治13）年にさかのぼると税収の76.6％も占めており，今日とは全く様相を異にしている[8]。

他方，今日では高齢化やグローバル化を背景として，所得税などの直接税中心の租税体系の見直し機運が高まっており，消費税などの**間接税**の比重増加を目指した動きがみられる（**直間比率の是正**）[9]。

6-4-2 租税の根拠と租税原則

そもそもなぜ租税を課すことが正当化されるのか。なぜわれわれは税金の支払いを強制されるのか。この**租税の根拠**となる学説として，租税利益説と租税義務説の二つがある。**租税利益説**は国家が提供するサービスの対価として租税を捉え，国民がその費用を分担すべきであるとする考え方である。他方，**租税義務説**は国家運営に必要な費用を負担するのは当然の義務であるとする考え方である。日本では租税義務説に立っており，明治憲法第21条，日本国憲法第30条で納税を国民の義務と規定している。

つぎに問題となるのは，どのように租税を課し，どのように負担を配分するかという点である。いわゆる**租税原則**の問題である。近代的な租税が生まれてから今日まで，さまざまな租税原則論が提唱されてきたが，基本的には，公平・中立・簡素の三点に集約されるといってよい。

公平の原則は，納税者間に公平に課税されなければならないとする考え方であり，いつの時代でも重視されてきた。どのように税負担を配分するのが公平かという点については，納税者の支払い能力（担税力）に応じて税を負担するのが公平だとする**応能原則**（応能説）と公共サービスの利益に応じて税を負担するのが公平だとする**応益原則**（応益説）の二つの考え方がある。また，何をもって公平とみるかは，同じ経済状態にあるものが同じ税負担を負うという**水**

平的公平と異なった経済状態にあるものが異なった税負担を負うという**垂直的公平**という二つの見方が存在する。ただ，水平的公平については，実際にはいかに所得を捕捉するかといった問題があり（**クロヨン問題**），垂直的公平については，累進課税制度などによって所得再分配政策が行われるとしても，どの状態が垂直的公平かは価値判断に依存しており，一義的に決めることができないという問題をもっている。

つぎに，**中立の原則**は，税制によって経済主体の行動を誘導するような歪みをできるだけ小さくすべきであるとする考え方である。例えば，所得税率を高くすると人々の働く意欲を阻害するかもしれない。あるいは，さまざまな**租税特別措置**の存在は，その適用を受けることができる企業とそうでない企業との間の経済行動に差をもたらすかもしれない。このように，どのような税体系を構築するかは経済主体の行動に影響を与えるので，この影響をできるだけ小さくすべきであるとする考え方が中立の原則である。別の言い方をすれば，税制によって市場メカニズムによる資源配分になるべく影響を与えないようにすべきであるとするものである。経済がグローバル化した今日の経済では，この中立の原則が大きく考慮されるようになっている。

最後に，**簡素の原則**は，税制をできるだけ簡素にして，国民にとってわかりやすいものにすべきであるとする考え方である。

これらの三つの租税原則はいずれも同時に達成することは難しいかもしれない。例えば公平の原則を重視して，さまざまな控除制度を導入した場合，簡素の原則に反して税制が複雑になったり，中立の原則に反して一定時間以上は働かない方が得になるような資源配分上の歪みをもたらすかもしれない。とはいえ，これらの三つの原則を基本的な視点として税制を眺める必要がある。

6-5 国債

6-5-1 国債の定義と種類

国債とは，国が財源調達のために発行する債券のことである。国債は課税権

を担保としている点に大きな特徴がある。

国債の性格を租税と比較してみると，租税が強制的なものであるのに対して，国債（の購入）は任意であり（**国債の任意性**），租税よりも短期に多くの財源を調達することが可能である（**短期多収性**）。さらに，租税は課税された世代が負担するのに対して，国債はその満期日までに負担を分散させることが可能である（**経費の長期分割性**）。例えば，15年満期の国債の場合，毎年度の負担を15分の1に分割することが可能である。

国債を発行目的別にみると，①歳入債，②繰延債，③融通債に分けることができる[10]。

①**歳入債**は，**普通国債**ともいわれ，新規に財源を調達するための**新規財源債**や借り換えのために発行される**借換債**を指す。国債発行の根拠法に基づけば，財政法第4条に基づく**建設国債**（**四条国債**），単年度立法の特例法による**赤字国債**（**特例国債**）が新規財源債に該当する。借換債は国債整理基金特別会計法第5条に基づいている[11]。

②**繰延債**は，今日では国際機関への出資・拠出金（出資・拠出国債）や交付公債がわずかにあるのみである。ただ，戦前の日本では，**秩禄処分**における**金禄公債**の交付などにみられるように，繰延債の役割は決して小さくなかった。

③**融通債**は，短期的な資金繰りのために発行されるもので，**短期借換債**（TB；Treasury Bills）や**政府短期証券**（FB；Financing Bills）が該当する。

6-5-2　国債管理政策の戦後史

図6-7は，国債発行額の推移と残高の推移を示したものである。まず，このグラフが1965年度から始まっている点に着目しよう。ここはドッジ・ラインから続いていた均衡財政主義が崩壊して，国債発行政策が再開された年度である。その後，1975年度から赤字国債が大量に発行されるようになる。この国債の大量発行を受けて，1970年代から1980年代には大きく二つの動きがみられた。一つは市場隔離型といわれた国債管理政策から市場型といわれる国債管理政策への転換であり，**金融自由化**の契機となった。もう一つは，1980年代

図 6-7 国債発行額・残高の推移

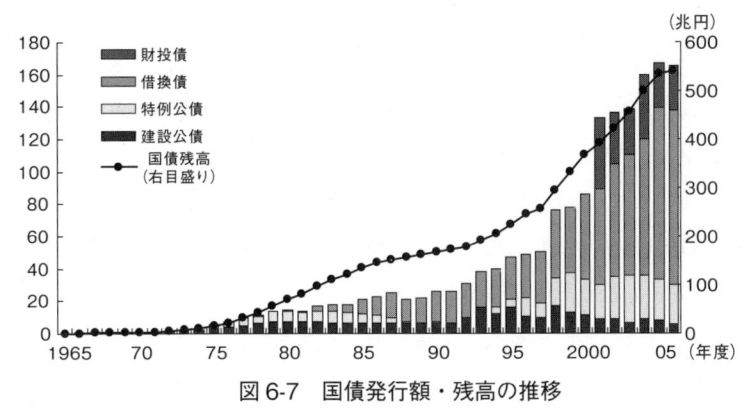

出所:財務省ホームページ
注:2004年度までは実績,2005年度は補正後,2006年度は当初予算ベース。

に**財政再建**への動きを惹起した。なお,1975年以降に大量発行された国債は10年債がほとんどだったので,1985年度以降に大量借換時代を迎え,借り換えを円滑にするために,TBの活用が始まっている。

さらに,バブル崩壊後の1990年代以降をみると,公共事業費に充当するために発行される建設国債を大量に発行していることがわかる。この公共事業費に充当される建設国債は 財政法第4条但し書きを根拠としており[12],それが国債発行の歯止めになるとされてきた(**建設国債の原則**)。だが,1990年代には不況対策を口実に継続的に大量の国債が発行されることとなった。

ところが,小泉政権期になると,不況対策=公共事業という言葉はほとんど聞こえなくなった。これを反映するように建設国債の発行額は減少傾向にある。だが,赤字国債は依然として大量に発行されていることや借換債の発行が巨額に上っていることがわかる。

このような国債の累積を前にして,財政再建問題が再び俎上に上ってきている。橋本内閣の財政構造改革以降,**財政の持続可能性**が問題とされ,プライマリー・バランスが取り上げられるようになった。**プライマリー・バランス(基礎的財政収支)**は,一般歳出等の政策的経費を新たな借金に頼らずに,その年度の税収等で調達できているかを示す指標である。

基礎的財政収支均衡…税収等＝一般歳出等⇔公債金＝国債費
基礎的財政収支黒字…税収等＞一般歳出等⇔公債金＜国債費
基礎的財政収支赤字…税収等＜一般歳出等⇔公債金＞国債費

「骨太方針2006」では，2011年度までにプライマリー・バランスの黒字化を目指すとされており，その財政再建の行方が注目される。

ところで，国債は誰が保有しているのだろうか。この点をみたものが図6-8である。日本では政府や日銀の保有割合が高いことが特徴の一つとなっている。政府等が大きいのはかつての資金運用部引受が大きいことによる。今日では郵便貯金や簡易保険，公的年金による保有に基づいている。また，日銀の保有

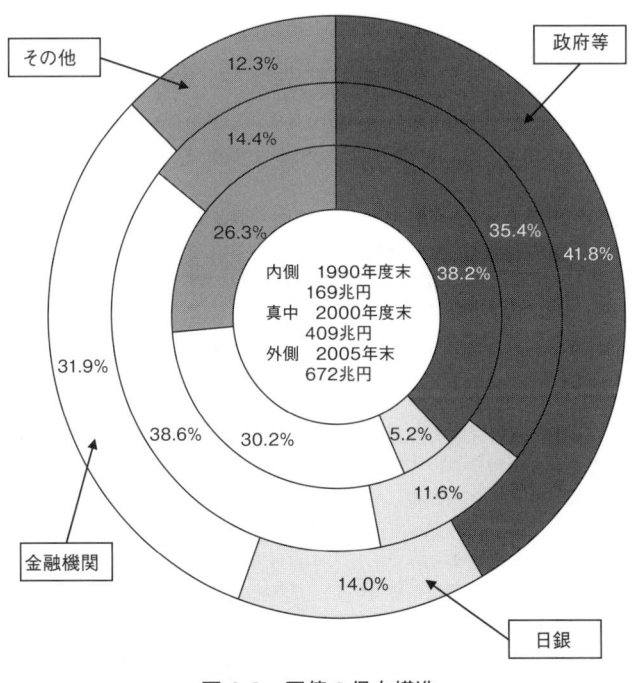

図6-8　国債の保有構造

資料：財務省『日本国債ガイドブック2006』，日本銀行『資金循環統計』

が今日では大きくなっている。1990年度末には5％程度だった日銀保有割合が，今日では14％にも達している。財政法第5条では，戦前の財政運営に対する反省から**市中消化の原則**，つまり**国債の日銀引受禁止**がうたわれており[13]，新規財源債を日銀が引き受けている訳ではない。実は，この国債保有は金融政策として実施される**買いオペ**によるものである。このような増加は1999年以降の**ゼロ金利政策**，**量的緩和政策**の実施に起因している。ただ，この日銀の国債保有増が純粋に金融政策のみに起因していると考えるのは早計である。

以上のように，国債の問題は租税と並ぶ財源調達問題としてだけでなく，金融の自由化や金融政策との関連にみられるように，金融との関係も念頭に置いてみなければならない。

注

1) リチャード・マスグレイブ（Richard A. Musgrave, 1910-2007），ドイツに生まれ，アメリカで活躍した財政学者。主著『財政理論』（1959年）。
2) 2003年2月25日衆議院財務金融委員会における塩川財務大臣の答弁。
3) 族議員とは，主として与党の議員で形成されている特定分野の政策立案に影響力をもつ政治家の集団をいう。例えば，郵政族，運輸族・建設族，農林族，文教族，国防族，厚生・労働族，大蔵族，金融族などがあげられる。
4) 地方財政調整制度は，ナショナル・ミニマムを達成するために財源保障を行い，各自治体の財政力格差の均等化をはかる制度である。日本では地方交付税交付金がその役割を担っている。ただ，この制度によって国が地方財政を誘導しているとの批判があり，今日ではその役割が再考されている。
5) なお，課税標準が大きくなるにつれて，税率が低くなる税を**逆進税**という。また，課税標準の大小にかかわらず均一税率が課されるのが**比例税**であり，一定額が課されるのが**定額税**である。
6) 累進税には，単純累進課税方式と超過累進課税方式とがある。前者は，所得が一定額以上になった場合の所得全体に高い税率を課すものである。後者は所得を段階区分して，各段階の累進税率を適用し，累積して算定するものである。
7) そもそも法人とは何かをめぐって，**法人実在説**，**法人擬制説**の考え方がある。法人は実際には存在せず，株主の集合体であるとする後者の立場からは，法人税は個人への所得税（配当所得）との二重課税になるので，その必要性はなくなってしまう。
8) 日本銀行統計局『明治以降本邦主要経済統計』1966年，136頁
9) 直接税とは納税（義務）者と担税者が同一であるとみなされている税であり，間接税とは納税（義務）者と担税者が異なっているとみなされている税のことである。
10) 日本銀行金融研究所編『新しい日本銀行』有斐閣，2000年，189頁

11) なお，2001年度から財政融資資金特別会計法第11条に基づく財投債が発行されているが，これは財政融資資金の調達を目的としているため，新規財源債とは区別される。
12) 財政法第4条「国の歳出は，公債又は借入金以外の歳入を以て，その財源としなければならない。但し，公共事業費，出資金及び貸付金の財源については，国会の議決を経た金額の範囲内で，公債を発行し又は借入金をなすことができる」。
13) 財政法第5条「すべて，公債の発行については，日本銀行にこれを引き受けさせ，又，借入金の借入については，日本銀行からこれを借り入れてはならない。但し，特別の事由がある場合において，国会の議決を経た範囲内では，この限りではない」。

第7章　社会資本整備と地方財政

7-1　公共事業の定義

　戦後日本は，世界に比類なき経済発展を達成したが，そこでは政府が大きな役割を果たしてきた。産業基盤や生活基盤となる社会資本の整備は経済発展にとって必要不可欠であるが，これらは民間営利企業に任せられない性格のものである。日本は，地方の治水環境や港湾施設を整備し，都市に地下鉄や下水道をつくり，交通網を全国ネットで結びつけた。これらのインフラ整備を大規模に長期間続けたので，国際的な経済力を強化することに役立った。欧米諸国では，このインフラ整備に何世紀もかけたし，発展途上国はその余裕がなく経済の基盤整備が遅れている。東南アジア諸国における急速な経済発展も，そのような基盤整備が行われた国々にみられている。

　社会資本とは，インフラともいわれ，主として公的投資による耐久的な施設のことである。公共事業とは，一般政府（国または地方公共団体）が実施する社会資本整備のための事業である。この公共事業をめぐっては，さまざまな概念が存在しているが，旧経済企画庁が**図7-1**のように整理している。

　公共事業関係費や**公共事業費**は，国の一般会計上の用語であるのに対して，社会資本投資となると，電気やガス，電話会社などの民間主体によるインフラ整備も含めた広い概念となる。また，公共投資は，民間投資との対比で使われ，公的固定資本形成はSNA統計で使われている。さらに，公共事業の規模を知るには，それが一般には土木工事が多く，土地買収とからむので，用地補償費を含む**行政投資**が使われている。

概　念	対象となる範囲			備　考
	一般政府	公的企業	民間	
公共事業関係費	←（国）→			国の予算上「公共事業関係費」に分類されるもの
公共事業費	←（国）→			財政法第4条の建設公債の対象となるもの
行政投資	←（国）＋（地方）→			自治省が毎年発表するもの
公的固定資本形成（Ig）	←……（国）＋（地方）……→	特殊銀行，公庫，事業団，一部の公団，特殊会社等		国民経済計算（SNA）上の概念
公共投資	←——————→			経済計画で用いられていた概念
社会資本投資	←————————————→			民間主体による社会資本整備も含めた概念

図 7-1　公共投資等の範囲

出所：経済企画庁総合計画局編『今つくる明日への社会資本』大蔵省印刷局，1991年，81頁
注1：←——→ は，用地補償費を含み，←……→ は，用地補償費を含まない。
　2：この表は公共投資に関する諸概念の概要を把握するために作成したもので，細部についてはこの表では説明できない。
　3：公共事業関係費には，住宅対策等を含むが，文化施設整備費等は含まない。
　4：公共事業費には，文化施設整備費等を含むが，住宅対策等は含まない。
　5：経済企画庁総合計画局において作成。

7-2　公共事業の戦後史

7-2-1　公共事業の展開

図 7-2 は，上に述べた概念のうち，代表的な三つの数値で公共事業の推移をみたものである。日本の公共事業は，高度成長期に**全国総合開発計画（全総）**が立てられて，各地の産業基盤整備が大規模に始まった。これは，日本が産業国家になる重要な礎であった。同時にこの地域開発政策に地方が従属する契機となった。グラフに示されているように，1970年代に公共事業が増大している。

図7-2 公共事業の推移

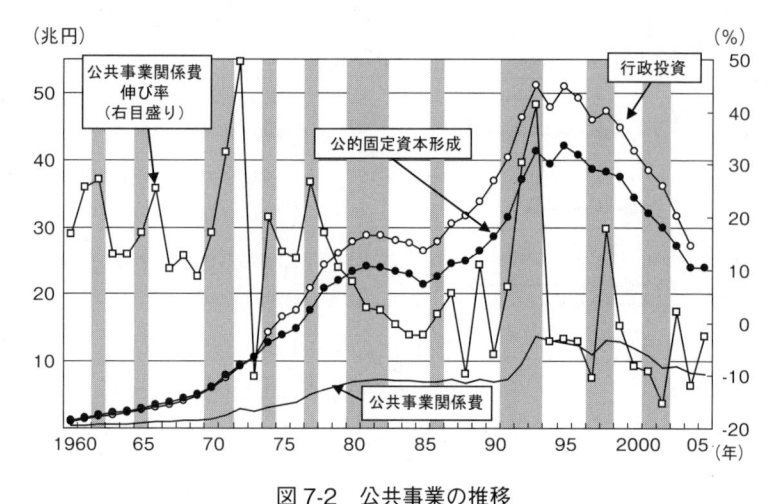

資料：地域政策研究会『行政投資』,『地方財政白書』,『昭和財政史』第19巻
注1：いずれも決算額。ただし, 2005年度は予算額。
 2：公的固定資本形成は, 1989年度までは68SNA, それ以降は93SNAによる。

田中内閣期の**列島改造論**や第三次全国総合開発計画（**三全総**），あるいはロンドン・サミットでの**機関車論**を背景に，公共事業が拡大し始めたからである。この時代に，公共事業の性格が，インフラ整備から，内需拡大策に軸足を移している。

1980年代には財政再建に向かったので，概算要求額の伸び率をゼロとする**ゼロ・シーリング**やマイナスにする**マイナス・シーリング**が採用されており，公共事業についても例外ではなく，その規模を縮小させている。

しかし，バブル期には再び増大している。1980年代前半に拡大した貿易黒字を背景として，外需依存型から内需拡大型の経済発展への転換を謳った**前川レポート**を受けて，公共事業が拡大されることとなった。この時期には用地補償費を含む行政投資も伸びていることから，バブル経済の形成・持続に一役買ったことになる。

1990年代になると，バブル期以上に公共事業の拡大が起こっている。1989

年の**日米構造協議**での議論を受けて、1990年に「**公共投資基本計画**」が策定され、1991年度から10年間で430兆円の公共事業の実施が計画された。また、1994年度には1995年から10年間で630兆円の公共事業を実施する計画に拡大された。このバブル崩壊後には、宮澤内閣の総合経済対策（1992年）以降、毎年度10兆円規模の公共事業が実施されて、それは内需拡大策や景気対策としての性格が強くなっている。しかし、それらは1995年頃をピークとして減少に向かっている。また、2000年代において行政投資と公的固定資本形成のギャップが縮小しているのとは対照的に、1990年代にはそのギャップが拡大していたのは、バブル崩壊後も土地の購入が続けられていたからである。

ここで公共事業の展開と景気循環の関係に着目してみよう。公共事業関係費の伸び率（対前年度比）の動きをみれば、図のシャドー部分で示される景気後退期にそれが増加し、好況期に低下していることがわかる。不況期に公共事業を実施して景気対策を実施するというケインズ理論に基づいた**フィスカル・ポリシー**が実施されてきたことを示している。とはいえ、好況期に至っても決して伸び率がマイナスになっている訳ではない。これは行政投資や公的固定資本形成の動きに示されているように、1993年までは年々増額していた。このようにみると、日本では確かに公共事業が景気対策的に実施されてはいるが、好況期にもその伸びは決してマイナスとならないことから、景気循環の局面にかかわらず、公共事業が継続的に実施されてきたということがいえる。それが1990年代後半からは急激に減少せざるをえなくなっている。

7-2-2　公共事業の根拠

ここでは、なぜ公共事業が継続的に実施されてきたのかについて、その根拠から考えてみよう。すでに述べたように、政府による公共事業が実施される根拠には大きく二つある。一つは産業基盤や生活基盤といった社会資本（インフラ）を整備するためであり、もう一つは景気対策のためである。

不況期に公共事業を実施することが景気対策になるという点を理論化したのは、1936年に出版されたケインズの『雇用・利子および貨幣の一般理論』（以

下,『一般理論』と省略)においてである。ケインズが登場するまでは,基本的には政府は経済に介入せず,**均衡財政主義**をとるべきであるとの考えが主流であった。よって,国債の発行についても原則として認められず,やむを得ず戦争などで累積した国債は**減債基金制度**を通じて早急に償還すべきであるとされた。したがって,スミスからケインズが登場するまでの「古典派」時代における政府は,小さな政府とか安価な政府と評されていたのである。

ところが,ケインズの『一般理論』が登場することによって,上でみたような**古典派的財政観**は大きく転換することとなった。ケインズ経済学を支持するケインジアンたちは,古典派がいうように必ずしも単年度均衡にこだわる必要はなく,景気の1サイクルで財政が均衡すればよい,とした。失業が発生しているような不況期には税収も落ち込むが,均衡財政にこだわって増税するようなことはせず,むしろ国債を発行してでも公共事業を実施して失業者に所得を分配すべきである。そうすれば,そのままであれば所得ゼロの失業者が所得を得るのだから,その所得が消費に回り,徐々に景気が回復し始める。景気が回復してくれば税収が増えてくるので(これを**自然増収**という),この増収分を不況期に発行した国債の償還に充てれば国債は累積することなく,財政は一つの景気循環を終えると再び均衡することとなる,としたのである。これをケインズ理論における**自然治癒仮説**という。この自然治癒仮説が景気対策としての公共事業を根拠づけている。ケインズ自身は「『浪費的な』公債支出でも結局社会を豊かにすることができる」といっている[1]。

この自然治癒仮説は,日本においても景気循環を基準とした財政運営方法(あるいは国債政策)を根拠づけることとなった[2]。この考え方に基づいて財政を運営する限り,財政赤字は一時的には発生するが,いずれ財政が均衡して,国債が累積するようなことはないはずである(**ハーベイロードの前提**)。ところが,周知のように,日本の国債残高は世界一を誇っているのである。

すでに図7-2でみたように,日本でも実際に不況期に公共事業が実施されてきた。ケインズ理論に基づいて,不況対策として公共事業が実施されてきたといえる。では,景気が回復した後の対応はいかなるものであったか。自然治癒

仮説に基づけば不況期に発行した国債の償還が行われるはずである。しかし，実際には積極的な償還が行われることはほとんどなかったのである。いうまでもなく，このような財政運営は国債の累積に帰結する。

さらに，公共事業が継続的に実施されてきたのには，好況期における公共事業実施の根拠づけにも理由があった。つまり，もう一つの根拠である社会資本整備の必要性が建設国債の原則と相まって好況期には主張されてきたのである。例えば，1994年10月7日に閣議了解された「公共投資基本計画」では，「我が国の公共投資は，他の先進国と比べ高い水準にあり，整備水準の向上に大きく貢献してきた。しかし，なお立ち遅れている部門が残されており，経済力に見合った豊かさが実感されない要因の一つとなっている。(中略) 経済に活力のある現在のうちに，後世代に負担を残さないような財源の確保を前提として，社会資本整備を一層促進していくことが必要」と述べている。この時期は，景気基準日付の上では第12循環の拡張期にあたるから，自然治癒仮説に基づけば公共投資を減らして国債を償還していかなければならない。確かに，一般会計の公共事業関係費が対前年比でマイナスとなっているから，この仮説に基づいているようにみえる。しかし，実際にはこの閣議了解を受けて，地方財政も含めた行政投資，公的固定資本形成では増加すらしているのである（1995年度）。中央政府における公共事業費の削減とは反対に，地方では公共事業が増大しているというアンビバレントな関係がここにみられる。これは，特に1990年代において地方財政が公共事業に動員されてきたことを示している。

以上のように，本来であれば短期的に処理されるはずの不況対策としての公共事業が，好況時にはインフラ整備といった根拠づけに転換して公共事業が継続的に実施されてきたといえる。その結果は土木国家化であり，国債の累積であった。土木国家化というのは，地方経済の低迷を，公共事業によって土木建設業に傾斜した産業構造に転換したことである。このことによって，地方は公共事業依存型，地方財政は補助金に誘導される中央政府依存型になってしまったのである。

7-3 公共事業と地方財政

7-3-1 国・地方の税収・歳出構造

日本における中央政府と地方政府との関係の特徴は**中央集権型**にあるといわれている。歴史をさかのぼっても，戦前には地方自治が極度に抑えられており，**官治的地方自治**と評されたりしてきた。1949年に来日したシャウプ使節団は地方自治を強化するため，独立税主義に立脚した地方財源の強化と地方財政調整制度として平衡交付金制度の創設を勧告したが（**シャウプ勧告**），その理念は実現せず，1990年代に至ってようやく地方分権論議が進むこととなった。

図7-3は，2005年度における国と地方の税収と歳出の関係を示したものである。税収段階では国と地方の関係が6対4であるのに対して，歳出段階では4対6に逆転している。この仕組みは政府（中央と地方）間における税源配分の違いと国から地方への財政移転によって成り立っている。

国と地方の税源配分については，中央政府と地方政府の役割の違いからその

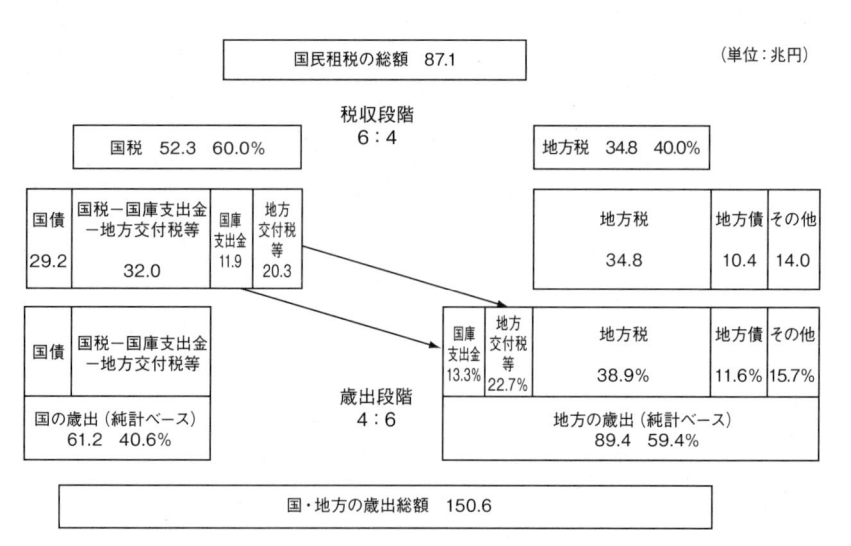

	国民租税の総額 87.1		（単位：兆円）

税収段階 6：4

国税 52.3 60.0%	地方税 34.8 40.0%

国債 29.2	国税−国庫支出金−地方交付税等 32.0	国庫支出金 11.9	地方交付税等 20.3	地方税 34.8	地方債 10.4	その他 14.0

国債	国税−国庫支出金−地方交付税等	国庫支出金 13.3%	地方交付税等 22.7%	地方税 38.9%	地方債 11.6%	その他 15.7%

国の歳出（純計ベース） 61.2 40.6%	地方の歳出（純計ベース） 89.4 59.4%

歳出段階 4：6

国・地方の歳出総額 150.6

図7-3 国と地方の税収・歳出構造（2005年度決算）

資料：総務省『地方財政白書』

租税原則についても若干の違いがある。地方税では国税と比べて，租税負担の公平については応能原則よりも応益原則が重視されている。また，**税収の安定性や負担分任の原則**が重視されている。地方政府が担うサービスは住民に身近なものであるから，安定的に供給される必要がある。また，その費用負担については等しく分かち合うのが公平だと考えられているからである。こうした観点から住民税や固定資産税などの地方税が課されている（その税目については図6-5を参照）。地方歳入に占める地方税の割合は，かつては3割程度だったので「三割自治」といわれていたが，今日では4割となっている[3]。

地方財源は地方の自主財源（地方税，地方債）と国からの移転財源（地方交付税，国庫支出金，地方譲与税）からなっている。地方税は，図6-5に示しているように，道府県税と市町村税とに分けられている。住民税といわれるのは，道府県民税と市町村民税の合計である。今日では地方税収の割合が4割を占めるとはいえ，**地方債**を合わせても地方の歳出をまかなうには不十分なので，国からの移転財源に依存することとなる。

図7-3に示されているように，国からの財政移転で大きいものは二つである。**国庫支出金**は，国と地方が協力して行う公共事業や社会保障，教育などの財源に充てるため，使途が特定されている補助金である（**特定補助金**）。それに対して，**地方交付税交付金**は使途が特定されていない補助金といえる（**一般補助金**）。その財源として，所得税，酒税，法人税，消費税，たばこ税の一定割合が法定されている。この地方交付税は，財政力の乏しい地方団体が，均等な行政サービスを提供できるようにするための**地方財政調整制度**である[4]。この地方財政調整は諸外国でも実施されており，日本でも第一次世界大戦後からその萌芽がみられた[5]。

地方自治体全体の歳入・歳出計画は，内閣が毎年度「**地方財政計画**」として公表している。各地方自治体は，それぞれの議会を経て一般会計を決定している。また，各自治体は全国統一規格の「決算カード」によって，財政状況を公表している。

7-3-2 地方歳出入の推移

地方財政の歳出には，行政目的に着目した目的別分類と経費の経済的な性質に着目した性質別分類の二つの分類方法がある。**図7-4**は目的別分類のなかから主要経費を抽出してグラフにしたものである。バブル期以降1990年代央まで，土木費が膨張している様子が読み取れる。また，農林水産業費のかなりの部分は農地整備費などの名称となっているので，その内実は土木費といってよい。そこで，土木費と農林水産業費を合算して歳出に占める比率を地方投資比としてみると，1980年代から1990年代央まで平均で30％を超える比重を占めている。地方財政が長期にわたって公共事業に携わってきていることがわかる。それがいま急激に比重を減らしているのである。

図7-5は，歳入の推移を構成比でみたものである。ここでは，財政再建期における国庫支出金の比重低下と，1990年代における地方債の急増に絞って述べておく。

図でわかるように，国から地方への特定補助金である国庫支出金は，高度成

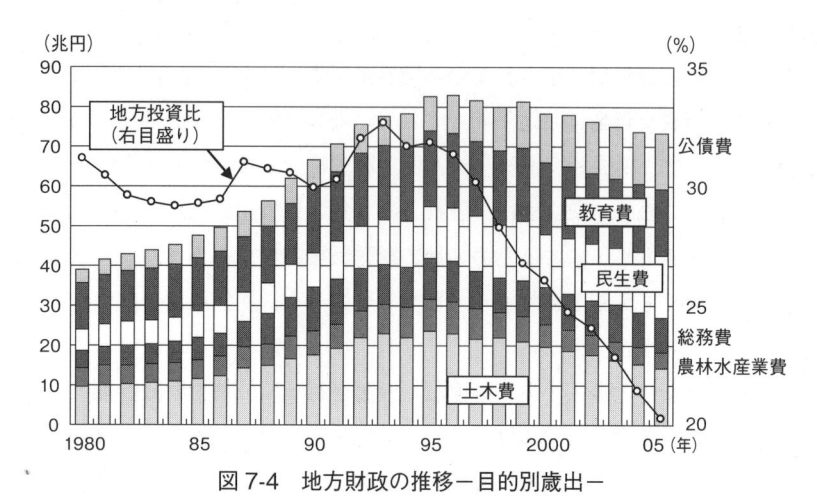

図7-4 地方財政の推移－目的別歳出－

資料：総務省『地方財政白書』
注1：目的別歳出の費目のうち，主要項目を抽出している。
　2：地方投資比＝（土木費＋農林水産業費）／地方歳出

図 7-5 地方財政の推移－歳入（構成比）－

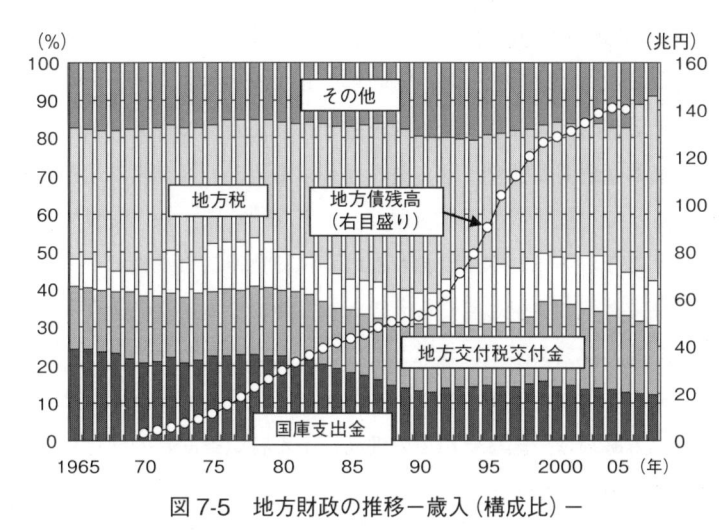

資料：総務省『地方財政白書』，大蔵省『昭和財政史』第 19 巻
注：地方譲与税はその他に含めている。

長期から 1970 年代まで，歳入の 20％以上を占めていた。ところが，1980 年代にはその比重を急激に低めている。これは財政再建のために補助率のカットなどによって国庫支出金の削減が行われたことを背景としている。その代わりに実額では地方交付税が増加している。これを**特定補助金の一般財源化（交付税化）**といっている。ただ，地方交付税交付金は使途が特定されない一般補助金なのだが，もともとの特定補助金がカットされているので，地方で自由に使えるわけではない。むしろ，このような措置は国の責任をあいまいにさせ，国の関与を伏在させるものだといえる。

つぎに，1990 年代における地方債の増加についてである。地方で公共事業を実施する方式には，国から補助を受けて実施する**補助事業**と補助を受けずに独自に実施する**単独事業**がある。1990 年代に公共事業が国・地方ともに増加するなかで，地方では単独事業の比重を高めていった。いま普通建設事業費という項目を例にみると，1980 年度は補助事業 60.0％，単独事業 36.9％であったのに対して，1990 年度になると補助事業 37.6％，単独事業 57.5％となり，

1995年度には補助事業40.3％,単独事業55.0％となっている[6]。このように1990年代において単独事業が増えた背景には,交付税措置によって国が地方を誘導したことがあげられる。**交付税措置**とは,地方交付税交付金を配分する基準となる基準財政需要額に,地方債の元利償還費の一部を組み込むことを指す。これによって,地方債の元利償還費の一部は,将来,地方交付税として交付されることになるから,本来であれば地方税で負担しなければならない元利償還費を国税によって負担してもらうことが可能になる。このような交付税措置によって,地方が公共事業に誘導されていったのである。

以上のように,「三割自治」に象徴されるように,国からの移転財源に多くを依存する地方財政は,国庫支出金の削減による特定補助金の交付税化や,交付税措置による地方単独事業への誘導を背景とした地方債の急増にみられるように,国の意向に大きく影響されてきた。このように地方財政は歳入の自治の欠如のみならず,歳出の自治でさえも充分なものとはいえないのである[7]。

このような状況を改善すべく,1990年代には地方分権の動きが起こり,小泉政権下で事態は進むことになる。公共事業費の削減,年金・医療制度等の社会保障制度の見直し,道路公団・郵政事業等の民営化を柱とする小泉構造改革の一環として,地方分権改革も位置づけられた。「地方にできることは地方に」との理念の下に,国から地方への税源移譲,国から地方への補助金の削減,地方交付税制度の見直しの,いわゆる**三位一体の改革**が実施された。2004年度から2006年度までに,国庫補助金等が約4.7兆円,地方交付税が約5.1兆円削減され,約3兆円が税源移譲された[8]。差し引きすると,地方財源は6.8兆円も減少したのである。国の財政危機も背景にあって,国と地方の役割分担が明確にされないままに,国の財政負担の削減が先行した改革といえる。現在も地方への税源移譲や課税自主権の拡充,あるいは,地方債の発行がこれまでの**起債許可制**から**事前協議制**へ移行したことなど,地方財政の自治,自立への方向性は開かれたといえるので,真の改革は住民の自覚と運動にかかっている。ただ,そのような方向性は比較的豊かな地方とそうでない地方との間に自覚と運動では超えがたい格差を生むことにもなりかねない。かつて,大正デモクラ

シー期には，**両税委譲論**という地方分権改革論議が起こったが，両税（地租と営業税）を委譲しても地方に格差をもたらすだけであるとして両税委譲はなされず，その代わりに地方財政調整制度が生成するという歴史があった。よって，今後は国と地方との関係だけでなく，地方同士の関係も重要な論点になってくるといえるだろう。

7-4 財政投融資制度

7-4-1 財政投融資制度の仕組み

2001年に財政投融資（財投）制度の改革が実施され，今日ではその仕組みは大きく変わっている。だが，日本の公共事業を考えるにあたっては旧来の財投の仕組みについて理解しておく必要がある。一連の小泉構造改革はこの財投の解体にあったといっても過言ではない。

財政投融資制度とは，郵便貯金や年金積立金等の公的機関で集めた資金を原資として，政府関係機関等に貸し付けて，社会資本整備や政策金融等に運用する制度のことである。簡単にいえば，財政による投資・融資の制度である。いま2001年の財投改革前の仕組みを**図7-6**でみておこう。

まず，郵便貯金，年金積立金（厚生年金・国民年金），特別会計余裕金等が大蔵省にある**資金運用部**に**預託**される。郵便貯金と年金積立金には預託義務があったので，これらに集まった資金は，自動的に大蔵省資金運用部に集まる仕組みとなっていた。そして，資金運用部では預託された資金から，国債を引き受け，残余等を**財政投融資計画**に基づいて，日本道路公団，住宅金融公庫，あるいは中小企業金融公庫などの特殊法人など（財投の対象となるので，**財投機関**という）に融資していた[9]。

7-4-2 財投の運用状況

図7-7は，財投の規模が戦後最大であった1998年度末における資産保有の状況をみたものである[10]。財投による運用は，大きくは国債をはじめとした

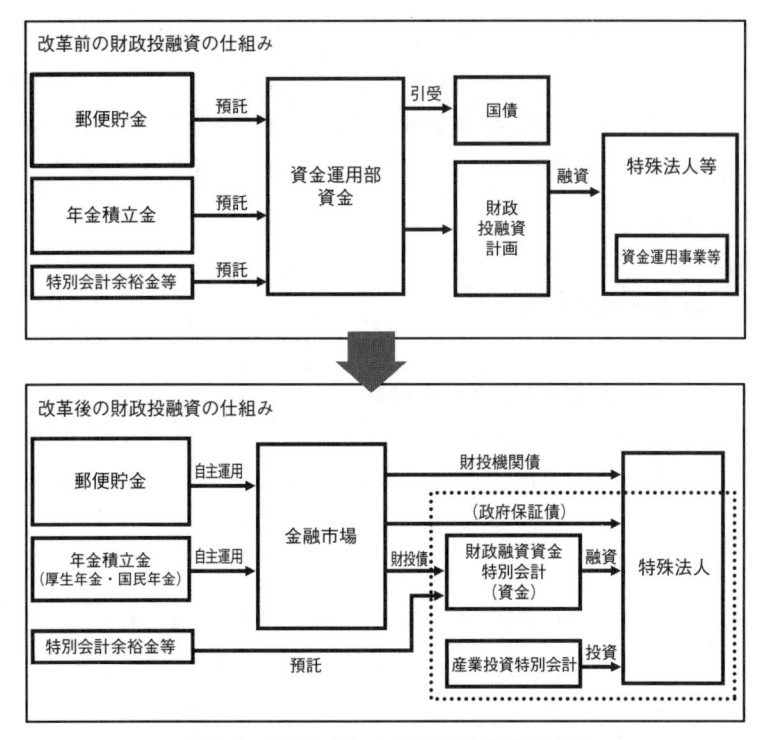

図 7-6　2001 年における財政投融資改革

出所：財務省『財政投融資リポート 2001』（ただし，一部筆者修正）
注1：改革前の財政投融資の原資には，資金運用部資金の他，簡保資金，産業投資特別会計，政府保証債がある。
　2：財政投融資には，郵便貯金資金および簡保積立金の地方公共団体への貸付がある。

債券保有と財投機関に対する貸付によることがわかる。国に対する貸付は，図示していないが郵便貯金特別会計や交付税及び譲与税配布金特別会計への貸付が中心となっており，政府関係機関は住宅金融公庫への貸付が中心で，残高全体の16％も占めていた。他方，債券をみると国債保有が22％を占めている。大量の国債発行をこの資金運用部が支えてきたということができる。

図 7-8 は財投の使途の推移をみたものである。産業基盤整備や国土保全，道路等に対する投融資の比重は，高度成長期には50％以上を占めていたが，そ

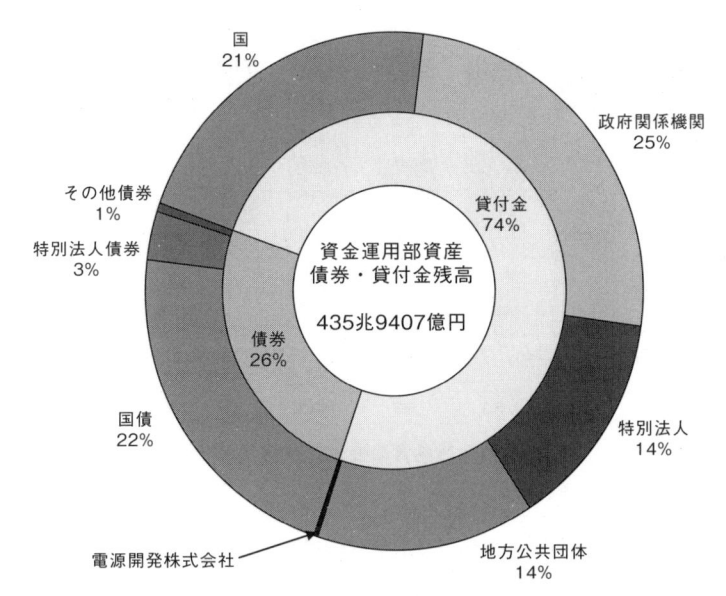

図7-7 資金運用部の資産残高（1998年度末）

資料：財務省『資金運用部資金運用報告書』
注：その他債券は，政府関係機関債券，金融債，電源開発株式会社社債，外国債を含む。

の後比重を下げてきている。それに対して，生活基盤整備は，高度成長期にはそれほど大きくなかったが，1970年代以降拡大してきており，財投が産業基盤というよりも生活基盤向けであるとして，制度維持の論拠となってきた。このように時代によって財投の対象は変遷してきているが，一般会計と別のところでも，日本の産業構造を土木建設業に誘導する役割となってしまった。

同じように，道路財源についても，「**道路特定財源**」が目的税として創設されたのは高度成長期で50年以上も古い時代である。また，高規格道路（高速道路や自動車専用道路）1万4000キロ整備計画を決定したのは，1987年の**四全総**でバブル期の最中であった。それを見直すとして，小泉内閣は2005年に旧道路公団を民営化し，未完成部分4700キロについて採算性を検討するはずであった。しかし，なし崩しにされて，結局，全路線を建設することにした。そうす

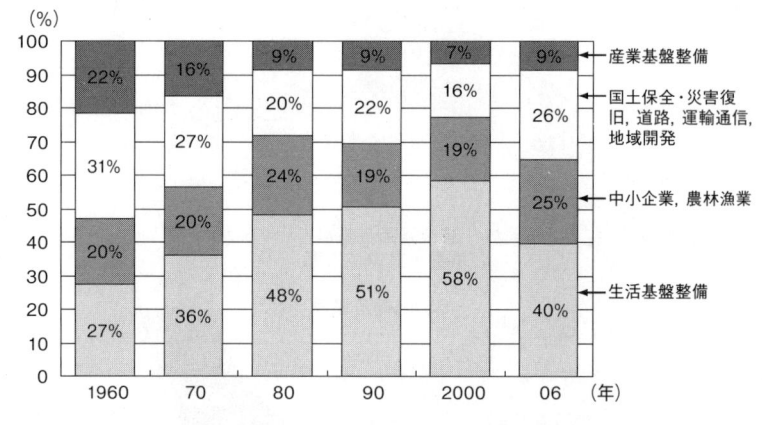

図 7-8 財政投融資の使途の推移（構成比）

資料：『財政投融資資金運用部報告書』
注 1：生活基盤は，住宅，生活環境整備，厚生福祉，文教の合計である。
　 2：財務省による区分では生活基盤に中小企業，農林漁業が含まれているが，ここでは別立てにしている。
　 3：産業基盤は，産業・技術，貿易・経済協力の合計である。

ると，必然的に俗称ガソリン税（5.6 兆円 – 2007 年度予算）の暫定税率分（1.3 兆円 – 2007 年度予算）は存続せざるをえない。

7-4-3　財投改革と小泉改革

　すでに述べたように，2001 年に従来の財投の仕組みが変更された。図 7-6 に示されているように，郵便貯金等の資金運用部への預託義務が廃止され，郵便貯金や年金積立金は原則として金融市場で自主運用されることとなった。また，これまで投融資を受けてきた財投機関は，原則として金融市場で各自が債券（**財投機関債**）を発行して資金調達することとなった。ただ，経営状況が悪い財投機関は政府保証債の発行が認められ，それでも資金調達が困難な機関に対しては，国が**財投債**を発行して**財政融資資金特別会計**を通じて融資されることとなった。この改革の主旨は，従来の制度では市場規律が働かないので，市場のチェックを受けることによって，各財投機関が経営の効率化を図るべきであ

るとするものである.

　ところで，竹中経済財政政策・郵政民営化担当大臣は小泉構造改革について，改革の本丸が郵政民営化であり，二の丸が政策金融改革，三の丸が国債管理政策であると述べたことがある[11]。この三つを図7-6でみると，郵政民営化が財投の入口部分にあたり，政策金融改革や国債管理政策が出口部分にあたることがわかるだろう。また，住宅金融公庫や道路公団の民営化も財投機関であるから，出口の改革に位置づけることができる。このようにみると，**小泉構造改革**とは，この財政投融資制度を改革することによって，そこに市場規律を持ち込んで，資源配分における政治的恣意を排除し，そこに依存してきた政治構造を変えようとする試みであったということができる。とりわけ，公共事業を継続させてきた経済的・政治的システムにメスを入れようとする改革の意図は評価することができるだろう。しかし，郵政民営化選挙で大勝利をあげたけれど，地方財政は緊縮化され，地方経済は疲弊して，地方は経済再建の方途を失っている。これに対する処方箋を政府はなんら示さず，東京都のような地方交付税の不交付団体は税源移譲で潤ったが，多くの自治体は国からの移転財源の削減のほうが大きく，財政規模が縮小したので，一挙に困窮することになっている。

　2007年6月に「自治体財政健全化法」が成立し，2009年度から施行される。これによって，地方自治体の財政は普通会計だけでなく，公営企業や公社・第三セクターなどを含めた連結決算となる。これによると，隠された赤字が析出されるので，従来のように公債依存の投資はできなくなってくる。

注
1) ケインズ著，塩野谷祐一訳『雇用・利子および貨幣の一般理論』（普及版），東洋経済新報社，127頁
2) 日本では，ケインズの『一般理論』が出版される前に高橋是清蔵相によって昭和恐慌脱出のための公共事業（**時局匡救事業**）が実施されており（**高橋財政**），ケインズ理論なき実践という評価もある。
3) なお，2007年度予算では地方税は約40兆円で，地方歳入の49%，ほぼ5割となっている。
4) 国が基準財政需要額を算定し，標準税率で算定される各地方団体の基準財政収入額と

の差額を国が補填する制度である。
5) 武田勝「日本における財政調整制度の生成過程」神野直彦・池上岳彦編『地方交付税何が問題か』東洋経済新報社, 2003年。なお, この本でも他国の事例が多く紹介されている。
6) 総務省『地方財政白書』1997年度版, 98頁。なお, 普通建設事業費の内訳には, ここで示した補助事業費と単独事業費のほかに国直轄事業負担金があるので, 必ずしも合計が100%にならない。
7) なお, 地方における歳出の自治を妨げていたものに, かつては**機関委任事務**制度があったが, 2000年に廃止されている。
8) 総務省ホームページ (「『三位一体の改革』の成果」)
9) 資金運用部は大蔵省理財局にあったが, この理財局では国債の発行も担当している。
10) 1998年度の財投原資は65.6兆円にものぼり, 一般会計歳出(決算)の55.4%に達している。財投は規模も大きいが, その役割も多様であることから, 「**第二の予算**」ともいわれている。
11) 2005年4月14日衆議院総務委員会における発言。

第8章　社会保障制度

8-1　社会保障の歴史と理念

　社会保障制度は萌芽に遡ると，救貧法－共済制度－社会保障と展開してきた。しかし，今日の社会保障制度の出発は，イギリスにおける1942年の社会保障計画（**ベヴァリッジ報告書**）が基本理念となっている。それは，(1)労働者だけでなく，全国民を対象とする制度であり，(2)全国民に最低生活水準（ナショナル・ミニマム）を保障し，(3)全国民に保険料を拠出させ，失業，傷病，老齢などの生活不安の危険が発生した対象者に均一の給付を行うことを基本原則としていた。「ゆりかごから墓場まで」といわれたように，国家が公的に社会保険制度を充実させるので，**福祉国家**（welfare state）ともいわれる。ILO（国際労働機構）は「社会保障の最低基準に関する条約」を1952年に採択したが，日本で国会が批准したのは1976年2月になってからで，26番目であった[1]。

　日本国憲法第25条第2項は「国は，すべての生活部面について，社会福祉，社会保障及び公衆衛生の向上及び増進に努めなければならない」としており，「国民年金法」第1条は「国民年金制度は，日本国憲法第25条第2項に規定する理念に基づく」としている。

　現代の社会保障は，すべての人々に最低生活水準を保障するとともに，疾病・傷害・老齢・失業などによる生活の困難が起きたときに，社会全体でそれを救済するシステムといえる。社会保険から社会保障へと進み，社会保障は「相互扶助」から「公的責任」へ発展してきたのである。社会保障は，社会的に発生する弱者の「生存権保障」であるし，「公的責任」の理念が基礎となっているのである。現代では，「国家責任による国民の生存権保障」[2]が基本となる。

　社会保障制度審議会は1950年につぎのように勧告している。「社会保障制度とは，疾病，負傷，分娩，廃疾，死亡，老齢，失業，多子その他困窮の原因に

対し，保険的方法又は直接公の負担において経済保障の途を講じ，生活困窮に陥った者に対しては，最低限度の生活を保障するとともに，公衆衛生および社会福祉の向上を図り，もってすべての国民が文化的社会の成員たるに値する生活を営むことができるようにすることをいうのである」(「社会保障制度に関する勧告」)。これを政府は無視していた。

　日本では明治の半ばころ，社会保険の萌芽はあったが，公的な制度は，1938年に厚生省が設置されて，4月に「国家総動員法」と「国民健康保険法」とが公布されたときである。これが1939年の「職員健康保険法」を経て，1942年の「健康保険法」に統合・改正された。1941年には一般の会社員に対する「労働者年金保険法」が制定された。1944年に，その対象を女子や小規模事業所の従業員にまで広げた「厚生年金保険法」へと統合・改正された[3]。

　社会保障には，上記の理念に立って，つぎのような公的システムがある。

　①公的扶助：経済的な困窮者に最低限の生活を保障するもので，生活保護政策である。今日，1. 生活扶助，2. 教育扶助，3. 住宅扶助，4. 医療扶助，5. 介護扶助，6. 出産扶助，7. 生業扶助，8. 葬祭扶助の8種類の扶助がある。

　②社会福祉：老齢者，児童，母子，身体障害者など社会的弱者に最低限の保護・援助をあたえるもので，公的扶助と補完し合っている。この①と②は，**無拠出制**で，税金によってまかなわれている。

　③社会保険：社会保険 (social insurance) として，医療，年金，介護，雇用，労災補償の五つの社会保険給付が行われている。それには国民が一定期間これら公的保険制度に加入して，保険料を納入することが前提となっている。したがって，国民の義務としての**拠出制度**である。

　このように，日本の社会保障制度は最低生活を保障するという福祉と，将来不安に対する共済的な保険という二つの側面をもっている。この福祉と保険の二つの機能を通して所得の再分配効果をもっている。それは社会全体として，国民の最低生活水準すなわちナショナル・ミニマムを保障している。

8-2 日本の社会保障制度

日本では制度的には，①公的扶助，②社会保険，③社会福祉，④公衆衛生・医療，この四つの制度を狭義の社会保障といい，⑤恩給，⑥戦争犠牲者援護を加えたものを広義の社会保障と呼んでいる。

①「生活保護法」(1950年制定)，②「児童福祉法」(1947年)，③「身体障害者福祉法」(1949年)，④「精神薄弱者福祉法」(1960年)，⑤「老人福祉法」(1963年)，⑥「母子福祉法」(1964年)(1981年「母子及び寡婦福祉法」に改称)，これらを一括して福祉六法という[4]。その他に，1951年3月に「社会福祉法」が制定された。同年に「社会福祉事業法」も制定され，自治体のもとに福祉事務所が設置されるようになった。1965年「母子保健法」，1982年「老人保健法」も制定されてきた。

1947年に「失業保険法」「職業安定法」が制定された。公務員に対して恩給制度は温存したが，1959年に「国家公務員共済組合法」が施行されて，これ以降の採用者はこの年金制度によって，共済年金を受給している。

このように，公務員や大企業に勤める雇用者については共済年金や厚生年金あるいは被用者に対する医療保険制度が存在していたが，自営業者や農林業従事者を対象とする制度はなかった。そこで，国民のだれもがなんらかの制度に加入できるように，従来の職域制度に対して，地域制度として，1961年4月に国民年金制度と国民健康保険制度とを実施したのである。ここに皆年金・皆保険制度が発足した。したがって，日本の社会保障は職域における保険制度から出発したので，拠出制の性格が強い社会保険制度といえる。

今日では，日本の公的保険制度として，年金制度，健康保険制度，雇用保険制度(失業保険を1974年に改正)，業務災害補償保険制度(労災保険)，介護保険制度(2001年度導入)の5つの拠出制の保険制度が制度化されている。

8-3 年金制度の推移

1961年度に国民年金制度が新発足し，既存の厚生年金保険，船員保険，国家公務員共済，地方公務員共済，私立学校教職員共済，農林漁業団体職員共済

等も公的制度として包括されて，そのいずれかに国民のだれもが加入する拠出制の**皆年金制度**となった。これら制度の枠外となった老齢者等に対しても，拠出なしの**老齢福祉年金**が70歳から給付され，今日でも約3万人が受給している。

このように，日本の年金制度は複数の系列をもって成立している。もともと職域別に被用者年金制度が発足して，その内容も異なっていたところに，自営業者を対象とする国民年金制度が導入されたので，制度によって，給付水準や保険料の運用方法に，はじめから違いがあった。また，所管官庁も異なっている。こうした混合したシステムとなっているだけに，年金制度は複雑な仕組みとなり，国民にみえにくい制度となっている。

年金制度の変遷をみると，1961年に開始した**国民年金**は，モデル給付月額 (3519円)，保険料率 (3.5%)，平均月収 (1万4000円) から出発している。その後，インフレが起きたので，改定されていたが，73年に**物価スライド制**等が導入され，福祉元年といわれた。しかし，1980年代になると，財政危機に直面して，見直し期に入る。1980年に厚生年金の支給開始年齢を60歳から65歳に引き上げ，保険料も引き上げられた。82年の老人保険制度，85年の**基礎年金**制度の導入が転換点であった。それ以降は，後退期にはいり，支給年齢が引き上げられたり，給付水準が引き下げられた。

2004年に**マクロ経済スライド方式**が導入され，年金保険料の引き上げと，給付の「現役の平均収入の50%以上」が決定したが，まだ不明である。

社会保険庁は，寿命予測の不確定，経済社会の将来の不確実性，傷害等の不慮の事態というような三つの不確定要因があるので，公的年金の重要性があると強調[5]している。

8-4 公的年金制度

図8-1 (旧制度) は基礎年金の導入以前の制度を示している。サラリーマン層を対象とする職域の年金制度と，自営業層のための地域の国民年金が並列している。一般企業に勤めるサラリーマンが加入する**厚生年金**，公務員や私立学校関係者が加入する**共済年金** (国家公務員共済，地方公務員共済，私立学校教職員

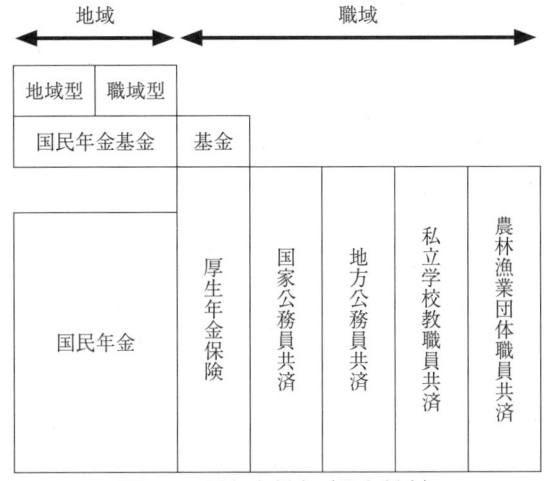

図8-1 旧年金制度（分立制度）

共済，農林漁業団体職員共済），**船員保険**，自営業あるいは農業者が加入する**国民年金**となって，それぞれが根拠法に基づいて設立されていた。

厚生年金制度が加入者規模からみても最大で，一般企業の雇用者が加入する制度である。問題は，この制度に零細企業が必ずしも包括されないので，勤労者全体の年金制度になりえていない。しかも，雇用形態の弾力化によって，非正規雇用者が増えたが，かれらは被用者保険制度に非加入となっている。

公務員共済制度は公務員の恩給制度がもとになり，敗戦後，それは廃止されて，改めて国家公務員共済と地方公務員共済ができた。他に，私立学校共済制度と農林漁業協同組合共済制度等が，それぞれの職域でつくられている。これら共済組合制度は，公的年金と一部医療保険の機能をあわせもっている。

これら職域の年金制度の加入者は被用者といい，官公庁・企業等に勤務している人々のためで，被用者年金制度という。この制度では保険料を被用者と雇用主とが折半で支払い，納付額に応じて給付額が決まる拠出制度であり，比例報酬制度となっている。保険料は**標準報酬月額**を基準として，本人半分，事業者が半分負担する制度となっていた[6]。これら被用者の被扶養配偶者（主とし

て専業主婦)は,受給資格はない(相続権はある)ので,独自の年金制度をもっていない。したがって,国民年金に任意に加入できることになっていた。

1961年に施行された国民年金は,地方自治体のもとで管理・運営されることになった。この旧制度では,被用者保険に加入していない満20歳以上の成人(個人として)は,加入義務があり,原則25年以上保険料を納めた者は60歳以上になると,**老齢年金**が支給される。満額給付を受けるには,40年間納付する必要があり,給付額は納付額に比例して支給される。

このような年金制度が1985年に大幅に見直されて,1986年4月から**基礎年金制度**が発足した。**図8-2**(新制度)は,それを示している。これは成人全体を対象とし,従来の国民年金制度もそこに包摂して,共通部分に一括した。こ

国民年金基金		厚生年金基金	特例年金	職域加算		
地域型	職域型	代行部分	農林漁業団体職員	共済年金 460万人		
73万人		厚生年金 3302万人		国家公務員	地方公務員	私立学校教職員
国民年金(基礎年金)						
第1号被保険者 2190万人		第3号被保険者 1092万人	第2号被保険者 3762万人			
自営業者,農業者,学生等		第2号被保険者の被扶養配偶者	一般民間企業	農漁協・職員	公務員	私学教職員

図8-2 年金制度(1985年度改正以降)

資料:厚生労働省年金局ホームページ
注:加入者数は2006年3月現在
　　厚生年金保険には,旧3共済,旧農林共済を含む。
　　農林共済年金は2002年度に厚生年金に統合した。

の基礎年金制度では,従来の国民年金加入者(自営業等の企業に勤務していない者)は第1号被保険者といい,その加入者は定額の保険金を個々人が納付することとなった。つぎに,従来の被用者年金制度の加入者を第2号被保険者とし,厚生年金や共済年金を引き継いで,比例報酬年金として上乗せし,2階建ての制度とした。このサラリーマン層の被扶養配偶者(主として専業主婦)を第3号被保険者とし,本人の年間収入が130万円未満(かつ扶養する者の年間収入の2分の1未満)であれば,保険料を負担せずに,配偶者の納付保険料のなかでまかなわれ,**老齢基礎年金**は同じ水準で給付されるという特別枠とした。これが,第3号被保険者である主婦に対する優遇策になるという批判が強い。

　基礎年金が国民すべてに共通の給付(保険納付期間により給付額は異なる)となり,その上に比例報酬部分が加算される2階建て制度となった。

　新制度では,加入者は65歳以上すべての者に共通して,**老齢基礎年金**が支給される。第1号被保険者およびその被扶養配偶者の第3号被保険者には,この部分だけが支給されることとなる。この老齢基礎年金の他に**障害基礎年金**,**遺族基礎年金**[7]とを設定して,あわせて3種類にし,どれか一つだけを支給する制度に一本化した。また,それまでの厚生年金や共済年金の加入者には,基礎年金に上乗せして,**老齢厚生年金**あるいは**退職共済年金**が,それぞれの制度から過去の保険料の納付状況に対応して比例報酬部分が支給される。

　老齢基礎年金は最高40年(20～60歳未満)加入して,原則65歳に達した者に,年金満額が月額計算で支給(隔月)される。2007年度では,満額(480ヵ月加入のフルペンション)で年額79万2100円(月額約6.6万円)となっている。なお,経過措置として2020年度までは,生年月によって支給開始年齢に段階を設けて,60歳から徐々に引き上げられて,最終的に65歳となる。

　国民年金にだけ加入する第1号被保険者には,比例報酬部分がないので,それを補う制度として,**国民年金基金**がある。これには,地域型と職域型とがある。前者は,都道府県に1基金を設立し,加入する。後者は,25職種(例えば開業医)について全国で1基金を設け,一つに限って加入できる。

　公的年金制度に加入している被保険者数は,1970年度には5200万人程度で

あったが，2007年4月現在で7045万人（第1号2190万人，第3号1092万人，第2号厚生年金3302万人，同共済年金460万人）となっている。人口比で56％が被保険者となっている。

受給権者（年金を受けている人）は，2005年度に全体で2511万人である。年金受給者（老齢年金や退職年金の受給者）は1152万人で，この受給者1人当たりの被保険者すなわち年金扶養比率は，6.1人となっている。よくいわれる6人で1人の年金受給者を支えている数である。この扶養比率が，1980年代の20人台であったが，つぎに90年代に1桁となって，若者への負担が重いといわれている。

8-5　年金保険料

年金の保険料は制度によって異なるし，その金額も改定されてきた。

国民年金の保険料は2004年度に大改正されて，06年4月から，280円引き上げられ，月額1万3860円となった。07年度には，その保険料は第1号被保険者では月額1万4100円となっている。以後，2017年度まで16年間，毎年度月額280円ずつ引き上げられて，最終的に月額1万6900円となる予定である。第2号および第3号被保険者は基礎年金の保険料は個別には負担せず，それぞれの職域年金制度から拠出金として負担している。

厚生年金保険（一般）の保険料は，実報酬月額10.1万円以上～60.5万円までを，20等階級の標準報酬月額に区分して，その標準報酬月額に所定の保険料率をかけて，決定される。例えば，月給19.5万円～21万円の場合は，標準報酬月額が20万円とみなし，29万円～31万円の場合は，同30万円とみなして，この例のように給与を段階別にまとめて算定される。

2004年度の大改正で，**総報酬制度**を導入して，給与だけでなく賞与も保険料の算定基礎に入れることになった。保険料率（06年度14.642％→17年度18.3％）は毎年小刻みに上がり，2017年度に固定することとした。また，公務員共済年金が2018年度までに，私学共済年金が2027年までに，保険料率を18.3％に統一することとなった。

8-6　年金の給付水準

①　厚生年金のモデル年金月額は当初,25年間加入して月3519円の給付レベルであった。老齢年金の受給資格として,日本では保険料を最低25年間以上支払うという期間が設定されている。各国の資格期間をみても,長くてもアメリカ等の10年間であるが,日本の25年間は世界と比べて異常に長期間である。

②　1994年の制度変更で,支給開始年齢を60歳から65歳へ,2001年度から漸次数年間かけて引き上げることとした。

③　2004年度改正で,厚生年金のモデル世帯(夫が40年加入し,妻は専業主婦)の給付水準(夫婦2人分の基礎年金を含む)は,現役世代の平均収入(現在はボーナスを含めて平均月額39万3000円)の59.3%であるが,これを徐々に引き下げて,2023年度以降には50.2%とする。このように,厚生労働省は現役世代の50%水準を維持するとした。しかし,モデル世帯は夫がフルに年金保険料を納め,妻は全く働かない第3号被保険者という設定で算定されている。この標準夫婦2人の標準年金額は04年度で約23万円である。これは実際の世帯とはかけ離れた給付を最高に受けるモデルであり,将来の標準世帯とはなり得ないから,実際には50%給付が実現するわけではない。

また,従来の**物価スライド制**が修正されて,**マクロ経済スライド方式**となった。これまで,日本の年金制度は年金額の実質価値を維持するために,賃金スライドと物価スライド制を採っていた。賃金スライドは,65歳までの年金額には現役世代の所得の増加を反映させる制度であった。物価スライドは,インフレによる年金額の目減りを調整する制度であった。原則として物価変動率を基準に5年に1度,この年金額の再評価率が見直されていた。

これが,修正されたのである。①公的年金の被保険者数の減少率(実績値)と,②平均的な年金受給期間(平均余命)の延び率を勘案した修正値すなわち**スライド調整率**を設定して,年金の受給総額に歯止めをかける制度とした。

性・年齢別人口×性・年齢別労働力率×性・年齢別被保険者比率

この率は毎年度決定され,厚生労働省の試算では,2025年までは年平均0.9%

と見込まれている。物価が上昇したときには，物価上昇率から「スライド調整率」を差し引いた率だけしか年金は増額されない。すると，1.5％の物価上昇があると，0.9％を引くので，0.6％の補償にとどまる。ただし，スライド調整率を差し引いて，マイナスになる場合には，年金額は据え置きとなる。逆に，物価が下落したときには，下落率だけ年金が減額されることになった。したがって，新規裁定年金（65歳から支給される老齢年金額）の水準は，現役被保険者の賃金水準に照らして決まる。しかし，既裁定年金（受給している既得者の老齢年金）の水準は物価水準から調整率を減じて決まるので，現役世帯の所得の伸びは，ここには反映されないことになる。このように，保険料を支払う労働力の割合と受給者の平均寿命の伸び率を勘案する決定方式に改定されたのである。それは，年金が所得の再分配であるから，その割合を固定しようという考えで，年金の総給付額に歯止めをかける制度となっている。

基礎年金も，現在40年間保険料を満額納付した加入者に，月額6万6000円給付されているが，これを2023年度には月額6万5500円（現在価値）にするとした。受給者は今後，長期的には現役世代との格差が生じることになるし，インフレの上昇分は一定程度カバーされるが，年金の実質減が顕著になる。

その他に，第3号被保険者についての改正は先送られた。つぎに，離婚分割が導入された。それは婚姻期間中の報酬比例部分の2分の1について，受給年金額を分割できるようにした。また，追納制度は，保険料免除期間（申請して免除された場合）を10年以内に，規定保険料に4％を加算した額を追納すれば，給付の減額を補填することができるものである。有給の高齢者の給付も減額され，70歳以上にもこれを適用するが，ただし保険料負担はない。

8-7 年金保険の財源

年金保険の財源調達方式には，**賦課方式**（pay-as-you-go system）と**積立方式**（funded system）とがある。賦課方式とは，当年度の給付費用を当年度の租税ないし保険料によって調達する方式であり，医療保険や失業保険のような短期保険のほか，年金保険のような長期保険においても欧州諸国では広く採用され

ている。これに対して積立方式は，拠出された保険料を一定期間積立てによって運用し，将来の給付費用を調達する方式で，日本の年金保険は創立当時には例外なくこれによっていた。そのかぎり，国民は保険料を積み立てて，政府に安全に運用してもらって，将来，一定の利子を付加して払い戻してもらうという観念である。前者は所得再分配の考えに立っているし，後者は貯蓄型の考え方に立っている。しかし，日本のそれはその後の運営をみると，実際には両者の混合方式ということができる。そのために両者が混合して，しばしば論じられている。

　もともと社会保障は所得の再分配策であり，たとえ積立方式をとっても，その基金は金融資産であるから，将来の国民所得を先取りした分配権である。しかも，その将来は長期の未来であり，金融資産は予期せぬ変動を受けるので，ファンドは安定していない。積み立てたといっても，政府が金の壺にため込んでいるわけではない。積み立てた金融資産は，資産＝負債であり，その時点で政府は他に流用しているのである。積立金は国民の資産であり，政府（正確には社会保障基金）の負債であるが，政府の負債は国民の負債である。日本の社会保障財源をみても，1980年代までは，積立金を低利固定（年利5.5％）の運用で算定したから，安定した資産収入となっていた。それが，金融自由化と低金利時代になって，不安定な運用収益となっている。そこに関連部署の官僚がルーズに，かつ無駄に運用したので，積立資産が実体としては減価しているので，税金による追加財源が増えることになっている。結局，年金あるいは社会保険は，そのときの国民所得の分配になるのであり，保険料と税金で支給するしかできないことを理解すべきである。

　公的年金の給付額は2005年度でみると，42.8兆円となっている。これに対して，原資は保険料が26.3兆円，公的負担が6.8兆円，積立金取り崩しが6.7兆円，運用収入が3.7兆円，合計43.6兆円となっている。年金財政は事務費負担等があって，これに限らないが，年金収支の採算は成り立っている。積立金の取り崩しが問題となるが，それは簿価で200兆円を超えているから，さしあたり破綻をおこすことはないし，それほど多額に積立をすることが問題である。

また，公的負担が財政を圧迫するという懸念が指摘されているが，2009年度から基礎年金の国庫負担を2分の1にするということが直ちに困難ということにはならない。国・地方での6.8兆円という年金負担は，軍事費の約5兆円，道路財源の約8兆円と比較して，支払えない高額な数値とはいえない。

国際比較をしても，社会保障費支出の対国民所得比は，アメリカの21％を除くと，ヨーロッパ主要国の40％前後と比べて，日本は26％と低い。周知のように，アメリカは社会保障が低く，自助努力にまかせる国である。かつて「揺りかごから墓場まで」と近代的な社会保障の発祥国とすらいわれたイギリスも27％と低い。税金を含めた国民負担率をみても，ドイツが53％，フランスが61％，スウェーデンが71％で，日本の36％よりはるかに高い。日本では，企業の社会保障費負担が小さいのである。ヨーロッパの諸国は高負担高福祉の国となっている。それに対して，日本は低負担低福祉となっていて，アメリカ型に近い。そもそも社会保障は，所得の再分配であるが，それは国内の生産構造を変えることである。高福祉であるということは，それだけ負担が大きいということだけなら，躊躇するだろうが，実は高福祉に見合う産業構造になるという意味である。すなわち，自動車や高機能のメディア電気機器等を製造したり，軍需を増やしたり，道路や高層建築を建てるのではなく，医療器を製造し，医師や看護師を増やし，介護施設を建てるということである。福祉に傾斜した産業構造にするということである。それでは，老人や病人ばかりに優遇すると懸念するだろうが，そこで働く労働市場が拡大するから，現役世代が困るということではない。そもそも，ヨーロッパ諸国が経済的に日米より生活レベルが低いわけでもないし，実際にこれだけの高負担をしながら，相対的に豊かな国を維持している。したがって，日本が自助努力の競争社会を目指すか，高福祉高負担の福祉国家を目指すか，国民の選択となる。

8-8　健康保険制度の発足

健康保険制度も1961年度から皆年金制度と同時に皆健康保険制度となった。国民のだれもが，なんらかの公的医療保険制度に加入することができるように

表 8-1　医療保険制度（2007 年 3 月現在）　　　　　　（万人）

区分	名称	保険者（単位数）	組合員	加入者
一般被用者保険	政府管掌	国	中小企業	3561.6
	組合健保	健保組合（1584）	大企業	2999.0
健保法第3条2項被保険者		国		2.8
船員保険		国	船員	17.4
共済	国家公務員	共済（21）	国家公務員	253.6
	地方公務員	共済（54）	地方公務員	634.1
	私学教職員	1事業団	私学教員	83.9
国民健康保険	国民健康保険組合	組合単位（165）	同種同業者	397.0
	国民健康保険	市町村（2531）	農業者・自営業者	4760.9
	（退職者）	＊	退職者	
	後期高齢者	広域都道府県	75歳以上高齢者	

資料：厚生労働省ホームページ等より
注：＊老保拠出金分 16.4%あり
　　各保険制度に，高額療養費の補助がある。
　　低所得者：市町村民税非課税世帯に属する者等

なったのである。医療保険制度には，職域・地域，年齢（高齢・老齢）に応じて**表 8-1** のようになっている。

(a) **国民健康保険制度**は，企業に勤務していない者やその家族は，加入する制度がなく，空白地帯となるので，そのために制度化された。それには2種類がある。一般の自営業者とその家族全員が加入し，市町村が運営する「市町村国保」と，開業している医師や薬剤師あるいは建設業等の専門職の人々が都道府県知事の認可で設立される「国保組合」[8] とがある。前者の加入者数が 4477 万人（人口の 35.1%），後者のそれは 418 万人（人口の 3.3%）となっている。この「市町村国保」の加入者は，農林水産業や自営業の就業者が中心であったが，最近では定年退職後の高齢者とかリストラなどによる無業者が増加している。それが 1990 年度には 19.2% であったが，2001 年度には 25.6% となっている。1世帯年間推計所得は 153 万円，保険料は 15.6 万円（対所得比 10.2%），他の健康保険組合と比べても，所得水準は低いのに，保険料率が高いという問題点がある。

その実施を市町村に義務づけ，市町村への団体委任事務としている。国庫負担を医療給付費の 10 分の 2，総医療給付費の 5% 相当を調整交付金としている。

(b) **組合健康保険制度**は大企業が自前で設立している健康保険組合である。

それは働き盛りの従業員が多く、疾病者が少ないので、単独企業だけでなりたつのである。

(c) **共済保険制度**は、公務員や公的企業等の被用者の制度である。ここでは年金制度と健康保険制度が同居している。国家公務員共済保険、地方公務員共済保険、私立学校共済保険（ただし、年金制度と違って大手私立学校は個別に上記の健康保険組合をつくっている）、農漁業協同組合共済年金[8]がある。

(d) **政府管掌健康保険制度**は、社会保険庁が運営している医療保険制度で、企業（自前の健保組合をつくるほど規模が大きくない中小企業）の雇用者を対象とする「被用者保険」（被保険者数1968万人、被扶養者数1789万人）と、船員を対象とする「船員保険（疾病部門）」（被保険者数9万人、被扶養者数16万人）とがある。保険料は、所得の8.2％で、企業が半分負担する。

それだけに、保険料の滞納率が高くなっている。2002年度の収納率は90.1％と過去最低となった。滞納世帯も2003年6月現在約450万世帯と、全世帯の2割になろうとしている。

総人口に占める医療保険の適用割合は、(a) 組合健康保険が25％、(b) 政府管掌健康保険が29％、(c) 共済保険が8％、(d) 市町村国保が35％、(e) 国保組合が3％となっている。

日本の健康保険制度は、診療報酬が現物（医療サービスと薬）支給で行われている。職域健保には、個人が加入しており、本人が保険料（企業が半額負担）を企業を通して毎月支払う。すると、扶養家族（配偶者は年間所得が130万円までは扶養者となる）も含めて、健康保険証が交付され、それを持参することによって、診療報酬料の一定割合を支払う。病院は、その疾病に許される診療行為によって、診療報酬を当該健康保険制度へ請求する。

8-9 医療保険制度の変遷

日本の医療制度も、年金制度と同じように既存の制度をまとめ上げて、別枠に無保険者のために新たな制度を設ける方法で、皆保険制度をつくりあげた。したがって、その保険料や給付の条件が、制度ごとに異なっているので、不統

一な仕組みとなっている。また，医療を施す医療機関も，開業医や医院経営と利害が異なり，制度改正も簡単にはできない事情がある。そのなかで，医療費が増加したので，初期の段階では医療制度の充実を進める政策が，後には，医療費を節約する政策へと転換している。

① 1961年の国民皆保険制度が始まったときには，国民健康保険は本人2割負担，家族は5割負担，被保険者制度では本人無料，家族5割負担であった。

② 1973年に，老人医療無料化が実施された。これは，革新自治体で実施されたので，国が導入せざるを得なかったからである。

③ 1982年に「**老人保健法**」制定（83年施行）して，老人医療費で自己負担1割とし，保健事業の制度化，老人保健拠出金制度を創設した。他の健康保険制度から，一定額を老人健保に納付するようにした。被用者保険と国民健康保険の間で，一人当たり医療費の高い老人の加入の割合に偏りがあるので，老人加入率にかかわらず公平に老人医療費を分担する仕組みとして導入された。それは健保組合・共済組合・国民健康保険など，すべての医療保険の保険者が共同で老人医療拠出金（70％）を運営主体の市区町村に拠出（国・地方自治体が30％を負担）して，その市区町村が運営を行うものである。

④ 1984年に退職者医療制度を創設し，この退職者の医療費は，本人達の国民健康保険料に加えて被用者保険の保険者からの拠出金で充当することとした。また国保本人は1割負担に改善した。これ以降，「老人保健法」がたびたび改正されて，水準低下となった。

⑤ 2001年度から，健康保険料の滞納者にはペナルティーが新しく設定された。納付期限から1年以上滞納すると，被保険者資格証明書[10]に切り替えられ，1年半をすぎると保険給付が一時停止となる。

⑥ 2003年度から健康保険本人負担が3割へ引き上げられ，健康保険料の総報酬制へ変更された。

⑦ 2006年度に医療診療の給付率が改定されて，本人負担が原則3割と高くなった。3歳未満は2割負担，70歳以上～75歳未満は2割（高額所得者は3割負担，低所得者は1割負担）と格差づけされた。これは創設時より悪化している。

8-10 国民健康保険税（保険料）

各市区町村は，その保険料を国民健康保険税として課している。この保険税は目的税で，自治体ごとに課税内容・率・額を決定することができる。国が各自治体の国民健康保険会計の45％を補助金として交付していたが，年々削減して，今や自治体は一般会計から「赤字」を埋めなければならなくなっている。

市区町村の保険料（税）はその年度の医療費の総額を推計し，国などの補助金などを差し引いて，各世帯に割り当てている。それは，つぎの四つのなかから，各市区町村が法令で規定されている組合わせを選んで，一世帯当たりの年間保険料（税）を決定する。自治体によって，かなりの幅がでる。

① 所得割　その世帯の所得に応じて算定，5％前後
② 資産割　その世帯の資産に応じて算定，10〜20％
③ 均等割　加入者1人当たりいくらとして算定，1〜3万円
④ 平等割　1世帯当たりいくらとして算定，1000円〜1万円

保険料（税）を納めるのは，各世帯の世帯主になる。

さらに，介護保険の導入で，40歳以上の者は別に介護保険料も納めることになった。なお，40〜64歳の者（介護保険の第2号被保険者－後述）は，医療分と介護分とを一括して国保の保険料（税）として納めることとなった。

8-11 診療報酬

医療保険をつかって診察や治療を行うことを保険診療という。保険診療のもとでは，診察や検査の料金，薬の値段等が点数制度（1点10円）として診療報酬が決められている。診療報酬は2年ごとに中央社会保険医療協議会（中医協）で検討され，改定される。最近は2006年4月に改定された。健康保険制度は，国民の健康維持とその負担に視点がいきがちであるが，医療を支える医療制度の維持も重要な課題である。

日本の医療制度は自由開業医制度が軸となり，私的医療機関が大きな役割をもっている。それと大学付属病院や医療法人のような大規模病院とは性格の違いがあるが，統一的に診療サービスと診療報酬を決めるので，難しい問題が生

じる.それに,日本医師会という外郭団体が開業医の意向を代表して,強い発言力をもっているので,診療報酬制度が時代にそぐわないといわれている[11]｡

日本の医療の特徴は,欧米医療に比べて診療報酬において,薬づけといわれるように,薬剤比率が高く,1991年度では29.5％となっていた.特に薬価差益(保険で決められている公定薬価と,実際の仕入れ値との差額によって生じる利益)が大きい.そこで,院内と院外の薬剤調整料に差をつけて,医薬分業へ誘導したので,いまでは院外の調剤薬局が増加している.1999年度には薬剤比率が19.6％と,やっと諸外国と同水準となった.

入院用のベッド数が20床以上ある医療機関を病院とよび,さらに200床以上の大病院と200床未満の中小病院とに分けられている.19床以下の施設を診療所(クリニックもこの範疇となる)とよぶ.したがって,大病院,中小病院,診療所で診療報酬の基本料金に違いがある.

厚生労働省は,大病院は入院患者の治療を,診療所や小病院は外来患者を受け持つという,医療機関の機能分担を方針としている.

医療療養病床(長期入院型)には,医療型病床(約25万床)と介護型(約10万床)があるが,これを2012年までに,前者を15万床へ,後者を0に削減する計画を立てている.これは社会的入院患者[12]を10年間で解消する方針である.これらの人々を老人保健施設,特別養護老人ホーム,介護保険適用療養型施設に移すことによって,病床削減に対応できるとしている.しかし,長期入院患者で改善見込みのない者は,家族の看病に戻すということになる.

8-12 介護保険

1997年に介護保険法が制定され,2000年4月から導入された.65歳以上の介護を必要とする者への保険制度である.従来の老人福祉制度では,市町村にまかされて,きめ細やかなサービス提供ができない.そこで民間の介護事業者を入れて,介護サービスの質を高めるという趣旨であった.

(a) 65歳以上の第1号被保険者は保険料を納付(原則年金から徴収される)して,介護対象者となる.

(b) 40歳以上65歳未満を第2号被保険者といい，被雇用者の保険料は労使折半で徴収される．そうでない者は個人負担となる．

　(c) 費用は保険料で50％（原則第1号被保険者が18％を，第2号被保険者が32％を負担），国が25％，都道府県が12.5％，残り12.5％を実施主体である市町村が負担する．保険料の全国平均は2002年度に約2500円，介護費用総額が約4.2兆円であった．

　(d) 利用者はケア・マネージャーの支援を得ながら，要支援および要介護（5段階）の計6段階の認定を受けて，各段階の費用範囲でサービス事業者から介護サービスを受ける．その際に，費用の1割は自己負担となる．2006年4月末，第1号被保険者は約2594万人，要支援・要介護の認定者は約435万人と，毎年増加傾向にあり，介護総費用は6兆8711億円へと膨張している．

　65歳以上の者の介護保険料は，2006年度に改定され，1人月額800円（全国平均）と値上げされた．また，サービス体系を介護給付（5段階）と予防給付（2段階）とに区分した．新たに設けた予防給付へ旧要介護者（1レベル）を移して受給者を削減し，経費節減を行った．この要支援については事業者に支払われる介護報酬を定額制にした．また，ヘルパー訪問を削減して，在宅介護サービス費を節約した．在宅介護サービス費が，改定後から減少している[13]．このために，ヘルパーにしわ寄せされて，いまその確保が困難となっている．

　2007年度から，介護保険料の徴収は，老齢・退職年金から特別徴収（いわゆる天引き）することとなった．また，特別徴収が困難な者については，市町村が個別に国民健康保険料とあわせて徴収を行うことになった．

8-13　後期高齢者医療制度

　後期高齢者医療制度が，2008年4月から導入された．それは，75歳以上の高齢者を従来の医療保険制度から切り離し，都道府県を単位として新設する医療保険広域連合へ移すことになる．保険料は原則，本人負担とし，年金給付（1万5000円以上の受給者）から天引くので，これまで子どもや配偶者の被扶養者にも支払義務が生じる．保険料は均等割（夫婦も個人別）＋所得割で，都道府

県によって年間10万円強から7万円強の予定額となっている。原資は，現在の高齢者の医療給付総額10.3兆円を，1割を高齢者の保険金から，4割をその他の医療保険者から，5割を税金によって賄う，独立した単位となる。しかも，この医療給付の総額が増加すると，保険料も増額することになっている。

　これは，別建ての診療報酬を設けて，医療費の負担と給付を明確にし，高齢者の特性にあわせた診療を提供するという趣旨である。このままでは医療費が増加するので，2015年レベルで2兆円，2025年レベルで5兆円の節減することを目的としている。とりもなおさず，それは医療費の削減計画であり，この世界にもない分離制度によって，高齢者の医療改善につながるか疑念の多い制度である。

注

1) 坂寄俊雄『日本の社会保障』法律文化社，1996年，60頁
2) 工藤恒夫『資本制社会保障の一般理論』新日本出版社，2003年，13頁
3) 柴田嘉彦『日本の社会保障』新日本出版社，1998年，150頁
4) 右田紀久恵・髙澤武司・古川孝順編『社会福祉の歴史』有斐閣，2004年新版，316頁
5) 社会保険庁ホームページ（http://www.nenkin.go.jp/html/kouteki2.html）
6) 職域年金の保険料は，企業を通して納付されるので，企業側が過失や故意によって，納付していなかったり，特に企業負担を減らすために納付額を少なく処理して，後日老齢年金の受給に支障を起こす例がでている。
7) 遺族年金制度は，被保険者が死亡したときに，生計維持関係にあった家族（妻・子・夫・父母・孫・祖父母）に支給される年金である。その額は厚生年金では，被保険者本人がもらえるはずの老齢厚生年金額の4分の3となる。
8) 2001年度末時点で，166組合がある。
9) 農漁業協同組合共済は2002年4月に，厚生年金と統合した。2007年3月現在，職員数が42万人弱，退職等の受給権者38万人で，厚生年金と特例年金とを給付されている。
10) 被保険者は医療機関の窓口では全額を支払い，後日市町村から7割の払戻を受けることになる。
11) 結城康博『医療の値段』岩波新書，2006年
12) 社会的入院とは，病気・怪我等で入院したが，治癒して医療の必要性が低い患者が，帰る自宅や引き取る家族がいないので，病院に居つづける状態。
13) 国民健康保険中央会データ（http://www.kokuho.or.jp/）

第9章　貨幣と日本銀行

9-1　貨幣の発生

　貨幣は，最初からあったわけではない。それは生産物の交換が発展するなかから誕生した社会的な生成物である。大昔，自給自足的な生活から，外部の共同体と生産物の相互交換が始まり，社会的分業が広がった。当時の交易はまだ物々交換であったが，それはいつでも成立するわけではない。例えば塩の生産者が米を欲しいとしても，米の生産者が塩を欲しくなかったら，この交換は成立しない。物々交換は広がりをもたないのである。交換が盛んになるには，いつでも交換が成立するように，だれもが欲しがる仲介物が必要である。当初は，それは比較的だれもが欲する生活必需品であり，米であったり麦であったりしただろうが，しかし，それをいつでもだれもが必要とはしない。そこで，いつでもだれもが受けとるものが生まれ，それが仲立ちをするようになって，はじめて交換経済が一般的に発展する。だから，交換が頻繁に行われるようになると，必然的にだれもが受けとる媒介物が現れ，これを**一般的等価物**という。

　生産物といつでも交換可能な媒介物は，それ自体に価値ある物でなければならない。それは，長期に保存しても品質が低下せず，安定した価値を保持できる物でなければならない。それに近い性質をもつ物は宝石や貴金属であった。そのなかでも，世界中どこでも，この媒介物は金に収斂していった。**高価値物，等分割性，非腐朽性**という自然属性をもつ金だけが一般的等価物である貨幣になったのである。このように，金はもともと生産物であり，価値物であったが，交換の媒介役をする過程で，金だけが特殊な地位を得て，貨幣となったのである。

　商業が発展して，流通が拡大すると，貨幣の流れが膨大となる。しかし，離れた地域との生産物の取引には金貨の運搬は不便であり，危険である。そこで金貨の代わりに，一種の信用状が発行され，その持参人に対して常に金貨が交

換されるようになる。例示で述べると，買い手側（江戸にいる）は，ひとまず信用ある機関（江戸や上方等各地に支店をもつ両替商）の信用状を（江戸で）金貨で購入する。その信用状と引き替えに，売り手側（上方にいる）から実物を受けとる。売り手は，受けとった信用状の発行先の本支店（上方にある）で金貨に換えるのである。こうして，金貨の授受が物の買い手と売り手の間では不要となる。この信用状を手形という。ただ，この手形は証書という紙でしかないので，その発行者の信用（必ず金貨に交換してくれるという）が絶大でなければならない。信用があれば，生産物の引き渡しに，信用ある機関の手形が安心して決済手段として使われるようになる。世界中どこでも商業が発展した国では，このような手形が発達した。それは，金現送にかかる無駄な経費もリスク費用も節約でき，決済過程の相殺精算によって，金貨幣の流通を節約することもできるようになるからである。

このように，信用システム・手形が発達すると，銀行・銀行券（紙幣）が生まれ，紙幣が金貨流通を代替できるようになる。そして，近代国家では紙幣の発行権を政府が独占して，**シニョレッジ**（造幣益[1]，seigniorage）をもつことになる。政府は，この紙幣発行権を独占するために，中央銀行を発券銀行として，そこに中央銀行券（紙幣）の発行の特許を与えるが，そのままでは流通しない。中央銀行に信用がない時代には，金兌換券として信用を裏付けし，国による法的強制権を得て，その紙幣は一般的に流通する。中央銀行券は金によって裏打ちされ，法的強制権によって支払機能を付与される，この二重の信用によって一国の流通紙幣となる。また，金交換を保証する兌換券になると，国際的にも信用の高い通貨となる。

9-2 貨幣の機能

商品交換が頻繁になればなるだけ，財貨から貨幣が区別され，貨幣が特別な機能をもつようになり，金が貨幣の地位をえた。

①貨幣は，いろいろな生産物の相対比較をする統一的な基準あるいは尺度となる。これが**価値尺度機能**である。

②貨幣は，商品交換の媒介物となり，**流通手段**の機能をもつ。われわれは，貨幣でもって物やサービスも買えるようになっている。

③物は，腐ったりするので，いつまでも貯めておくことができない。他方，貨幣は，後日，財貨に換えることができるから，物を保蔵するのと同じ機能をもつことになった。富は物をたくさんもつことであるが，物は腐ったりするので，蓄えるには限界がある。貨幣は後日，物を支配できるから，それが富となり，貨幣は**蓄蔵機能**をもつことになる。こうして財貨に代わって貨幣が富の対象となってくる。物だけなら人の欲望には限度があるが，お金で富を増やすことができるようになって，人の欲望は無限となった。

④商品流通が発展してくると，商品の引き渡しとその支払は，時間的にも空間的にも切り離されて，決済は分離する。このような貨幣の機能を**支払手段**という。信用制度が発展すると，信用機関を通して，多くの取引は相殺されて精算分だけ支払うので，貨幣は節約される。この支払が商品取引から分離されると，一つは，こうした貨幣の節約によって，交換経済は拡大するが，生産物の需給均衡を保つ機能が失われてくる。もう一つは後日支払が履行されないと，商品経済の連鎖に切断がおきて，破綻（恐慌等）が生じる危険をはらむ。

⑤国際間の取引では，世界的に共通して信用される貨幣は金である。金が国際間でも貨幣として通用するので，この機能を**世界貨幣**という。このような国際通貨システムが金本位制度（the gold standard system）である。それは本位貨幣を金の重量においている貨幣制度である。すると，各国通貨は金を基準にして，通貨間の為替相場が成立する。

金本位制を採用している国では，中央銀行が発行する兌換券（紙幣）は，その金兌換を保証するために金保有量（正貨準備という）の枠内（金準備の何倍という枠）で発行される。通貨発行量が正貨準備に準じて増加または減少する制度である。また，国際的には，金の移動を通じて，貿易収支の不均衡を修正するように，物価の調整をするという機能をもつ。すなわち，通貨膨張→物価騰貴・インフレ→輸出減・輸入増→貿易収支赤字化・金流失→国内通貨収縮→物価低落・デフレ→輸出増・輸入減・金流入・貿易収支改善→国内通貨増発→物価騰

貴→というように作用するとされている。このような**物価・正貨流出入機構**を通じて、金本位制の下では物価・為替相場・貿易収支が安定するとされている。実際には、金流入→国内通貨増発は**金不胎化政策**によって遮断されたし、金は国によって偏在するので、この安定機能が十分には発揮せずに、戦前に国家間の信用がなくなり、戦争の遠因となった。

⑥第二次世界大戦後、金を独占的に保有したアメリカのドルを**基軸通貨**とする**ブレトンウッズ体制**が成立して、国際的に新たな通貨制度が形成された。アメリカがドルの金交換（金1オンス=35ドル）を加盟各国の通貨当局に保証したので、ドルは金の代わりに、世界で基軸通貨として、流通するようになった。各国通貨はドルとの為替比率を固定（1ドル=360円）したので、固定相場制ともいわれた。それが、最終的には1971年にアメリカがドルの金交換を停止したので、73年に各国が固定相場制度を放棄し、ブレトンウッズ体制は崩壊して、変動相場制となった。

現代では、中央銀行が発行する不換紙幣が、貨幣の代わりをする。それは中央銀行と政府の法律によって、強力な信用をもつことになったので、通貨の地位をえている。現代の貨幣は管理通貨制のもとでの紙幣となっている。

9-3　日本銀行と日本銀行券

明治維新によって近代化をすすめようとした政府は、1871（明治4）年に「新貨条例」を発布して統一通貨を円とし、1円を金1.5gと定めた。しかし、それは形式だけで、金準備が不十分であった。そこで、「国立銀行条例」によって、民間銀行に通貨発行権を与えて、民間信用で通貨流通をはかったが、信用は広がらず、インフレとなってしまった。

そこで、1882（明治15）年6月に「日本銀行条例」を制定し、日本銀行[2]を創立し、1885（明治18）年に「兌換銀行券条例」を制定して、日本銀行券を発行するようになった[3]。こうして、日本銀行（以下、日銀と省略）が唯一の発券銀行となった。**兌換銀行券**（convertible bank note）[4]とは、持参人が要求すれば、紙幣に表示された量の金または銀といつでも交換に応じるので、信用のあ

る紙幣である。日本銀行券（以下，日銀券と省略）も当初は金兌換を目標としたが，発行に必要な金を準備することはできなかったので，実際には銀本位制となっていた。金本位制には，通貨発行額に対して一定の金が準備されなければならないので，経済力がないと，それを維持できないのである。当時は，金本位制でなければ，国際的に交易を行うことが不便であった。したがって，1897（明治30）年3月に「**貨幣法**」[5]を制定して，金750mgを1円とし，やっと金本位制度を確立した。周知のように，日清戦争の賠償金約2.3億テール相当の英貨ポンドをイングランド銀行に預けて，正貨準備とすることによって，日銀券の信用を確保したのである。しかし，第一次世界大戦後，各国が**金輸出禁止**をするなかで，日本も1917（大正6）年に金輸出禁止を行い，金本位制度から離脱した。だから，この間20年（1897年から1917年）が日本の金本位制時代といえる。第一次世界大戦終了後，世界の先進国は金本位制に復帰したが，日本は国内経済が不安定だったので，金本位制への復帰が遅れ，1930（昭和5）年1月にようやく**金解禁**を行った。この金解禁は世界恐慌の最中であったから，翌1931年12月には早くも金輸出再禁止をせざるを得なかった。ここに日本の金本位制は最終的に崩壊した。金本位制廃止後，翌1932年に「兌換銀行券条例」が改正されて，日銀券は不換紙幣となり，それを保証する実体はなくなった。1942（昭和17）年に「日本銀行法」が制定された[6]。これによって国家総動員法の趣旨と同じように，日銀は戦時国策遂行機関の性格をもって，信用をなくした。

　敗戦後は，1949（昭和24）年に日銀法に修正が加えられたが，日銀の独立性・中立性は不十分だといわれてきた。1997（平成9）年に現行の「日本銀行法」（98年4月施行）に改定されて，独立性をもつようになった。

　日銀は株式会社（資本金1億円，うち55％は政府が出資している）の形態をとっているが，認可法人[7]である。日銀は政府の行政機関ではないが，日銀の業務範囲は国会が決める法律によって規定されており，国家と切り離されているとはいえない。日銀は独立性をもっているといわれても，実際には民間金融機関とは，全く異なった機能をもっていることになる。

日本銀行法（1998年施行）
（目的）
第1条　日本銀行は，我が国の中央銀行として，銀行券を発行するとともに，通貨及び金融の調節を行うことを目的とする。
2　日本銀行は，前項に規定するもののほか，銀行その他の金融機関の間で行われる資金決済の円滑の確保を図り，もって信用秩序の維持に資することを目的とする。
（通貨及び金融の調節の理念）
第2条　日本銀行は，通貨及び金融の調節を行うに当たっては，物価の安定を図ることを通じて国民経済の健全な発展に資することをもって，その理念とする。
（日本銀行の自主性の尊重及び透明性の確保）
第3条　日本銀行の通貨及び金融の調節における自主性は，尊重されなければならない。
2　日本銀行は，通貨及び金融の調節に関する意思決定の内容及び過程を国民に明らかにするよう努めなければならない。
（政府との関係）
第4条　日本銀行は，その行う通貨及び金融の調節が経済政策の一環をなすものであることを踏まえ，それが政府の経済政策の基本方針と整合的なものとなるよう，常に政府と連絡を密にし，十分な意思疎通を図らなければならない。
（日本銀行券の発行）
第46条　日本銀行は，銀行券を発行する。
2　前項の規定により日本銀行が発行する銀行券（以下「日本銀行券」という。）は，法貨として無制限に通用する。

9-4　日本銀行券

　新「日本銀行法」の第46条で，日本銀行が発券銀行であることを定め，この日本銀行券だけに法的な強制通用力を与えている。敗戦後は，日銀券は管理通貨券として再出発し，今日まで，日銀券はE券まで，5種類が発行されている。

　現金通貨（キャッシュ）には，日銀券とコインとがある。前者は日銀が発行する。後者は財務省が発行するが，通貨としての発行は日銀に渡された時点となる。紙幣の印刷は，2003年に独立行政法人国立印刷局となった[8]。

　日銀券はどのように発行されているか。日銀がお金をばらまくわけではない。**図 9-1** のように，まず日銀から国立印刷局に依頼して日銀券は印刷され，納入される。このレベルでは日銀券の発行とはいわない。日銀券の発行とは，日銀に開設されている市中金融機関の当座預金（後述）または政府当座預金（国庫）から払出しの形で，日銀券が支出される時点でいう。この当座預金には準備預金や日本銀行からの借入金や買いオペに対する日銀からの支払等によって，一定額が積み立てられているから，金融機関がこの口座から現金で引き出す段階で，日銀券は発行されたことになり，発行額が記帳されることになる。この日銀券が市中銀行を通して，さまざまな預金口座から払い出されて，市中一般に出回るのである。国庫についても，政府の出納機能を委託されている日銀のな

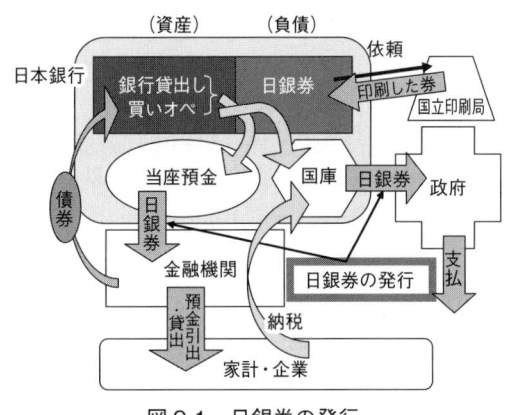

図 9-1　日銀券の発行

かに，税金が入金されたり，**政府短期証券** (Financing Bills) 等で日銀から借り受けた資金を，国庫から引き出し，政府が支払にあてる。こうして出回る紙幣がいわゆる現金（キャッシュ）である。また，日銀は日銀券の発行残高を，毎月末と毎年末の残高，そして平均残高と季節調整残高について公表している[9]。

9-5 日本銀行の役割・機能

新「日本銀行法」(137頁参照) で，日銀の目的が「通貨及び金融の調節を行うこと」とされ，「資金決済の円滑の確保を図り，もって信用秩序の維持に資する」となっている。旧法が戦時下に制定されて，国に従属する規定となっていた。当時，軍事費を膨張させたので，日銀は国債を引受けて，その戦費調達に協力させられ，通貨価値の安定は放棄させられた。政府の財政に通貨・金融政策が従属させられて起きた欠陥であった。「国家ノタメ」となると，日銀政策は政府政策に従属し，財政優先となる。戦後は，国債の日銀引受はさすがに行われていないが，それでも日銀政策は政府に従属してきた。

この批判を受けて，日銀の政府からの独立性の強化と政策運営の透明度を高めることを主眼とする新「日銀法」の改正であった。**日銀政策委員会**の権限が大幅に強化され，総裁，副総裁は国会の同意を得て内閣が任命することとなった。新法では，日銀の意思決定は，政策委員会が責任をもつことになった。政策委員会の構成は，日本銀行総裁，副総裁2人，審議委員6人，計9名となり，その審議委員のメンバーは国会の同意を得て内閣によって任命される。この委員を含め日銀役員は身分保障が明記され，政府側からその解任はできなくなった。だが，同会議には，財務省大臣官房総括審議官あるいは財務副大臣および内閣府政策統括官（経済財政運営担当）の同席が許され，政府との関係が切断されているのではない。同委員会の決定内容・決定会合の議事要旨は日銀のホームページや「日本銀行政策委員会月報」に公表されている。

日銀は，日本銀行券を安定させることが最重要で，それが崩れると，経済活動そのものが根底から動揺するので，通貨の調節を図らなければならない。つぎに，現代のような高度に発展した信用システムの下では，経済取引の資金決

済が円滑に行われるように，市場を常に監視して，信用秩序を維持することが任務となる。管理通貨制の下で，金融機関を通して決済が行われ，またそこに預金が管理されてくると，信用システムの安定が，経済活動にとって必須となってくる。こういう目的をかかげて，日銀の銀行としての役割・機能は，つぎのようになっている。

① **発券銀行**…今日ではほとんどの国が，中央銀行にのみ全国統一的な通貨の発行を許している。日本では，日本銀行が唯一の発券銀行となっている。(日銀法第46条)

② **政府の銀行**…日本銀行は，政府の国庫の出納業務(政府当座預金，政府預金，国債業務)，政府への信用供与，政府短期証券(FB)，外国為替資金証券の引受業務等を行っている[10]。FBは政府が一時的に資金繰りがつかないときに，年度内償還の範囲で資金調達のために発行される政府の短期証券である。かつては，これは日銀が全額を引受ていたが，1999年2月のゼロ金利の導入時に，公募入札制度に変更(4月)された。

③ **銀行の銀行**…市中金融機関(現在687社[11]の金融機関が認められている)は日銀に当座預金口座を開設しており，そこに一定の当座預金を保有している。これを略して**当預**(とうよ)という。そこは，a．準備預金制度に基づく法定準備金の積立の場所である。ただし，証券会社・短資会社・政府系金融機関等はこの準備金は適用されない。b．決済手段として使われる。当預をもつ金融機関は相互の決済や，日銀や政府との取引の決済は，ここで入金・引落が行われる。c．金融機関の預金者に対する現金通貨の支払い準備としての役割をもつ。銀行は支払が不足する場合，この当預から現金通貨を引き出すので，これが日銀券の発行となる。このように金融機関は相互に円資金の決済を行っているので，それは月平均70兆円以上の巨額な決済口座となっている。それが民間金融機関の支払い準備になり，これによって各金融機関の信用は保証されていることになるし，個別の取引が信用されることになる。各金融機関はその日銀口座の振替を通して銀行間の決済を行っているので，日銀が金融機関の信用処理の集中的な役割をもっていることになる[12]。また，日銀もこの口座に安定的

な資金を供給することで，取引を潤滑に行えるようにしている。

「決済手段であるお金を受払いしたり，証券を受渡したりするための仕組みを，一般に決済システム」とよぶ。そして「経済主体によって行われる各種の取引の資金決済が，銀行等を通じて最終的には，日本銀行当預の入金，引落し，振替によって行われているのである。日銀当預は，金融機関間の決済を支えることによって間接的に，個人や企業間の資金決済の安全性・効率性確保に役立っています」[13]と，日銀は解説している。この決済システムを安全に維持することが，日銀の重要な役割であり，そのために日銀は**最後の貸し手**（lender of last resort）といわれる機能をもっている。それは，市中銀行が資金繰りに行き詰まって，決済処理ができなくなったときに，日銀は決済の連鎖を切断させないように資金を供与して，円滑な資金決済の確保をはかる。また，個別の金融破綻が金融システム全体に波及するリスクを金融の**システミック・リスク**（取りつけ騒動に至るような危険）というが，それを回避する役割である。その場合，日銀法第38条（旧日銀法では第25条）を発動して，いわゆる**日銀特融**（特別な条件による貸付）を実行する。個別銀行の救済ではなく，信用秩序維持のためとされる。1990年代の金融機関の連続した破綻に対して，日銀は特融を何度も実施した。その第1号は94年の東京共同銀行の設立時であり，以来，96，97年の金融危機にあたっては北海道拓殖銀行等の破綻時に特融を実施した。

9-6 日本銀行の政策手段

日本銀行は，「通貨及び金融の調節」「資金決済の円滑化をもって信用秩序の維持」（日銀法第1条）という政策目的を遂行するために，金融手段を用いることである。発券銀行であるから，日銀券の信用を安定的に維持することが本務である。同時に，現代では市場に出回る通貨量を見守りながら，適切な流通通貨量を調整しなければならない。また，信用連鎖を崩壊させないように，信用秩序を維持することが任務である。そして，グローバルに金融不安な社会であるから，金融システムの安定をはかる役割を，他の機関とともにもっている[14]。しかし，中央銀行の任務は，基本には「中央銀行の責任領域は能力相

応に限定したうえで，明確化する必要」[15] こそ重要で，経済的な不安の対処策すべてを日銀の政策に求めることはできない。このような目的のために，以下のような政策手段をもっているが，時代とともに，その効果は変化してきた。

① 公定歩合（基準割引率および基準貸付利率）政策，② 準備預金制度，③ 窓口指導，④ 公開市場操作（売りオペ，買いオペ）等である。

① **公定歩合**とは，中央銀行が銀行などの市中金融機関に貸出しを行う際の貸出金利である。日銀は，都市銀行などが所有する手形（適格債券といい，満期時に元利が間違いなく返済されることが確実視される債券）を期限前に買い取ったり（再割引），債券等を担保にとって貸出しを行う。その際に適用される基準レートが公定歩合である。これまでは，「商業手形割引率ならびに国債，特に指定する債券または商業手形に準ずる手形を担保とする貸付利子率」とされていた。2006年8月に変更して，「基準割引率および基準貸付利率」と呼称することにした[16]。

戦後，公定歩合は金融政策の方向を示すシグナルとして重視されてきた。高度成長期には，日本は資金不足状態であったから，日銀は公定歩合を低めに設定して，金融機関が産業資金を供給しやすいように，バックアップしていた。公定歩合を下限にして，貸出金利は決まるので，それを動かすことによって，市場の金利を調節し，資金供給を調整した。しかし，1970年代以降，過剰資金が形成されるようになってからは，公定歩合による金融調節は難しくなり，金利自由化後は，公定歩合と預金金利との制度的な連動性もなくなった。そこで，1996年から，日銀は公定歩合を金利調節の手段としては用いない方針とした[17]。それ以降，翌日物コールレートの誘導水準を政策金利の操作目標としてきた。このような事情もあって，名称変更も，公定歩合が政策金利として機能しなくなったので，当然の帰結といえよう。

② **準備預金制度**とは，対象金融機関に対して，その受け入れている預金残高（金融債，金銭信託元本，居住者外貨預金等を含む）の一定率（預金準備率）以上の金額を日銀当座預金に預金することを義務づけている制度である。各行が受け入れている各日の預金残高（1ヵ月間の平均残高）対して，日銀が定める預金

準備率を乗じた預金(法定準備預金額)を下回らないように,当座預金に無利子で積み立てる必要がある[18]。日銀は,この準備率を上下させて,金融機関の運用できる手持ち資金を増減させ,金融政策の手段としている。準備率は金融機関の種類や債務の種類,さらにその金額規模によって細かく区分[19]されている。金融機関が日銀当預に積立てる法定準備預金額は4兆円強となっている。当預総額は2005年3月末35兆7600億円,2006年12月29日10兆4100億円となっている。当座預金を開設している金融機関は2005年3月現在687社ある。

　当座預金の増減は,①日銀券の発行残高,②財政資金(税金,年金,公共事業費等)の変動,③日銀の金融調節による引き締め・緩和の要因によって変動している。しかし,前2者は日銀の政策とは直接かかわりない。日銀は,③のオペレーションによって,当預をコントロールしている。

　市中銀行は日銀当預に毎日,所要準備金を下回らないように預けなければならないので,不足分をコール資金から手当てする。**コール資金**とは,超短期資金で**オーバーナイト**ともいう。当日の勘定で余裕資金がでた金融機関は,短資会社を介して,それを翌日まで貸し出すのである。資金不足の銀行は,これを借りて,当預の準備預金を充足させる。このオーバーナイト・レートに,仲介機関である短資会社の手数料(0.15%)を上乗せして,借り手は金利を負担することになる。高度成長期の資金不足時代には,地方金融機関(地方銀行,相互銀行,信用金庫等)が余剰金を供給し,都市銀行は資金繰りをコール資金に頼るのが基本的な特徴であった。

　③　**窓口指導**とは,日銀の貸出規制の一種であった。かつて高度経済成長期に,日銀が民間銀行に対して「貸出限度額規制」と「貸出増加額規制」とを行っていたが,この貸出増加に対する日銀規制を窓口指導といっていた。このころは資金不足の時代であったから,各銀行は上からの指導にしたがっていたのである。しかし,1970年代末から金利の市場化がすすみ,マネーサプライ政策が日銀の主要な金融政策となってから,窓口指導の政策的意味が薄れてきたので,1991年以降は通常の金融政策の手段としては用いないことになった。

　④　**公開市場操作**(Open Market Operation)とは,日銀がインターバンク市

図9-2 公開市場操作

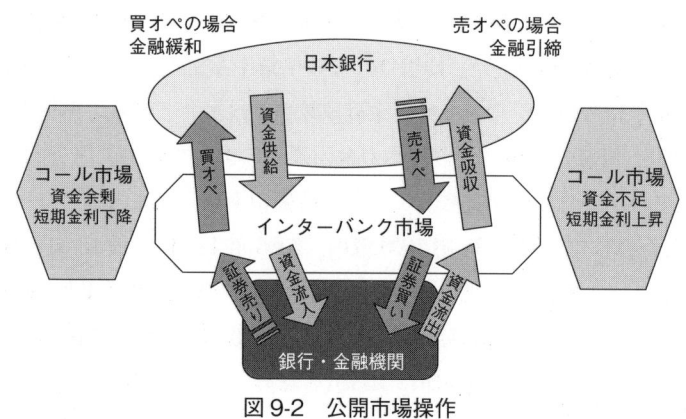

場で有価証券（国債，手形等）を売買して，市場の資金量を調整する政策をいう。**図 9-2** のように，日銀が証券（主として国債）をインターバンク市場で買う場合を**買いオペレーション**（買オペと略称）という。日銀が証券を買うということは，二つの性質がある。一つは日銀が国債を買うと，その代金が当該銀行の当座預金に振り込まれ，その銀行は資金に余裕がでる。すると，コール市場から資金を調達する必要がなくなり，コール資金の借り手が減るので，短期金利が下がり，全体に波及して金融緩和の状態となる。二つは日銀が国債を買うためには，銀行側がそれを売るように，国債を高めに買い取る。高めに買うということは，市場価格より高く買うことなので，国債の利回りは下がり，市中金利が下がることを意味する。これと逆に，証券を売る場合を**売りオペレーション**（売オペと略称）といい，市場から資金を吸収するので，金融引き締めとなる。買いオペは，高度成長期には成長通貨の供給を主たる目的としていたが，1970年代になるとマネタリーベース政策として施行されるようになった。1995年以降は，「翌日物コール金利」を指標にマネーサプライを操作するようになった。

日銀は1999年2月に「無担保コール翌日物金利」の水準を0％に誘導し，いわゆる**ゼロ金利政策**を実施した。2000年8月に「デフレ圧力」が後退したと判断して，それを解除した。しかし，2001年に入ると米国を中心とするIT

バブルの崩壊もあって，日本経済は後退を始め，デフレは深刻化した。経済情勢が悪化したので，3月から「日銀当座預金残高」を指標に，そこが5兆円程度になるまで資金を増額する**量的緩和政策**を実施した。その後，この目標を数次にわたって変更し，最終的には35兆円とした。それも2006年に消費者物価の上昇率が0%以上になったとして，終了した。

注
1) 貨幣の独占発行権で，貨幣を発行して膨大な利益が得られることになる。
2) ベルギーの国立銀行がモデルとなった。
3) 「第1条 兌換銀行券ハ日本銀行条例第14条ニ拠リ同銀行ニ於イテ発行シ銀貨ヲ以テ兌換スルモノトス」
4) 兌換銀行券は紙幣であるが，金本位制下の中央銀行によって発行され，本位貨幣（正貨）との兌換が保証されている銀行券である。
5) 「純金の量目2分を以て価格の単位と為し之を円と称す」こうして，日本でも金本位制度に基づく兌換銀行券が発行されることとなった。当時の日銀券の表面に「此券引きかへに金貨十円相渡可申候也」と印刷されている。
6) ドイツのナチス政権下に制定されたライヒスバンク法がモデルとなった。「第1条 日本銀行ハ国家経済総力ノ適切ナル発揮ヲ図ル為国家ノ政策ニ即シ通貨ノ調整，金融ノ調整及ビ信用制度ノ保持育成ニ任ズルヲ以テ目的トス 第2条 日本銀行ハ専ラ国家目的ノ達成ヲ使命トシテ運営セラルベシ」
7) 日本銀行金融研究所『新しい日本銀行』有斐閣，2000年，4頁，「その行う業務が国の行政運営と密接な関連を有する」法人と解説している。
8) 日銀券の印刷は大蔵省印刷局（1952年8月から）で行われたが，省庁再編により，財務省印刷局（2001年1月）となり，再度名称を変更した。
9) 日銀券の月別・年別の平均発行残高は2006年以降公表中止されている。
10) 立脇和夫『改正日銀法』東洋経済新報社，1998年，50頁
11) 日本銀行の当座預金取引の相手方は，2007年現在，銀行125，信託銀行21，外国銀行64，信用金庫277，証券会社33，協同組織金融機関の中央機関4，証券金融会社3，外国証券会社3，短資会社3，証券取引所1，銀行協会33，その他11。集中決済制度（参加者の他の参加者に対する債権および債務を集中して決済する制度をいう）の運営主体であって法人格を有するものにかぎっている。
12) 青木周平（日本銀行信用機構室）「決済の原理」日銀ホームページ
13) 日銀ホームページ（http://www.boj.or.jp/oshiete/kess/04201001.htm）
14) 金融システムの安定化策を総称してプルーデンス政策という。
15) 翁邦雄『金融政策－中央銀行の視点と選択』東洋経済新報社，1993年，208頁
16) 1994年に金利自由化が完了し，「公定歩合」と預金金利との直接的な連動性はなくなり，現在は，各種の金利は金融市場における裁定行動によって決まっている。現在の

日銀の政策金利は，無担保コールレート（オーバーナイト物）であり，「公定歩合」ではないと，日銀ホームページでは解説している（ http://www.boj.or.jp/type/release/zuiji_new/nt_cr_new/ntdis01.htm）。
17) 速水優『中央銀行の独立性と金融政策』東洋経済新報社，2004年，219頁
18) 15日〆切の1ヵ月間（積み期間）の平均各日残高が，法定準備預金額を上回る必要がある。もし，不足がおきると，その金融機関は不足分については公定歩合プラス年3.75％の金利を，過怠金として国に納付しなければならない。（日本銀行金融研究所『新しい日本銀行』有斐閣，2000年，57頁）
19) 普通銀行の準備率（2007年3月末現在）は，2.5兆円超（1.2％），1.2兆円超（0.9％），5000億円超(0.05％)，同未満(0.05％)となっている。それは超過累進制という方法によって，預金準備高を決めている。

第10章　金融システム

10-1　銀行の業務

　金融取引を円滑に運営する枠組みを金融制度といい，それは金融機関の制度や金融市場の仕組みと信用秩序の維持装置のことである。**金融取引**（financial transaction）とは，資金の貸借取引すなわち資金余剰主体から資金不足主体へ資金を移動させる機構で，それが金融市場を介して行われている。

　現代の銀行は，このマネーフローの過程で発生する金融を通じて，通貨の創造とフローの管理を行っている。だから，①　金融仲介機能（預金業務），②　送金業務，③　決済業務，④　手形交換（小切手や手形の精算）業務，⑤　信用創造機能が主要な業務となっている。

　①　**預金業務**は，銀行独特の業務である。銀行は，顧客から預金を受け入れて，それを管理・運用し，約定金利を支払い，また払出しに応じる。預金については，日本では元本が保証されており，ペイオフの対象となっている。預金の種類は，当座預金，普通預金，定期預金，積立預金等がある。銀行は，顧客の余剰資金を預かり，それをもって，企業に貸し付けて，利ザヤ（預金金利と貸出金利との差額）をかせぐ。この預金業務をもって，資金余剰主体から資金不足主体へ，資金を融通する流れを仲介しているので，金融仲介業務ともいう。資金を融通するので，金融といっている。

　②　**送金業務**は，送金人の依頼によって，銀行が，指定先の口座に振り込む仕事である。振替業務ともいう。例えば，親から学生の子どもへ生活費等を送金する，税金を納める等々である。銀行は手数料をとって，送金を代行している。

　③　**決済業務**とは，財・サービスの取引において，その対価を通貨で受払いすることになるので，その清算業務をいう。ものを買えば，その場で現金を払うのが普通であったが，現代では，現金決済ではなくて，金融機関を通して精算[1]されている。学生でも電気代や電話代金は，ほぼだれもが振り込み支払

によって決済している。外国旅行をするには，料金を旅行社に振り込むが，旅行社はホテルや航空会社に再び振り込んで決済する。このように財・サービスの取引に基づく決済は多重化している。だから，個人や企業は，それぞれ銀行に口座を開いて，その銀行の預金口座から相手側の銀行の口座へと決済資金は振り込まれる。各銀行では個人口座に記帳を行い，銀行間では**全銀システムセンター**を通して，集計・記帳し，各金融機関毎に受払差額を計算して，その結果を日銀にオンラインで送信する。それを基に，**日銀ネット**（1988年から開設された）を通して，毎日16時15分をもって銀行間の相殺精算がされている。

現金での決済は少なくなり，最近ではカードで支払われ，銀行の口座で決済されている。もし，銀行の口座に預金残高がないと，この取引決済は不履行となり，信用をなくすことになる。信用をなくすと，個人でも信用機関に記録されて，その後の当人の取引は非常に不便なことになる。これが，企業の大規模な取引で起きたら，連鎖反応して，つぶれる会社が続発しかねない。決済業務は，銀行の重要な機能であるが，同時にこの連鎖が断ち切れないように，民間銀行・日銀で監視と安全システムがつくられている。個別の金融機関－共用する集中決済制度（全銀システムセンター）－日銀ネットとつながって，決済業務と安全システムが形成されている。それだけに，金融機関は，コンピュータによる大規模な決済システムに多額の投資を行っている。銀行も事務業務のコストを削減するために合理化を重ね，現金出し入れの窓口業務は，ATMの利用をすすめている。銀行の最大の役割は今日では，財・サービスの取引の対極をなす資金の受払移動を，多極的に精算する決済業務といって過言ではない。

このような銀行間決済を内国為替制度という。また，外国との取引においても，そのような仕組みで，国際間決済が行われている。これを外国為替円決済制度という。この国際的な金融取引のネットワークの一つがブリュッセルに本部をおくSWIFTで，日銀も加盟している。

④　**手形交換業務**とは，企業や個人が取引で振り出した小切手や手形の決済処理をいう。手形にはいろいろ種類[2]はあるが，普通に流通しているものは商業手形あるいは為替手形といわれる。それは，商取引で，買手が財・サービ

スの代金支払のために振り出した有価証券[3]である。それには，金額，決済日（満期日），振出人（買手に支払を義務づけた），裏書人（保証人）が記載されている。これが受取人から銀行に支払い請求や割引要請によって引き渡される。銀行は，その決済をするために，それを手形交換所に持ち寄って相殺精算する。

⑤ **信用創造**も，銀行の大きな役割となっている。銀行が貸し付ける資金源は，預金をもとにしているが，預金は顧客が引き出すので，そのために支払準備金が必要である。預金をすべて貸しだすことはできない。この準備金の金額は経験則で，各銀行・各支店ごとに予測して，その金額はキャッシュで準備している。預金はこの準備金を留保して，残りを貸し出すのであるが，このお金はどこかの銀行の預金となる。そこでも，支払準備金を残して，貸付金になる。このように，預金を基にして，お金を貸し付けることを銀行の信用創造という。こうして預金通貨が増加して，マネーサプライが増えることになる。

10-2　日本の金融機関

　敗戦後，日本の金融制度は新たなシステムに再編された。1950年代に**護送船団方式**といわれる大蔵省による規制の下で金融システムが整備された。それは，業態区分，規制金利，国際遮断という規制を設け，金融機関の過当競争を防ぎながら，産業資金の供給に集中するためであった。戦前にできていた金融機関を業務分野ごとに分離して，それぞれ独自の業務範囲だけを営業させることにしたので，これを**業態区分**という。金融仲介機関は長期銀行，普通銀行（都市銀行，地方銀行），相互銀行，信用金庫，信用組合として再編したのである。また，信託銀行，外国為替銀行，証券会社も専門金融機関として，その業務がそれぞれの専門分野に限定区分された。

　このように，金融業務を区分して，競争を排除して，人為的な低金利を維持するために**間接金融制度**を中心とするシステムができあがった。これは，資金不足の時代に，産業を育成するには，効率的な資金供給方式であったともいえる。これらは大蔵省主導で金融機関の細部に至るまで規制して，どの金融機関もつぶさないという方策すなわち護送船団方式である。これが閉鎖的であると

批判されているが，それはアメリカにおいて金融が自由化する1970年代以降の時代になって，新自由主義の思潮が台頭してから強調された批判である。

以下に，当時の金融機関が形態別にどのように形成されたか，まず述べる。

　◆**普通銀行**は，預金（取扱）銀行ともいわれ，都市銀行と地方銀行である。両者に「銀行法」上で差異はない。**都市銀行**は大都市（東京区部または大阪市）に本店を構え，全国的に業務展開している銀行であり，当初は15行であったが，後に都銀13行となった。このうち上位6行（三菱系・三井系・住友系・芙蓉系・一勧系・三和系）を核として，戦後日本の企業グループが形成された。これら企業グループは，各産業分野に1社を配するワンセット主義といわれる企業集団で，株式の**相互持ち合い**によって，資本自由化に備えたものであった。しかも，株式の相互持ち合いによって，安定株主制度をつくりあげたので，株式の流通を抑える性格をもつことになった。ここにも，日本の金融構造が規制された間接金融中心で，巨大企業のためであったことが分かる。

　金融崩壊後，オーバーバンキングといわれ，旧都銀が再編された三菱東京UFJ銀行，三井住友銀行，みずほ銀行はメガバンクといわれている。それに，りそな銀行／埼玉りそな銀行，新生銀行，あおぞら銀行，そして住友信託，中央三井信託が大手8行とされているが，都市銀行という分類は明確でなくなった。

　◆**地方銀行**も預金銀行であるが，地方都市（主として県庁所在地）に本拠地を置き，周辺都市および東京に支店を置いて営業するという規模の違いがある。地銀は顧客とつながって預金を集めたが，融資先は地方の中小企業であるから，資金運用力が都銀より劣っている。その意味で，地銀は産業資金供給の補完役をしたといえる。

　◆**相互銀行**は戦前の無尽会社（仲間が資金を持ち寄って，入札等で会員の特定者に融通する）を継承し，新しく株式会社として出発した。1989年以降，順次，第二地銀に転換して，相互銀行は92年に廃止となった。

　◆**信用金庫**（略称：信金）は，戦前にできた信用協同組合のうち市街地にある金融機関的性格の強い組合を改組してできた。営業区域内に居住地や勤務地の

ある個人あるいは中小企業（従業員数300人以下，あるいは資本金9億円以下）を対象として，会員（出資金払込者）としている。原則，中小企業に対する相互扶助組織で，融資範囲も制限されている。預金は地域外・組合員外でもできる。信用金庫業界のセントラルバンクとして信金中央金庫がある。

◆**信用組合**（略称：信組・しんくみ）も，もともとは信金と同じ信用協同組合を出発点としている。営業区域内の小規模零細事業者や住民を対象に組合員とし，相互扶助的な金融機関である。会員資格は，従業員数300人以下，あるいは資本金3億円以下で，出資者である。預金は原則として組合員に限定されるが，総預金額の20％までは員外預金も可能となっている。全国組織は「全国信用協同組合連合会」（略称：全信組連・ぜんしんくみれん）で，現在は168信組が残っている。

◆この信用金庫，信用組合，農協および労働金庫は，**協同組織金融機関**と区分されている。いずれも会員・組合員の相互扶助を目的とした組織であり，金融機関の業務を行っており，上部に経営支援機能を有する協同組織中央金融機関が存在するなどの特色をもつ。これらが，今後改変されようとしている。

◆**労働金庫**は，1950年に労働運動や生協運動のなかから誕生した金融機関で，勤労者の財産形成のために設立された。その中央組織は労働金庫連合会である。

◆**農業協同組合**（農協）は金融業務だけでなく，購買事業，共済事業，信用事業等をともなっている。それぞれが全国的組織をもち，総合的業務を行っている。それは全国農業協同組合中央会（JA全農）―JA経済連（都道府県単位）と組織されたJA農協が単位となっている。そのなかで信用業務は，単位農協―都道府県信用農業協同組合連合会（JA信連）―農林中金（全国組織）となって，預金残高は現在80兆円にのぼっている。

◆**長期信用銀行**は，現在は消滅したが，戦後，設備投資等のための長期融資を担当し，経済復興・発展に中核的な役割を占めた金融機関であった。日本興業銀行（みずほ銀行に統合），日本長期信用銀行（98年に破綻後，04年新生銀行），日本不動産銀行→日本債券信用銀行（98年に破綻後，01年あおぞら銀行）である。これら3行は，預金によるのではなく金融債を発行し，資金を調達していた。

しかし，過剰資本が増加して，産業資金の需要が減少すると，バブル期に不動産融資に偏って，先述のように破綻したのである。

◆信託銀行は，顧客から預かった金銭や不動産を運用して，その収益を配当する銀行である。三菱信託，住友信託，三井信託，安田信託，東洋信託，日本信託，中央信託銀行，と大和銀行の7行＋1行が貸付信託によって，長期金融機関として機能した。信託銀行は，金融自由化以降，他の業種の金融機関が減少するなかで，外資系も乗り込んで今日では46行と増加している。信託兼営金融機関が認められて，銀行も信託業務を，信託会社も銀行業務をできるようになったからである。これに基づく兼営信託銀行は，三菱UFJ信託銀行株式会社（以下略称），住友信託，中央三井トラスト・ホールディングス，みずほ信託，りそな信託，オリックス信託，野村信託，日興シティ信託等となっている。

◆証券会社は，敗戦後，早々に再建された。ただ，銀行業務と証券業務は，同一金融機関では扱わないように業態を分離され，投信業務と株式仲介業とは兼営が認められていた。経済成長とともに発展して，4大証券が形成されたが，65年に山一証券が破綻した。このときには，すぐに（新）山一証券として復活した。65年以降は株価は右肩上がりに上昇し，74年の第1次オイルショック時に低下するという事態はあったが，持続的に上昇した。その後，余剰資金が資本市場に流れるようになったので，証券業は飛躍的に発展した。バブル崩壊後，証券業界はこぞって顧客に投資信託等で膨大な損害を与えながら，他方で損失補填や総会屋関連への利益供与という違法行為を行って，信用を失墜した。97年に，新山一証券が再び廃業して，証券業は再編された。また，金融自由化によって，銀行も証券会社も子会社方式による相互乗り入れが認められた。敗戦後禁止されていた，持株会社が再び許されるようになり，多くの金融機関は持株会社として，大金融資本の下に再編された。

野村證券は，持株会社として野村ホールディングスをつくり，単独路線で復活した。大和証券は住友銀行と提携を強め，三井住友フィナンシャルグループと合弁会社をつくって再生した。日興證券は，アメリカのトラベラーズ・グループと資本提携して，日興コーディアルグループとなり，08年からシティー

グループの完全子会社となった。また，みずほ証券を軸にみずほフィナンシャル，三菱証券＋つばさ証券による三菱東京UFJグループが設立されて，結局4大メガバンクが証券分野に乗り込んだのである。このように証券会社は多くが銀行資本の軍門にくだった。いま，証券業務は，99年の株式手数料の自由化によって，収益が薄くなり，投資信託に比重を移している。しかし，日本の証券業は外国で資金運用するには，情報量の多寡からも，世界に互して事業を展開する能力はない。

　◆**保険会社**は，生命保険業と損害保険業（火災，自動車等）の2分野が免許事業制として，区分されている。疾病保険等の新分野は両者が兼営している。保険業は，これまで加入者を会員とする，一種の相互扶助的な性格をもっていたので，会員の相互会社としていたが，一部，株式会社に移行している。95年に制定された「新保険業法」に基づいて，保険業は子会社方式で，相互乗り入れが認められた。96年10月から損保の生保子会社11社と外資系2社が生保業務に，生保の損保子会社6社が損保業務に参入した。

　生命保険会社は，1980年代に生保マネーといわれるほど大量の資金をアメリカへ投資したので，プラザ合意後による円高転換で，多額の為替差損を受けた。90年代には，低金利によって逆ざや問題で苦しんだ。生命保険では，加入者から保険料を預かるが，それを保険準備金として保有して，運用する。そこから死亡その他の場合に保険金を支払ったり，かつ満期となった被保険者（加入者）に分配する。その保障金額は約定時に高金利で算定している。その期間が20～30年と長いので，その間に金利が非常に低下したので，運用益が伸びず，支払時に準備金不足となったのである。そして2002年以降，大手保険業のほとんどが，保険金の支払違反等で業務改善命令を受けている。また，公的な社会保険の浸透で，旧来のように加入者が増えなくなり，その展開には限界がみえている。さらに，郵政民営化による，かんぽ生命保険会社の動向が今後大きな影響を及ぼすであろう。現状では，日本生命（同和生命保険を吸収），第一生命，住友生命，明治安田生命の4大生命保険会社が抜け出している。三井生命，朝日生命，富国生命そしてT&Dホールディング（太陽生命＋大同生命）

等，従来の保険会社が，外資系のアリコジャパン（AIGグループ），アメリカンファミリー生命等の新規参入に対抗して，どのように展開するか，今後の道程にかかる。

損害保険業では，東京海上日動火災保険（東京海上火災保険＋日動火災海上保険）を軸に日新火災海上保険を吸収してミレアホールディングが設立され，損害保険ジャパン（安田火災海上＋日産火災海上）が第一生命と業務提携し，三井住友海上火災保険（大正海上火災保険→三井海上火災＋住友海上火災）と3大損保となり，再編が一段落している。あいおい損保（大東京火災＋千代田損保が合併し，トヨタ自動車を親会社とする），日本興亜損保（日本火災海上＋興亜火災海上），ニッセイ同和損保（ニッセイ損保＋同和火災が合併した日本生命グループ）等が続いている。保険業界には，内外から参入が多く，各保険会社はなお再編過程にある。

10-3　金融自由化

日本の金融自由化も，世界の潮流に沿って進行した。1970年代に，国際通貨の不信が将来への不確実性を生み，金融システムが改変する。高度成長を遂げて，大規模な設備投資の結果，産業資本が飽和化し，投資機会が少なくなった。先進国は過剰資金を抱えたのである。また，巨大企業は膨大な自己資金を蓄積したし，資金調達を**エクイティ・ファイナンス**（equity finance）によるようになった。ときあたかも，IT産業が発達して，情報革命が起きていた。この手段によって，産業から遊離した資金がストック市場を拡大し，さまざまな金融商品を生みだした。それは，リスクヘッジのために，先物市場を発展させたし，債権を証券化する**セキュリタイゼーション**（securitization）を拡大したのである。マネー中心の不確実な時代となって，先行き不安をリスクヘッジしなければならないし，資産を流動化しなければならない。そのために，資産が証券化され，先物の金融商品がいろいろと開発されるようになった。このセキュリタイゼーションには，金利自由化が必要であり，日本の官による規制金利はもたなくなったのである。ここに，アメリカで進行した**ディレギュレーション**（deregulation）[4]，すなわち規制緩和が日本にも波及した。

日本での金融自由化は，規制金融システムの解体であり，金利の自由化，業態区分の自由化，国際金融市場からの遮断の自由化として進んだ。まず，その過程を概略しておく。1970年代に，**現先市場**5)が生まれ，半ば金利が自由化されるはしりとなる。国債が大量に発行されるようになると，市場隔離による国債消化が困難となり，公募入札制になった。このために，長期金利が市場化されて，金利自由化へ向かった。1980年代になると，アメリカからあらゆる分野で，厳しい市場化要求を突きつけられ，とりわけ84年に設置された日米円ドル委員会によって，国内の金融自由化が迫られた。そして，外国との資金移動の自由化が拡大し，国際遮断はできなくなった。貯蓄も預金より証券に向けられるようになった。このように金融自由化は，戦後の金融における規制体系を解体したので，国債と国際という「二つのコクサイ化」による自由化といわれる。

銀行は，幅広く国民の預金を預かっているので，安全にかつ高利に運用しなければならない。この両者のバランスをどのようにするか，難しい。金利が高い時代には，安全に力点がおかれた。現代の低金利化した時代になると，高利の運用も重要となるが，それにはリスクがつきまとう。これまでは，前者の業務は主として銀行が担当し，後者の業務は証券会社が担当していた。この分離した担当の壁をなくすことが，金融自由化の重要課題の一つとなった。上述のように，金融が証券化したので，銀行は証券業務への参入を要求した。「新銀行法」は銀証分離の緩和を盛り込んだが，この垣根撤廃は91年の「証券取引法」改正で実現した。

預金金利の自由化も，日米円ドル委員会で課題となって，具体化する。1979年に導入されたCD（**譲渡性預金**，Negotiable Certificate of Deposit）6) は，自由金利であるが，1口5億円の大口定期預金であり，この規制撤廃が起点となった。CDの最低預入額が徐々に小口化されて自由金利が拡がった。81年の高金利時に郵便局の定額貯金（固定金利，6ヵ月据置で引出自由，最長10年間半年複利）が人気を呼んで，郵貯残高が60兆円を超えて，個人預貯金の30％を占めるようになった。銀行は危機をつのらせ，大蔵省も金融商品の開発を承認した。そし

て，大口預金の金利を自由化し，ついで自由金利の預金規模を小口化しながら，最終的には，93年に定期預金の金利を自由化し，94年10月に流動性預金の金利も自由化し，日本の金利は完全に自由化された。預金の優遇措置も縮小して，88年から預貯金金利は一律20％の分離課税制度となった。ここに，規制金利体系が終焉するが，この時期には，金利が非常に低く，金利で市場の資金需給をコントロールすることはできなくなっていた。このころから現金自動預け払い機 (ATM, Automated Teller Machine) が設置され始め，83年に金融機関の第2土曜日が休業となり，89年2月から完全週休2日制へ移行した。

日本の外国為替は「外国為替及び外国貿易管理法」（略称；外為法，1949年制定）と「外資に関する法律」（略称；外資法）によって，管理されてきた。この「外為法」が79年12月に改正されて，翌80年12月から外国為替が原則自由化された。「外資法」も80年に改正されて，「有事の場合」以外は資本取引は原則自由となった。しかし，日本国内での外為法等の改正は，貿易収支の黒字を求める実業界から要求される為替管理の緩和のための改正であった。他方，国際化して拡がるマネー経済に対する金融自由化への対応は，米国の圧力を受けて，規制緩和へと向かうのである。

1983年にレーガン米国大統領が訪日したのを契機に，**日米円ドル委員会**が設けられた。84年のこの報告書が「ユーロ円債の引受主幹事を外国業者にも開放」[7)]することを強調した。それを受けて，大蔵省も「金融の自由化及び円の国際化についての現状と展望」と発表し，「金融自由化」政策の起点となる。

ユーロ円市場の利用の自由化も日米円ドル委員会の合意による実行であった。**ユーロ円**とは，国外に所在する銀行（邦銀支店及び外銀）に預けられた円預金をいう。円は日本のお金であるが，国外にある銀行で円をもつということは，円現金をもつのではない。日本に所在する銀行Aが，外国（一般的にはロンドン）に所在する銀行Bに円預金するのである。これは，AがBに円を自由に使ってもよいという信用を預けることになる。銀行Bはこの円預金を元にして，円を他企業に貸すことすなわち円の信用創造ができる。すると，国外で円信用が膨張し，円に対する金利が日本の規制金利と離れて国外でも決めることがで

きる。このような影響があるので、国外でのこのユーロ円に対しては、その利用を制限していた。したがって、円債市場の銀行は、例え海外支店であれ引受主幹事になることを、大蔵省は規制していた[8]。これが、非居住者のユーロ円債の発行についても、許可制が緩和された。

これを契機として、海外での銀行の証券業務を認めることになる。本邦銀行の外国関連における金融業務が解禁された。84年4月には**実需原則**[9]の撤廃、同年6月には**円転規制**[10]の撤廃が行われた。86年には「外為法」が再改正され、非居住者の日本国内での金融取引が自由化され、また、外国金融資本や外国人の株式取引が自由化されていった。

日本への外国資本の参入は壁が厚いといわれたが、株式市場や公社債市場への参入は1980年代になると、ほぼ欧米水準になっていた。85年に外銀9行の信託参入を認め、それらは翌年から営業を開始した。最も遅れていた短期金融市場での非居住者の自由度はまだ低かった。具体的には**オフショア市場**を開くことが要求された。それは非居住者の資金調達や資金運用が、金融上や税制上で制約の少ない自由な取引として行える市場のことである。日本でも、86年12月に**東京オフショア市場**（JOM, Japan Offshore Market）が開設された。ここでは非居住者に支払われる利子には源泉所得税も法人税も非課税となる、いわば内外分離した市場である。それは1990年代に約80兆円超の市場規模となった。

1995年に外国為替等審議会は、その専門部会の報告書「国際金融業務の新たな動きと規制緩和」を受けて、関連各界から意見を聴取し、外為法の規制緩和を進める進言をした。それを経て、97年「外国為替及び外国貿易法」（98年施行）の改正が行われた。①内外資本取引等の自由化、すなわち外国との資金のやりとりにおいて事前許可や届けを廃止することにした。②外国為替業務の自由化、外国為替銀行の公認制度を廃止し、また国際的な証券の売買に際しての規制を廃止した。その業務を一般銀行にも開放したので、例えば外貨預金等ができるようになった。③事後報告制度の整備、④国際的要請への協力体制、経済制裁やマネーロンダリング防止等への対応、⑤直接投資の規制緩和、⑥電子マネー

とオフショア市場の活性化，これらを盛り込んで，日本も本格的に国際金融を開放したのである。

1995年4月に政府は「規制緩和5カ年計画」を発表し，大蔵省は6月に「金融分野における規制緩和について」という報告書を発表した。預金金利の自由化，金融制度の規制緩和，保険業や証券業分野での規制緩和を行ってきたのである。このように，金融の自由化は，金利規制を撤廃し，金融機関別の業務の垣根を取り払い，国際的な金融業務を解禁したのである。ただ，金融の自由化は他方で事前情報による利益をもたらすので，インサイダー取引等の厳禁を制度化しないと，モラルハザードを起こすことになりかねない。

10-4　金融制度の崩壊

1990年に入ると，バブルがはじけて，株価が1年間下降し続け，4割近く低下した。銀行の無謀な貸し込みによって，資産（不動産や株式）だけが膨張したのであるが，それらが暴落して，貸付金が不良債権化し，銀行は資金の回収ができなくなったからある。こうして，金融機関が破綻したので，バブルが崩壊した。91年には，証券会社の特定顧客に対する損失補填が発覚し，銀行でも不正融資事件が発覚するようになる。92年になると，銀行株が暴落し，信用金庫や相互銀行が各地で経営破綻し始めた。93年に大蔵官僚達のMOF担との接待スキャンダルが暴露され，日銀にも飛び火して，双方のキャリアに逮捕者がでた。このように金融監督機関の不祥事が続発したので，指導力を発揮できず，護送船団方式といわれた戦後金融システムは破綻症状にあった。これまでの救済合併という方策は発動もできず，行き詰まってしまった。預金保険機構からの救済資金を注入して，立て直してきた。

1992年9月末における，都銀，長期信用銀行，信託銀行の3業態・21行にかかる破綻先債権・延滞債権等の不良債権総額は約12.3兆円と公表される[11]。実際にはその数倍100兆円ともいわれるが，明確にされなかったし，放置されて，一層不良債権が拡大したといわれている。そこで，政府は個別の救済ではなく，金融システムの安定化に視点をおいた施策を打ちだした。

第10章　金融システム　159

　95年1月に阪神・淡路大震災が起きる。94年に破綻した東京協和と安全の2信用組合の処理策として、95年1月に**東京共同銀行**[12]が設立された。そこに公的資金を支出した。この信組問題は、その後多方面に余波を及ぼして銀行崩壊の出発点となった。また、金融のシステミック・リスクのスタートとなる住専事件が勃発した。**住宅専門金融会社**とは個人向け住宅ローンを専門的に扱うノンバンク8社（1社は農林系）であるが、ここに焦げ付きが発生して、二度の再建計画も効果がなく、95年に表面化した。同年12月に「住専問題の具体的な処理方策について」を閣議決定する[13]。96年に「住専処理法」が国会を通過した。こうした法制上の準備をして、住専7社を解散・整理した。額面約13兆円の住専がもつ債権を住宅金融債権管理機構[14]に譲渡し、そこが債権回収を15年かけて行うことにした。この整理過程で計上された損失額（6.41兆円）については、母体行だけでなく、日銀や政府も負担した。そのうち5300億円を農林系金融機関も贈与するが、農協系金融機関の連鎖倒産を怖れたからである。その後、二次債権といわれる不良債権2750億円が発生した[15]。

　この住管機構と東京共同銀行とが、96年9月に「株式会社**整理回収銀行**」（中坊社長）に合同する。98年に預金保険法の改正によって、信用組合以外の金融機関にも業務を拡大できるようになった。99年に住宅金融債権管理機構と整理回収銀行（RCB）が合併して、99年4月にあらたに整理回収銀行が発足した。

　その間、金融機関の破綻が連続した。97年11月に三洋証券は、合併救済もできなくなり、会社更生法の適用を申請した。4大証券の一つ山一証券も、自主廃業を迫られた。同月に北海道拓殖銀行も、北洋銀行への事業譲渡を発表して、破綻した。

　97年に橋本龍太郎首相のもとで、「緊急金融システム安定化対策本部」が与党に設置され、30兆円の公的資金導入の方針を決める。98年年初に、「金融危機管理審査委員会」（佐々波楊子委員長）が設置された。3月に公的資金を大手21行へ約1.8兆円を均等に注入した。98年7月から開かれた国会は、金融再生国会と呼ばれ「金融再生関連法」「早期健全化法」が10月に可決成立した。98年12月に「金融再生委員会」が発足、99年3月に大手15銀行に、この法

律に基づき，合計7兆4600億円の公的資金が投入された。

日本長期信用銀行は，合計8兆円余の公的資金を投入され，98年12月に「金融再生法」に基づき国有化された。翌年にアメリカの投資会社リップルウッド・ホールディング等に買収された。その際に，そこへ破格の条件[16]で売却したことが世間の批判を浴びた。04年に「新生銀行」として営業を再開した。日本債券信用銀行は，97年に系列3ノンバンクの自己破産を申請していたが，98年に800億円の公的資金を注入，10月に特別公的管理下（国有化）におかれた。その債務超過の穴埋めに金融再生委員会と預金保険機構とが，3兆2428億円の公的資金を投入した。2000年にソフトバンク，オリックス，東京海上火災保険（現・東京海上日動火災保険）などからなる投資グループに売却され，01年に「あおぞら銀行」と改称した。その責任ある旧経営陣は両行それぞれ3名ずつ執行猶予つきの有罪ですんだ。この2行の売却に際して，それぞれ瑕疵担保特約がつけられたので，売却後も前者に累計8928億円，後者に累計3286億円を公的資金で支払っている[17]。

1998年8月は，世界の金融界に危機が襲う。ロシアの通貨危機，米国の投資会社（ヘッジファンド）の相次ぐ破綻等によって，世界同時株安が発生したのである。99年から02年の4年間に地方の信用金庫，信用組合が毎年何十行と集中的に破綻した。99年に日銀は「信用秩序維持のためのいわゆる特融等に関する4原則」を立てて，日本銀行法第38条に定める資金の貸付け等を執行するとした。

この一連の金融機関の危機後に，金融機関の提携・統合が始まった。①96年に三菱銀行と東京銀行が合併して株式会社東京三菱銀行となる。2000年に三菱信託銀行を統合，01年に三菱東京フィナンシャル・グループを設立して，その子会社となる。05年にUFJホールディングスと合併して，三菱UFJフィナンシャル・グループ（MUFG）となり，06年にその傘下に三菱東京UFJ銀行が成立，同年6月9日に公的資金を完済した。②99年に第一勧業銀行・富士銀行・日本興業銀行の分割・合併により株式会社みずほ銀行が誕生，2000年5月に株式会社みずほホールディングスを設立して，その子会社となる。03年1

月には，みずほフィナンシャルグループを親会社にして，統合された。06年7月4日に公的資金を完済した。③01年に住友銀行とさくら銀行とが合併して，三井住友銀行となり，02年12月に三井住友フィナンシャルグループを結成して，その子会社となる。

10-5　金融制度の改正

1980年代後半に行われたイギリスのビッグバンは証券市場の改革からはじまった[18]。日本でも，これをモデルに1990年代に金融制度の改革が進められた。それは，**銀証分離**を解除して，銀行の仲介・融資業務と証券業務との垣根を取り払うことを重点としていた。企業の資金調達について，金融市場の多様化に対応して，資金需要者側から自由な手段を選択できる要求になっており，単に，巷間いわれる間接金融から直接金融への変化という単純な制度変更ではない。先進国で過剰資金が形成された状況で，それに即応して短期に動ける資金調達方式が生まれたからである。

1992年に金融3法「金融制度及び証券取引制度の改革のための関係法律の整備等に関する法律」が成立した。93年から業態別子会社による金融機関の相互参入が認められた。95年の保険業法改正によって，翌年から生命保険と損害保険が**子会社方式**で相互参入できるようになった。96年11月に橋本龍太郎首相が「我が国金融システムの改革」を2001年度までに実施するように指示した。いわゆる日本版「金融ビッグバン」である。それは金融市場を自由化しようという改革である。金融商品の取り扱い手数料の自由化，金融業務の垣根を撤廃して相互参入の自由化，とりわけ銀行と証券の垣根を撤廃して，銀行が証券業務を行うことが，子会社を通してではあるが，認められることになった。証券手数料が自由化され，業態間の相互参入が認められたのである。この自由化によって，銀行の**ユニバーサル・バンク化**が展開する。それは金融機関の取扱業務の範囲を銀行業務だけでなく，証券業務にも広げて，兼営できるような金融機関システムをいう。それは，旧西ドイツの銀行が採り入れていたが，業務の多面化によりリスクを分散する側面と，価格変動の大きい証券取引を信

頼性が重要な預金取扱銀行に持ちこむ側面と，信頼性とリスクをどうするかが論点となる。また，ディスクロージャーによる市場の透明化や，国際的な会計制度等の標準化の採用がすすめられた。

1997年に「日本銀行法」が改正されて，日本銀行の独立性を明確にした。1998年に「新銀行法」が施行されて，銀行に，銀行持株会社を設立することを認め，その傘下の子会社によって，証券業務，投資信託業務やリース業等への参入を認めたことである。また，商法改正で，株式交換や株式移転による合併が可能となった。さらに，2003年には「産業再生法」を改正した際に，「三角合併」や「現金合併」[19]を認めた。

2001年に「商法」改正によって，株式分割に関する制限の撤廃，額面制度の撤廃，単元株制度の創設等が行われた。「個人の金融資産をより積極的にリスクの伴う証券投資に向かわせるため」[20]という理由である。

2001年に，銀行に対する株式保有規制が導入された。04年9月期までに，原則として保有株式の総額を自己資本の範囲内に収めることが法制化されたのである。2002年に，銀行等保有株式取得機構が設立されて，銀行保有株式の売却を円滑化させようとした。しかし，不十分で，2002年9月に，日銀が銀行保有株式を直接買い入れるという異例の措置を発動した。

「骨太の方針」(2001年6月)，「改革先行プログラム」(同10月)，「早急に取り組むべきデフレ対応策」(2002年2月)等を踏まえ，不良債権問題の抜本的な解決や証券市場の構造改革といった施策に積極的に取り組んだほか，同年4月からのペイオフ解禁に向けた環境整備が進められた。

10-6　ペイオフの導入経緯

ペイオフ(payoff)とは金融機関が破綻した場合に，それに代わって預金保険機構が，1金融機関につき1人あたり元本1000万円と同利息分まで保証して，払い戻しを保証する制度である。もちろん，1000万円を超える預金および利息については，破綻金融機関の資産残高に応じて，払戻をうけることになる。

ペイオフは日本では1971年度に発足していた。しかし，バブル期に金融機

関の無節操な融資によって，多額の不良債権が発生し，銀行の破綻が続発したので，ペイオフは実施できなかった。96年に政府は預金者保護という名目で，ペイオフ制度を一時凍結し，実施を先延ばしていた。それに対して，金融機関の自己責任が不明瞭になるという国際的な批判がおきると，流動性預金については03年4月から実施し，05年4月から完全実施に移った。そこで，法人の決済用預金については，同一基準とすることはできないので，無利子となる当座預金に対しては別枠にして，全額保護することになった。ペイオフ凍結中に168の金融機関が破綻しており，その後，この処理に約18兆円の負担と，資産買取に約6兆円を使っている。また，金融システムの安定化を図るために，**預金保険機構**に60兆円の財政措置[21]がとられている。92年度から07年9月末まで，そこへの資金援助実績は，180件，25兆円弱となっている[22]。06年度保険対象預金額は724.8兆円，保険料は5400億円（預金保険料は，決済用預金0.110％，一般預金0.080％）となっている。

10-7　金融行政制度の変革

2001年1月に中央省庁は1府22省庁を1府12省庁に再編された。旧大蔵省は財務省と金融庁とに分離され，いわゆる財金分離の実施である。バブル崩壊以来，旧大蔵省は幹部官僚が不祥事を起こして，その信用を失墜した。他方で財政でも，過大な負債をかかえて，国民の批判が向けられ，財政部門と金融部門との分離が課題となった。① 1996年6月に金融監督庁が総理府外局として設置され，② 98年12月に検査・監督部門がまず分離され，**金融再生委員会**が設置されて，その監督下に編入された。③ 2000年7月に金融監督庁と大蔵省金融企画局が統合して，**金融庁**が発足した。金融・証券行政を一貫して主管する行政機関である。④ 2001年1月に金融再生委員会が廃止され，そこが担ってきた破綻処理や資本増強等による金融安定化に向けた役割を，金融庁が引き継ぎ，改めて内閣府の外局に設置された。金融庁は，近年コングロマリット化が進展している銀行，保険，証券等の金融分野全般に関し，制度の企画立案機能から検査・監督・監視の実施機能まで一貫して担っている。

注

1) 精算とは金銭の貸し借りを相殺して，最終的に計算をすること「運賃を精算」，清算は金銭の貸し借りを整理して，後始末をつけること「借金を清算」
2) その他に，融通手形等がある。日銀券も広義には手形である。
3) 財産的価値をもつ権利を記載した債権証書で，手形，小切手，株券，社債等である。乗車券や入場券，商品券，図書券等も有価証券に含まれる。
4) 西村正吉『日本の金融制度の改革』東洋経済新報社，2003年，78頁
5) 現先とは，一定期間後に一定価格で，売り戻し（または買い戻し）約束した債券の売買。
6) 日本でも，1979年3月から，CDの発行が認められた。1枚5億円以上，期間は3～6ヵ月，自由金利，発行限度額は自己資本の25，と制約があった。
7) 後藤新一『昭和金融史』時事通信社，1990年，235頁
8) 後藤新一『銀証自由化の経済学』日本経済評論社，1990年，232頁
9) 実需原則とは，外国為替の先物取引においては，将来に貿易・資本取引による実物の為替取引がともなうことを確認する原則である。
10) 円転規制とは，銀行が直物の外貨を売越しできる限度を，個別銀行ごとに設定していた規制である。外貨を売却して円に換えることも，国内に円を持ちこむことも禁止していた。
11) 西野智彦『検証経済暗雲』岩波書店，2003年，69頁
12) 日銀，住友銀行，全信組連を発起人として設立，資本金214億9500万円，破綻2信組の受け皿であるが，後に株式会社整理回収機構になる。
13) 日本経済新聞社編『金融迷走の10年』同社，2000年，97頁
14) 住宅金融債権管理機構（住管機構，社長中坊公平）は「住専法」に基づいて設立された株式会社。
15) 読売新聞，2007年10月19日付け
16) 中尾茂夫『金融の時代』日経BP出版，1999年，264頁
17) 中川祐司「長銀・日債銀と金融再生委員会の功罪—瑕疵担保条項の評価価値」（http://sess.jp/meeting/report_66/16.pdf）
18) それは，証券委託手数料の自由化，単一資格制度の廃止すなわちアンダーライター，ディーラー，ブローカー業務の兼務を許し，取引所会員権の開放，外国銀行からの証券業務参加を認め，競争原理を採り入れて，ロンドンを資本調達の場に取り戻すことを目指すとする金融制度改革であった。楠本博『日本版ビッグバンのすべて』東洋経済新報社，1997年，29頁
19) 東谷暁『金より大事なものがある—金融モラル崩壊』文春新書，2006年，70頁
20) 大崎貞和『金融構造改革の誤算』東洋経済新報社，2003年，64頁
21) ①預金全額保護のための特別資金援助のため…17兆円（交付国債7兆円，政府保証10兆円），②公的ブリッジバンク業務，特別公的管理銀行業務，整理回収機構の不良債権買取に係る業務のため…18兆円（政府保証），③資本増強業務のため…25兆円（政府保証）預金保険機構ホームページ（http://www.dic.go.jp/）
22) 『平成18年度預金保険機構年報』（http://www.dic.go.jp/annual/h18/h18.pdf）

第 11 章　金融市場

11-1　金融市場

　金融市場とは，貸付資金の需給が調節される市場のことである。また，具体的には，資金余剰主体（黒字主体）から資金不足主体（赤字主体）への資金の仲介市場である。今日では，資金は多様な金融商品となっており，その取引である金融商品の売買市場となっている。そこで，その金融商品によって市場の性格が分類される。

　金融市場といっても，現代では，それは市場（いちば）のような場所をもつのではない，ネットを通して情報を交信して金融商品が売買されている。金融商品は貨幣の特殊な形態であり，現金通貨（cash）そのものではなく，将来の支払約束を明示する債権・債務関係を表した証券類を一般に金融商品といっている。借り手側が元本・利息の支払を約束した証券を**債券**（bond）といい，企業業績に応じて変動する配当を支払う証券を**株式**（equity）という。

　金融取引は，資金の貸借ではあるが，単に主体間の資金融通ではない。貨幣自体はなんら付加価値を生まないから，単なる貨幣の融通は借り主の非生産的支出のためであり，その支出は節約でしかない。消費者金融はまさにその形態を残しており，そのような自家消費のための貨幣取引は拡大しえない。現代では，黒字主体に発生する貨幣が，収益を目的とする事業に投資されて，初めて利子生み資本の役割を果たす。貨幣が増殖するには，付加価値を生む生産資本に転換しなければならない。この価値を生む役割を，今日では法人企業が担っており，そこが貨幣需要を拡大するのである。貨幣を企業の生産資本に転換させるために，金融仲介業が成立する。銀行は預金（確定した利子がつく）を集積して，事業法人に貸し付けるが，これを**間接金融**という。他方，企業が証券業を通じて，証券と交換して資金を調達する方法を，**直接金融**という。ともに，資金の最終的な借り手が収益のなかから利子・配当を支払う。

その法人企業の資金調達がエクイティ・ファイナンスによることになってから，**金融商品**が多様化したのである。その際の，債権債務の証書が多様化して，金融商品となっている。その債権の一つが，株式であり，資本主義の発展によって，法人企業がその資金を吸収する主体となった。

　問題は，現代の金融商品が生産資本に回帰しないで，資金が金融市場のなかだけで回遊している点である。一つには，資本主義経済が発展した結果，産業資本が巨大となり，過剰資本を形成したことにある。生産と消費とが均衡しないので，投資チャンスが伸びないために，生産資本に転換できないのである。この過剰資本が，発展途上国や資金不足の国に流れて，対外投資される。もう一つは，1973年以降，国際通貨が多極化して，その価値が相対化され，世界的に信用が不安定化する環境となったことである。通貨価値が安定しないと，金融は短期化せざるをえない。回収期間の長い長期資金は不確実性がともなうので，生産資本への転化をためらうのである。そこで，資金を証券化することによって流動性を高めて，短期化することになる。この短期資金をつなぎ合わせて，長期資金が投資可能となっている。また，通貨の将来価値が不安定となったので，リスクヘッジのための先物が発達するようになった。債権はリスク対応のために証券化・分割化されて，市場に出回るので，金融商品が多様化することになる。金融の証券化（セキュリタイゼーション）によって，金融市場は膨らんできたのである。資金余剰の時代が，この貨幣の変形した金融商品を多様化させたのである。

　この金融商品は，債務を約束しているが，それが将来実現するかどうかは，借り手の支払能力によるので，信用リスク（credit risk）をもつ。とりわけ，現代のように不確実性の高まった社会では，将来が不安なので，リスク管理が進んで，スワップ，先物，オプション等とか，それらの組み合わせによるリスクヘッジをした金融商品が開発されている。この複合商品を，金融派生商品（デリバティブ，derivative）といっている。

　このような特徴の資金運動が起きると，必然的に，マネーがそれ自体として動き，投機化する。投機は昔から存在したが，それは将来値上がりを予測した

特定商品を対象としたマネーであった。その現在価値と将来価値との価格差に賭けられる**投機マネー**であった。しかし，近来の投機マネーは，その対象が株式や社債あるいは為替と，金融商品に向けられている。この投機は異時点間の価格差に基づく利益と投機にともなう費用とを比較して行われる。

　投機の利益は，生産にかかわりなく形成された貨幣であるから，それは一方の得が他方の損という，ゼロサムのなかの資金移動（貨幣と証券の交換）である。その証券は，グローバルにそして長期化されているから，短期的には利得の累積のように仮象する。他方，投機における破綻が起きても，証券が小口化され，拡散しているので，それによる不良証券が顕在化するには，時間差があり，被害が小口に広域的に拡散するので，じんわりと影響するようになっている。

11-2　金融市場の形態

　金融市場は，金融商品によって分類され，通常，つぎのように区分されている。短期金融市場は，従来は，金融機関だけの取引で，**インターバンク市場**であったが，金融の自由化とともに個人投資家も参入できる**オープン市場**となっている。長期金融市場は資本市場ともいわれ，長期の資金調達市場である。これら直接金融市場に対して，間接金融システムとして預金市場がある。

```
金融市場  短期金融市場 ┌ インターバンク市場…コール市場，手形市場
（直接）              └ オープン市場…現先，CD，CP，TB，外貨預金
        長期金融市場 ┌ 株式（equity）市場…証券発行市場…起債株式
                    │ 証券流通市場…既発行証券
                    └ 公社債（bond）市場…国債，地方債，事業債，社債
（間接）  預金市場…当座預金，普通預金，通知預金，定期預金
```

◆資金の区分として，一般に内部資金と外部資金とがある。

```
┌ 内部資金＝（自己資本）内部留保金（利益・資本準備金，減価償却，積立金等）
└ 外部資金＝（自己資本）株式発行資本金
            （他人資本）債券発行，借入金
```

◆資金調達の方法としては，つぎのように差異がある。

　エクイティ・ファイナンス（equity finance）自己資本となる株式発行による調達
　ボンド・ファイナンス（bond finance）債券発行による資金調達
　デッド・ファイナンス（debt finance）借入金，主として短期資金による調達

◆証券引き受けの区分

　アンダーライティング（underwriting）有価証券（国債や社債等）の引き受け業務
　サブスクリプション（subscription）株式の引受業務

11-3　利子論

　利子は貨幣の貸借において支払われる対価であり，その源泉は借り手が事業でえた収益である。古くから，貨幣が貨幣を生むことは不合理であるとする貨幣不妊論が元になって，中世のキリスト教の世界では，徴利禁止論が主張されていた。しかし，現実に市場経済が広がり，貨幣の貸し借りが活発になると，利子を徴収することは是認されるようになる。工業の発展を背景に，古典派のスミスは，利子を産業が生みだす利潤の分割部分であり，派生的な第2次所得と考えた。

　マルクスは，利子生み資本に支払われる価格を利子とするが，それは実体経済で生みだされる価値の派生的な再分配としている。資本主義では，貨幣資本が必要であるから，貸付資本はそれを担う役割をもっており，それに対して対価が払われることになる。したがって，利子は産業資本が産出する剰余価値の一部が貸付資本へ支払われる価格である[1]。そのかぎり利子率は利潤率に規定されるが，それ自体は貸付資本の需給によって決定されるとしている。しかし，その決定論は単なる自然利子率のような均衡論ではなく，景気循環の局面の推移や国際的資本移動の影響で，利潤率とは乖離しながら決定されるとしている。

　新古典派では，利子は資金の供給者の節約に対する代価，現在の消費を我慢して将来の消費を求める，待忍（waiting）に対する報酬と考えられた。資金需

要は投資需要で，それは資本の限界収益率（投資の増加により逓減する）に依存するから，利子率に対して減少関数となる。他方，資金供給は貯蓄動機によって決まり，利子率が高いほど貯蓄意欲が強くなるので，それは利子率の増加関数である。利子率は，この両者の需給が均衡するところに定まり，貯蓄と投資とを一致させるようなところで利子率は定まり，資金の需給を調整する機能をもつとした。利子率の貯蓄・投資決定論である。

　ケインズは，利子を流動性を手放す報酬と考えた。**流動性**とは，現金のように，利子はつかないが，すぐに使える状態にある貨幣である。「利子を生む債券を保有することよりも，利子を生まない貨幣を手元に保有しようとする経済主体の欲求」を流動性選好と規定して，貨幣保有の動機[2]を**取引動機**（transaction motive），**予備的動機**（precautionary motive）そして**投機的動機**（speculative motive）とした。取引動機や予備的動機の性格が強い貨幣は利子率の変動に鈍感であり，投機的動機にある貨幣は利子率に大きく依存する。貨幣の総需要はこの3保有動機の合成によって変動するが，それと貨幣量との均衡点で利子率は決まるとした。利子率が高ければ（債券価格が下がる），貨幣は債券へまわり，貨幣需要が下がる。逆に利子率が低く（債券価格が上がる）なれば，貨幣需要は上がる。利子率は，金融市場で，貨幣・債券の需給を一致させる水準に決まる。したがって，ケインズは，利子論を実物経済の資金需給ではなくて，金融資産市場での資金の需給の均衡として捉えている。

11-4　通貨の供給メカニズム

　一国の通貨量は，日本銀行が発行する通貨量だけでなく，民間の預金取扱銀行が供給する預金通貨量も含める。この通貨供給量と金利が金融市場で調節される。日銀は，88年に短期金融市場の改革を行い，市場メカニズムを活用して，資金供給する金融政策を実施してきた。

　日銀が供給するマネー量は，**マネタリーベース**（Monetary Base －以下 MB と省略）といわれている。それは流通現金額（日銀券流通高＋硬貨流通額）だけでなく，オペレーションによって調節される日銀当預の資金量である。それは日銀

が直接コントロールすることができるので,この資金供給を変動させて,短期金利を動かし,ひいては金利水準を動かすのである。そうしたことから,MB は**ハイパワードマネー**(高馬力のお金)ともいわれる。それは,「中央銀行通貨」とも呼ばれ,中央銀行等の通貨性の負債を合計したものである。

MB＝日本銀行券発行高＋貨幣流通高＋日銀当座預金[3]

他方,民間銀行の与信によって発生する預金通貨を含めて,**マネーサプライ**(Money Supply−以下 MS と省略)という。それは下記のように定義する。

M_1＝現金通貨＋預金通貨(要求払い預金＝当座預金＋普通預金)[4]

$M_2 = M_1$＋定期性預金

MS ＝ M_2 ＋ CD(譲渡性定期預金)

広い意味の通貨供給量をみる指標として,郵便局(ゆうちょ会社),信用組合,協同組織金融機関や信託勘定を加えて,$M_3 = M_2$ ＋ CD ＋郵貯・信託勘定等とすることもある。このように,MS は流通現金と預金通貨の合計であり,対象とされる金融機関の負債勘定を構成する。それは金融部門が信用を供与して発生した非金融部門の資産でもある。

M_1 は,利子率にあまり影響を受けない流動性の高い現金および要求払い預金という性質をもっている。M_2 は定期性預金を含み,利子率に影響される。企業に供給される資金は,この利子を支払わなければならない預金通貨であるから,利子率が高くなれば,企業の期待収益が高くないと,借りようとしない,あるいは返済しようとする性質をもっている。

MB 統計と MS 統計の違いは,前者が「中央銀行が供給する通貨」であるのに対し,後者は「(中央銀行を含む)金融部門全体から経済に対して供給される通貨」ということである[5]。

市中銀行は,通貨の発行は許されていないが,通貨を貸し出すことはできる。銀行が企業に通貨を貸すことを信用を供与する(与信)という。この与信によって,預金通貨が造出されるので,これを銀行の信用創造という。MS はこの銀

第 11 章　金融市場　171

行の信用創造によって増加する。しかし，銀行がいくらでもお金を貸せるわけではなく，信用（返済能力がある）できる借り手があるかどうかによる。

　MS 増のメカニズムを，**図 11-1** で説明する。銀行の預金はどのように増えるのか，預けるから増えると思うだろうが，すると，預けるお金はどこからくるのだろう。預金者は家計か企業または政府である。サラリーマン家計では，もらった給与の一部を財・サービスを買うために支出し，その残りを将来に備えて預金する。すなわち家計の給与は，図上の①のように，消費支出（若干の手持ち現金も生活費にあてると考える）と預金とになっている。消費支出に使うお金は，企業（財・サービスの販売店やメーカー）に行き，仕入れ代金や経費に充てられ，残りが利益となる。それらは銀行を通して決済されるから，すべて銀行預金となる。企業からもらったサラリーマンの給与は，企業の銀行口座から引き出されているので，企業の銀行口座の残高が減っている。だから，家計が預ける銀行の預金増は企業の預金減に過ぎないので，プラマイゼロである。結局，家計における支出も預金も，企業の預金減にすぎないから，サラリーマン家計の貯蓄は預金を増やすことにならない。企業と家計との取引では，預金増は起きないし，マネーサプライの増加は起きないことがわかる。企業間の取引決済も，銀行口座を通して付け替えが行われるので，銀行全体としての預金

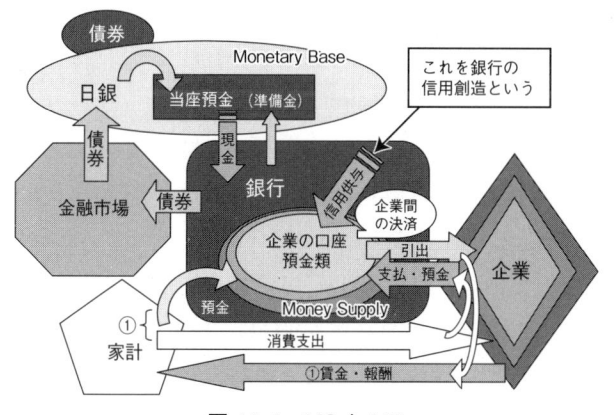

図 11-1　MS と MB

量に変化は生じない。

　問題は，銀行が信用を過剰に創造すると，リスクが高くなる。実際，バブル時代には，金融機関がこぞってこの信用創造を過大に行って，株式と不動産のような特定資産に投下されたので，それだけが値上がり膨張して，つぎには値崩れて，崩壊したのである。バブル末期に，**国際決済銀行**(Bank for International Settlements) が，銀行規制のために，**BIS 基準**[6] を策定して，国際業務を営む銀行の基準とした。それは，日本の銀行があまりに過大な資金を供与するので，信用不安を防止するためとさえいわれている。

11-5　マネーサプライの推移

　MS は，先述のように，銀行の信用創造によるが，その伸縮は与信を受ける側すなわち企業側の動向にもかかわる。与信は貸し借りの関係であり，銀行側が一方的に MS を増やすことはできないからである。資金が実体経済に投入されて，資本化しなければ，価値を創出しない。MS が増える条件は，本来なら，銀行が与信する資金を企業が事業に投入することである。企業は，景気がよければ設備投資を増やすので，資金需要が高まるが，逆に景気が冷えると，設備投資を抑制するので，資金需要は小さくなる。MS は，景気が上向きのときに伸びて，景気が後退するときに下降する。このように MS は，実体経済における資金需要があるから伸びている。だから，日銀・市中銀行が MS を増やして，景気対策にしようとしても，企業が対応しなければ，増加しないのである。そのかぎり，日銀の信用創造は受動的である。

　高度成長期までは，MS が増加するのは，民間部門の投資に対して信用を供与したからで，成長通貨の供給といわれた。つぎに，1970 年代後半から国債が大量に発行され，シ団を構成する市中銀行が引き受けているので，MS の増分は国債に転換していた。70 年代以降，MS は増加しているが，その伸び率は低下傾向にある。80 年代後半のバブル期には，MB が年率 10％ を超える増加率となり，MS も増加したが，それは資産膨張へと流れたからである。

　MS と GDP (国内総生産) との関係をみても，70 年代には，MS は GDP を下回っ

ていた。それが，87年を境にして，GDPが352.5兆円に対して，MSは354兆円と，初めてMSがGDPを凌駕したのである。ここにも，バブル期の資金供給が実体経済から乖離して，資産に流れたのである。バブルが崩壊した90年代に，MBが増やされるが，MSの伸び率は対応して増加していない。しかも，MSの総額はGDPを超えて，常にMS／GDPは1以上となる。経済の金融化といわれるように，資金過剰下のマネー経済化現象である。資金需要が実物経済からではなく，金融市場のなかで回遊しているからである。実際に，国内銀行の貸出額も97年には493兆円もあったが，いまや410兆円レベルに減少している。増えたMSは国債や外国証券に流れている。01年以降の日銀の金融の量的緩和は金融システムの破綻を食い止める信用秩序維持や株価回復に効果をもったかもしれないが，実体経済の伸展につながったとはいえない。

11-6　金利動向

　敗戦後，インフレが暴発し，金利が高かったので，1947年に「臨時金利調整法」が制定されて，金利の最高限度を大蔵大臣が公定し，金利規制が行われてきた。規制金利体系では，長期金利は10年物国債の応募者利回りをベースに，その上に5年物利付金融債の応募者利回り，その上に0.9％を上乗せして長期プライムレートが決定される。この0.9％の間に，政府保証債，地方債，事業債の利回りが決定されていた[7]。短期金利は，公定歩合を基準に連動して，それより低い水準に定期預金，普通預金等の預金金利が決まった。

　ここで，公定歩合の変遷を示した図11-2を参考に，金利動向を概観する。①高度成長期には，資金需要が多く，金利が高めになるのを防いで，産業金融を優先するために，人為的低金利策がとられた。企業は，設備投資のための長期資金の調達も，銀行の借入にかなり依存していた。それを支えたのが，都市銀行のオーバーローンであった。都市銀行は資金を貸し出しすぎて，恒常的に与信超過にあり，その不足資金を日銀からの借り入れと，地方銀行のコール資金に依存していた。これを解消すべく，1962年に日銀が新金融調節方式を採用した。通貨の供給調整を貸出ではなく，債券オペレーションによる方式とし

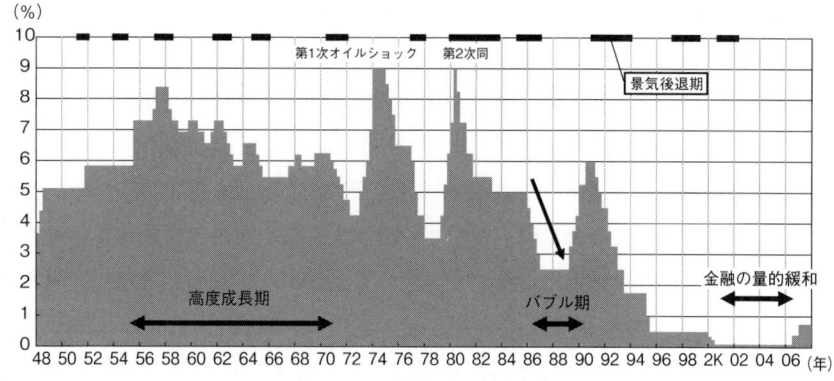

図11-2 公定歩合の推移

た。②1970年代の第1,2次のオイルショック時にインフレを抑制するために,2度にわたって公定歩合を引き上げている。

しかし,80年代には金利は低下気味に動いた。③1985年の**プラザ合意**により,ドル高是正のために,公定歩合を引き下げて,低金利に誘導した。これを引き金に,資産価格だけが高騰するというバブルが発生した。④それが崩壊すると,金融機関が大量の不良債権を抱えて危機となる。94年に預金金利が完全に自由化された。95年には円高が起きて,公定歩合が0.5%に下げられて以降,超低金利時代が続いてきた。⑤1997年に**アジア通貨危機**が発生した。タイ国で,外国ファンドのバーツの売り浴びせから始まった金融危機がインドネシア,韓国へ波及して,東南アジア全体に及んだ投機事件であった。⑥99年2月から2000年8月の間,日銀は無担保コール・レートをほぼ0％に誘導するゼロ金利政策を実施した。⑦ゼロ金利を解除した後,アメリカを中心とするITバブルの崩壊もあって,日本経済は後退を始め,デフレは深刻化した。**デフレ・スパイラル**といわれ,不況が不況を呼んでいると報道された。政界は金融緩和論を強く要望した。2001年3月に,デフレの進展を阻止することを目指して,金融の量的緩和政策を採用することになる。⑧ここに登場したのが,小泉内閣の構造改革であり,金融機関の危機が,この間の超低金利によって救済されたと

総括できる。実際に，92年度から10年間，不況対策は財政政策として実施されてきたが，この借入によるスペンディング政策が行き詰まり，03年から金融政策に転換したのである。

11-7　株式と証券市場

　株式とは，株券と俗に考えられているが，法律的には株主の地位をさす。したがって，株式は利益配当の請求権や株主総会における議決権を有する権利証券である。株主は株式の引受価額を限度とする**有限責任**にとどまる。株主は株式の払戻し請求はできないが，譲渡は自由である。株式会社側からみると，株式の発行は資本金を細分化することによって，多額の資金を大衆的に調達する方法であり，債務とならない自己資金となっている。

　株式会社は，資本を大規模に集めて事業を行い，その収益を配当として株主に分配するための機構である。株主総会は取締役を選任して，株主が取締役に会社の経営をゆだねる制度で，これは所有と経営の分離といわれる。株式会社は法人ではあるが，抽象的な存在であるから，法人企業として責任は，その取締役が全責任を負うことになる。その資本金は原則として株主が拠出した株式資本金である。資本金は，企業会計上では，負債として計上され，それに見合う実物資産（施設・設備）が対応している。

　このような会社形態となっているが，株式会社の一部が，その株式を市場に公開して，流通化している。株式の売買取引が証券取引所で認められている企業を上場企業という。日本の**証券取引所**では，その株主である証券会社にのみ参加が限定されている。

```
3大証券取引所：東京証券取引所（東証），大阪〃（大証），名古屋〃（名証）
地方取引所：札幌証券取引所，福岡〃，
新興企業向け証券取引所：ジャスダック証券取引所（JASDAQ）
```

　証券会社は広義の金融機関であるが，証券類を取扱う会社である。その業務は「証券取引法」に規定されており，1968年に「免許制」となったが，金融

自由化過程で，98年から「登録制」に移行した。

その業務は，①ブローカー（Brokerage）業務：顧客からきた注文にそって，株式を売買する仲立ち業，②ディーラー（Dealing）業務：証券会社自ら証券を売買する仕事で，日本では，ブローカー業務とを兼営しており，しかも自己売買の比重が非常に高い[8]，③アンダーライティング（Underwriting）業務：株式の上場時における引受や公社債等の発行引受を行う，④セリング（Selling）業務：金融商品を売りさばく仕事である。

11-8 株価の指標

日本の株価のトレンドには日経平均とTOPIXの代表的な2つの指標がある。

◆ **日経平均**は東京証券取引所（東証）一部へ上場している株式の代表的な225企業（流動性が高い銘柄）の株価の単純平均値で表示されている。それは1949年5月16日に単純平均株価176.21円としてスタートしているが，指数ではない。1970年に東京証券取引所から日経グループが，その算出を引き継いだので，今日では日経平均と呼称され，広く利用されている。また，過去に遡って，毎日の4指標価格（始値，高値，安値，終値）をウェブ上に掲載している。

株価指数の値＝構成銘柄（225銘柄）の株価の合計 ÷ 除数
※除数：株式分割等があるので，指標の連続性を保つために分母を修正した値。

◆ **TOPIX**（東証株価指数）は東京証券取引所が取り扱っている総銘柄の株価指数である。1968年1月4日の東証市場第一部全体の時価総額を基準100として，時価総額加重方式で指数化している。この指数によって，現在の東証市場第一部全体の時価総額がどれくらい増減しているかをあらわしている。

株価指数の値＝構成銘柄の時価総額の合計 ÷ある一定時点の時価総額

株価はなぜ値上がりするか。株式も金融資産の一つであり，それ自体は付加価値を生みださない。他の種類の金融資産と同じように，生産活動に投資されて，そこで生みだされた付加価値の分配権として，配当に与るのである。株式

第11章 金融市場

会社は，業績が好調なら配当金を増やし，悪い場合は配当金を減らす。株価は配当金を期待して，その企業の業績が基本となって変動する。株主には，この配当金を支払われるが，利子と同様に，配当率が基準となる。配当金を株価（時価）に換算して，配当利回りという。この配当金を**インカムゲイン**という。

　配当利回り＝配当金年額／配当落ち株価，である。
　※　配当落ち株価とは，配当金の支払い直後に株価が値下がりするので，その一時的に値下がりした株価をいう。

　配当利回りが高いと，株価は上がり，配当利回りは等しくなるように，株価が変動して，均衡化する。株式も金融商品であるから，他のすべての金融商品の利益率が等しくなるように，価格調整されることになる。だから，市場の金利が下がると，配当利回りを金利に合わせるように変化して株価は上がり，金利が上がれば株価は下がる。株価は金利と逆比例し，企業業績と正比例する。
　株価の変動要因は，これだけではない。株式は譲渡自由だから，株価が値上がりすると，それを売却して，差額（時価－購入価格）を取得することができる。これを**キャピタルゲイン**という。今日では，株式はほぼ，このキャピタルゲインを求めて売買されている。安いときに買って，高くなったときに売る，この売買差益が目当てになっている。そこで，企業業績が期待される企業の株価は値上がりするが，この将来予測は確実ではない。株価が上がるという予測が半透明でも，高くなると期待された銘柄株に人気がでて，その株価が上がる。企業の中身である業績より，みんなが上がると期待する銘柄株の株価が上がる。このような期待は，企業実態だけでなくて，万人の思いであるから，これを株式の「美人投票」[9]とたとえられている。
　株の売買は，売り手と買い手の等価・同量（売買価格と売買株式数）の合意がないと成立しない。一般的には，将来値上がりが明白な株式は売りに出さないし，逆に，将来値下がりが確実な株式は買い手がつかない。株式の売買は，買い手と売り手の両者が，合意点で，全く逆の予測にたつときに成立するのである。一方で，その株式が将来値下がりすると考える売り手と，他方で，その株式が

値上がりすると予測する買い手とが，一定価格で合意する。しかし，現代のように株式売買量が膨大となり，世界にまたがるようになると，情報量があるほうが確実にキャピタルゲインを取得する。将来の情報をもっている側が，株式の売買では有利になることはいうまでもない。情報の非対称が利益をもたらすのであるが，これは非市場経済といわざるをえない。インサイダー取引が厳禁されるのは，この情報の非対称性をよいことに，自分だけが抜け駆けして儲けることが頻繁に起きるからである。

11-9　株価の推移

　日本の株価を日経平均でみると，**図 11-3** のように変動してきた。このグラフは，日経平均の毎月末日の終値と，当月売買高の 1 日平均高の推移を描いている。1984 年央に日経平均は 1 万円を超え，89 年 12 月の終値が最高値 3 万 8916 円となった。6 年間で約 4 倍という急激な値上がりで，これが株式におけるバブル現象である。なぜ，それが起きたか。プラザ合意で，ドル安方針に協

図 11-3　日経平均株価推移（東証 1 部）

出所：日経平均プロフィル

調して，円高政策を政府が公約し，低金利政策をとり，公定歩合2.5%が2年半も継続していたところから，バブルは始まる。もちろん，伏線がある。①民営化によって，保有株（NTT株や旧国鉄株）を政府が売却したので，株価の値上がりが半ば誘導されたからである。②民活法やリゾート法を制定して地方の開発をすすめ，土地の値上がりを誘発したからである。③金融の自由化によって短期資金が国際的に移動できるようになり，資金調達がエクイティファイナンス（株式証券による資金調達）によって容易になったからである。④東南アジアとりわけ中国から廉価な製品輸入が増えて，70年代のインフレと全く逆に，ディスインフレの時代となり，産業への投資機会が減ったからである。ここに，日銀がマネーサプライを増やして，金融緩和による資金が，不動産や株式の購入に集中的に投入されたので，資産バブルが発生したのである。

　この加熱インフレを懸念して，89年に公定歩合は引き上げに転換した。ついで，90年3月に大蔵省は資産融資をしぼるために「不動産融資の総量規制」を通達した。ここから，一挙にバブルが収縮する。

　翌90年正月あけから，株価は一方的に値下がり始めて，年末には2万3848円になる。1年間で4割弱の暴落であった。翌91年に一時値上がりが期待されたが，結局，92年7月末に1万5000円割れの危機が訪れ，この年は年初から年末までに26.4%の値下がりであった。株式の1日平均出来高も，バブル時には17億株を超えることもあったが，92年には2億株となっていた。株価だけではなく，売買高が年間52兆円超もあった花形の転換社債が，4分の1の商いしかなくなった。不動産や株式に流れていた資金が不良債権化したのである。

　同グラフのように，株価は91，92年，95年，98年と最低値をつけた。21世紀になってからも，アメリカのIT景気に引きずられて，春先に一時2万円を超えて期待されたが，その後回復することなく，03年4月末に7831円と最安値をつけることになった。実は，この時期に政府は金融システムの安定化として，銀行救済のために公的資金を30兆円準備して，その後金融機関の再編を主導した。この底値に向けて，外国からの株式投資が盛んとなり，株の売買高数が1日平均7億株へと回復する。

05年央から，株式は東証1部でみて，1日平均20億株を超えて売買され，11月には29億株余となり，バブル期の頂点を超えている。その売買代金も2兆円を越えるようになり，株価も1万6000円を超えた。その後は一進一退しながらも，株価は上げ基調となり，07年7月9日に1万8261円のピークに達する。07年前半には売買株式数は1日平均20数億株となり，売買代金は3兆円を越えて，加熱し，まさに最後の饗宴の様相を示している。その時価総額は，東証第1部で568兆円，第2部で5.5兆円となっている。この時価総額は，バブル最頂期の89年12月末に590兆円であったから，株式資産額はほぼ回復したといえる。

　しかし，家計の主要資産をみると，2006年度末に総資産合計1533兆円のうち，定期性預金は498兆円（合計の32.5%），株式資産は108兆円（同7%），投資信託は68兆円（同4.5%），保険準備金228兆円（15%），年金準備金173兆円（11%）となっている。家計の株式資産をみるかぎり，04年度まで80兆円台で続いていたが，05年度に約118兆円となって急増している。05年度には，株式分割とか，さまざまな規制緩和によって，株式の売買にデイ・トレーダー現象が起きて，個人投資家が株式市場に戻ったからである。個人投資家がネット売買を行うという風潮が一時的に加熱をあおったが，その熱も冷めて，06年度にそれは108兆円に10兆円も減少した。現在日本株の値上がりを引っ張っているのは外国人投資家である。円が安く，株価が低迷した2000年代初めに大量に買い越しが起きたからである。

　他方，政府・日銀の金融緩和が長期化し，超低金利が続いたが，投資は増加しなかった。これは流動性の罠（Liquidity trap）の現象で，金利が下がりすぎると，債券より現金を選好して，投資誘因をなくしているといわれた。しかし，当時の金融状況をみると，マネタリーベースは増えたが，マネーサプライは伸びず，銀行の貸出は減少し，貨幣需要は起きず，国債残と外国証券が増え，株式の売買高は増加した。こうして株価は回復したが，株式の購入に個人投資家は増えるにはいたらず，それは機関投資家の相場となっていた。いままた，サブプライムローン問題によって世界が金融不安に陥り，外国人投資家が日本の

株式を売り越したので，日本でも株価が急激にさがった．

11-10　投資信託

投資信託 (investment trust, 以下投信と省略) とは，一般顧客から資金を預かって，それを有価証券（国内外の株式・公債・社債等）に投資して，その運用収益を出資者に分配する信託制度である．運用面から，株式投信，公社債型投信等と種類の名称がついている．また，運用方式から，インデックス型ファンド（日経平均とか TOPIX などの株価指数に沿った運用をする投信）やアクティブ型ファンド（ハイリスク・ハイリターンの投信）等とに分けられる．募集の方式として，単位型（ユニット型またはクローズ型で，一定期間を設定して募集し，解約を制限する）投信と追加型（オープン型，購入自由）投信とがある．

投信の仕組みは，立案・販売会社 − 運用会社 − 受託会社の3者が1組になって，資金運用を行い，収益金を顧客に分配している．証券会社や信託銀行等の専門金融機関が，資金運用のためにファンドを立案（監督省庁へ提出する報告義務をもつ）する．これに基づいて，目論見書が作成されて，投資家（顧客）を募集する．顧客から，契約額の3％前後の販売手数料（募集手数料）を購入時に差し引く．手数料がかからないノーロードファンドという投信もある．

ファンドを設立した証券会社は，その運用を投資信託委託会社（ファンドマネージャー）に委託する．この**運用会社**は，アナリスト等のアドバイスを得ながら，目論見書に沿って運用の指示を出す．その指示にしたがって**受託会社**（信託銀行）は，資金を株式や債券，あるいは外国へ投資したり，回収したりする．このように，この資金運用は国内だけではなく，世界の債券や株式にも投資される．すると，一つは，ファンドが大きすぎて，機動性をなくし，資産の変化に非弾力的となる．二つは，投資はハイリターンにハイリスクといわれるように，リスキーである．投信は，決して安全な資産運用にならない．

投信では，投資家は投信関連会社に資金運用をまかせることになるので，収益があるなしにかかわらず，その**信託報酬**（運用手数料）を固定的に支払わなければならず，純資産額から差し引かれる．その割合は，現在では販売会社 0.7％，

運用会社0.7％，受託会社0.1％くらいの基準で，合計で年間1％から2％が引かれる。したがって，分配金は（利回り収益－信託手数料）であり，手数料は運用収支の損益にかかわらず，自動的に差し引かれるので，マイナスとなることもある。この上に，分配金には決算時に10％（暫定措置：08年度から20％にもどる予定）の税金がつく。解約時手数料はないが，信託財産の留保額（換金時）0.3％前後を差し引かれる場合が多い。

　投信の販売会社や運用委託会社は，運用が失敗しても，間接金融における預金のようなリスク負担をとらない仕組みとなっている。投信でのリスクは顧客が負うシステムとなっている。株式手数料が自由化されて，株式仲介業は激戦となり，株式売買の仲介では収益を上げられなくなった。株式への投資は，外国投資家と機関投資家が専門的に行って，プロ同士の商いであり，個人投資家の持株比重は小さい。個人投資家が株式市場に参加することが困難な環境で，投信会社を通して，間接的に資本市場すなわち株式市場に参加する方法となっている。貯蓄から投資へというキャンペーンがはられたが，投信もその最中に拡大してきたのである。

　投資信託は，預金金利が低く，少額な資金をすこしでも高い運用をはかろうとする庶民の資金を吸収している。投信はバブル期に増大したが，株価の低下で投信純資産が暴落し，家計の投信への信頼がなくなっていた。それが，04年からバブル期と同じように，再び急増している。投信残高は06年末に70兆円，07年には80兆円を超える勢いである。しかも，今回の伸びはほぼ家計からの投資によって増えている。06年の家計からの資産投入をみると，家計の株式への投資は，ほとんど増えていない。どころか，2003年から減少すらしている。また，保険についても95年度を境に，家計部門からの資金投入は減少の一途をたどっている。当然に，定期預金についても，超低金利に嫌気をさした庶民が解消している。それは01年度に30兆円も減少し，その後も年々10～20兆円の定期預金が減少している。それに対して，バブル期に懲りて減少していた投信が，02年度から増加となり，05, 06年度の両年には毎年度約10兆円の積み増しがある。巷間いわれるように，団塊世代の退職金が投信に

向かっているからである。超低金利のもと，預金，保険，株式に代わって，家計から投資信託に資金移動がみられる。ここにきてバブル期と同じ様相を示していることに懸念せざるをえない。アメリカのサブプライムローン問題による資産崩壊とその資本市場への影響，そして円高基調に移る今後，この膨大な投信資産が再び瓦解しかねないリスクを含んでいる。

注
1) 貨幣は，直ちに資本とはいえない。それは生産過程に投じられて，価値増殖機能をもつときに資本という。この生産過程に投じられた資本を生産資本という。また，産業資本は資本の歴史的な形態で，近代の商品生産過程に投じられた資本をいう。それに対して，利子生み資本は，貨幣を貸しつけて利子を得て増殖させる，いわば貸付資本である。
2) 取引動機とは日々の取引のために貨幣を保有する動機である。予備的動機とは予期せぬ事態に備えて貨幣を保有する動機である。この二つの動機による貨幣需要は，国民所得に関係して決まる。それに対して投機的動機は証券のような資産（stock）を保有しようとする動機で，利子率が低下すると予測する者は，資産に投資しようとする。このような動機によって，資金需要が動くと考えた。
3) 日銀マネタリーベース統計の公表は，合計値並びにその主要内訳項目につき月中平均残高の形で行っている。また，月末残高については「マネタリーベースと日本銀行の取引」で公表している。日銀ホームページ
4) M_1の対象となる金融機関は日本銀行，国内銀行，外国銀行在日支店，信金中央金庫，信用金庫，農林中央金庫，商工組合中央金庫である。
5) MB統計に含まれる日銀当座預金や金融部門の保有現金（「銀行券」および「貨幣」）は，MS統計には含まれない。
6) 1988年のバーゼル合意により，自己資本比率を一定以上とする規制。
7) 松尾順介『日本の社債市場』東洋経済新報社，1999年，70頁
8) 「東証の株式売買代金に占める自己売買の割合は，…40％を上回っている。」（大崎貞和『金融構造改革の誤算』東洋経済新報社，2003年，156頁）
9) ケインズは，美人コンテストでは，審査者は自分の審美眼より，どの女性に多くの評価が集まるかを考えて，順位つけの投票をするというたとえ話を指摘している。

第12章　国際収支と為替

12-1　国際金融

　国際間取引によって，通貨が移動するので，そのシステムを国際金融といっている。国際金融が必要になるのは，財貨やサービスが移動（輸出入）するにしたがって，通貨で決済しなければならないからである。この異国間の決済は，今日では，金で決済されるわけではなく，異なる通貨で行われるので，その交換比率である為替相場に注目しなければならない。また，国際的に資本の移動が起こっており，他国に企業を設立あるいは買収するために長期資金が投入されたり，外国の証券類を購入するために短期資金が移動したりする。
　これらの資金の対外移動を把握するために，国際収支表がある。

12-2　国際収支

　国際収支表は93SNA基準に基づき経常収支，資本収支，外貨準備増減，誤差脱漏という項目からなっている。
　国際収支統計は，一定期間におけるわが国のあらゆる対外経済取引を，国際通貨基金（IMF）が定めた方式[1]にしたがって，財務大臣の委任を受けて，日本銀行が計上している。対外経済取引とは，居住者と非居住者（第2章参考）との間の財貨・サービス・所得の取引や，対外資産・負債の増減に関する取引，移転取引をいう。それは，速報（月毎）と確報（毎月と年報）とがある。改定後の国際収支の主要項目は，**図12-1**のような収支バランス表である[2]。
　経常収支は財貨・サービスの移動等をともなう対価の移転を計上している。輸出・輸入という貿易には，海外取引が起きるので，資金の移動が発生する。近年，有形の財貨の取引だけでなく，無形のサービスの移転が急増しているので，貿易・サービス収支とまとめている。さらに，対外資産がもたらす収益の収支として，所得収支が増加している。

図 12-1　国際収支表　　　　　　　　　　　　　　　　　　（単位：億円）

項目 Item/Year	1995	2000	2001	2002	2003	2004	2005	2006
経常収支 Current Account	103,862	128,755	106,523	141,397	157,668	186,184	182,591	198,488
貿易・サービス収支 Goods and services	69,545	74,298	32,120	64,690	83,552	101,961	76,930	73,460
貿易収支 Trade balance	123,445	123,719	84,013	115,503	119,768	139,022	103,348	94,643
輸出 Exports	402,596	495,257	465,835	494,797	519,341	582,951	626,319	716,309
輸入 Imports	279,153	371,537	381,821	379,294	399,575	443,928	522,971	621,665
サービス収支 Services	-53,898	-49,421	-51,893	-50,813	-36,215	-37,061	-26,418	-21,183
輸送 Transportation	-12,563	-8,324	-8,909	-7,512	-6,058	-7,483	-5,021	-6,032
旅行 Travel	-31,595	-30,730	-28,168	-28,879	-23,190	-29,189	-27,659	-21,409
その他サービス Other services	-9,740	-10,367	-14,816	-14,421	-6,966	-390	6,262	6,258
所得収支 Income	41,573	65,052	84,007	82,665	82,812	92,731	113,817	137,457
雇用者報酬 Compensation of employees	-632	-4	-49	-105	-138	-121	-141	-34
投資収益 Investment income	42,204	65,056	84,056	82,769	82,950	92,853	113,958	137,491
直接投資収益 Direct investment income	6,282	6,081	15,433	14,439	9,431	13,674	23,063	30,338
証券投資収益 Portfolio investment income	34,781	51,124	62,269	63,455	68,209	74,304	86,097	104,905
その他投資収益 Other investment income	1,144	7,851	6,355	4,875	5,310	4,874	4,798	2,249
経常移転収支 Current transfers	-7,253	-10,595	-9,604	-5,958	-8,697	-8,509	-8,157	-12,429
資本収支 Capital and Financial Account	-62,754	-94,233	-61,726	-84,775	77,341	17,370	-140,068	-124,665
投資収支 Financial Account	-60,609	-84,287	-58,264	-80,559	82,012	22,504	-134,579	-119,132
直接投資 Direct investment	-21,249	-25,039	-39,000	-28,891	-26,058	-25,032	-47,400	-66,025
証券投資 Portfolio investment	-30,772	-38,470	-56,291	-131,486	-114,731	23,403	-10,700	147,961
株式 Equity securities		-22,580	33,827	-66,960	94,994	71,242	123,391	54,436
債券（含短期債） Debt securities		-15,890	-90,118	-64,526	-209,726	-47,839	-134,091	93,525
金融派生商品 Financial derivatives		-5,090	1,853	2,630	6,074	2,590	-8,223	2,835
その他投資 Other investment	-8,585	-15,688	35,175	77,189	216,728	21,542	-68,456	-203,903
その他資本収支 Capital Account	-2,144	-9,947	-3,462	-4,217	-4,672	-5,134	-5,490	-5,533
外貨準備増減 Changes in Reserve Assets	-54,235	-52,609	-49,364	-57,969	-215,288	-172,675	-24,562	-37,196
外貨準備高（年末）（100万$） Foreign reserves	203,951	361,638	401,959	469,728	673,529	844,543	846,897	895,320
誤差脱漏 Errors & Omissions	13,127	18,088	4,567	1,348	-19,722	-30,879	-17,960	-36,627

出所：財務省『国際収支状況』（確報）　http://www.mof.go.jp/bpoffice/bpdata/s1bop.htm
注：外貨準備高は各年末（単位：100万$），これは「国際収支状況」にはでていない。

資本収支は金融的取引に基づく資金の対外移動を示している。グローバル化した世界では，単にモノの移動だけではなく，金融商品の取引が盛んとなり，資金が国内外に移動する時代となっている。金融商品は債券，株式だけではなくて，金融派生商品(デリバティブ)すなわち先物取引，オプション取引，スワップ取引などと広がっている。

経常収支は実体経済の対外取引を示しており，資本収支は対内外の金融取引である資本取引を示している。

12-2-1 経常収支

経常収支＝貿易・サービス収支＋所得収支＋経常移転収支，となっている。

(A) **貿易・サービス収支**は実際の対外取引で，つぎの2つからなっている。

a) **貿易収支**は，財貨である商品の輸出入差額である。

　　輸出額＞輸入額は**出超**といい，貿易収支は黒字となる。
　　輸出額＜輸入額は**入超**といい，貿易収支は赤字となる。

貿易収支は居住者・非居住者間で行われた財貨の取引をFOBまたはCIF価格で計上する。財貨の取引とは一般商品，加工用財貨，修理費，輸送手段の港湾調達財貨および非貨幣用金が対象となる。輸出は積載船舶または航空機の出港の日，輸入は輸入許可または承認の日をもって貿易収支に計上する。相手国は，輸出では最終仕向国(地)であり，輸入では原産国(地)となるが，それが不明の場合は積出国(地)としている。取引額の円換算は，週ごとに税関長が公示する相場によっている。なお，20万円以下の少額貨物，見本品，密輸入品，贈与・寄贈品，旅客用品，興業用品，駐留軍・国連軍関係貨物および反復使用のコンテナ類等は，統計上では除いている。

輸出額は**FOB** (free on board)とする。それは売り主側に輸出本船に輸出品を船積みするまでの責任があるので，本船渡しまでの価格および費用が輸出額となる。だから，輸出額には外国向けの運賃や保険料は含まないことになる。

輸入額は**CIF** (cost, insurance and freight)とする。それは運賃・保険料込

み渡しの価格で，輸出国から入国港までの諸費用が含まれている。だから，FOB価格に仕向地までの運賃および保険料を加えた価格となる。航空輸送についても，日本は船舶運送に準じて扱っている。

b) **サービス収支**は無形財の国際的取引で，つぎの3つとなる。

a. **輸送収支**は貨物を運搬輸送する船舶や飛行機のような運輸手段によって得られる輸送費の収支である。自国の運輸手段によって外国の貨物輸送をすると受取となり，他国の運輸手段によって自国の貨物輸送をすると支払となる。

b. **旅客収支**は人の移出入による収支である。人々が外国旅行に出かけることによって発生する費用（運賃等を除く）の収支で，日本人が外国で支出した費用は支払（輸入相当）であり，外国人が日本を旅行して支出する費用は受取（輸出相当）となる。

c. **その他**は通信，情報，建設，金融，保険，特許権使用料，文化，興行等のサービスの授受によって発生する収支である。最近では，特許権使用料の増加が著しい。

(B) **所得収支**は居住者・非居住者間の「雇用者報酬」，「投資収益」の受取・支払を計上したものである。

a) **雇用者報酬**は，労働要素を提供して得られた報酬全体で，雇主が支払う賃金・俸給および社会保障の負担分や福祉費用である。日本からみるとき，居住者が外国で得た雇用者報酬は受取であり，非居住者が日本で得た雇用者報酬は支払いに計上する。

b) **投資収益**には，居住者・非居住者間における対外金融資産・負債にかかわる利子，配当金等の受取および支払を計上している。それは，対外資産が生んだ収益で，最近，それが急激に増加して，経常収支の増加に貢献している。

c) **経常移転収支**は個人・政府間において，実物資産（財貨・サービス）あるいは金融資産などの一方的な移転（賠償，贈与，無償援助，国際機関への拠出金等）で，相手国の投資とならない資金移動をいう。経常移転は，資本移転以外のすべての移転を計上し，個人・政府間の財・サービスおよび現金の贈与，国際機関への拠出金等を計上する。その中身は政府無償援助と国際機関の拠出金がほ

とんどを占めている。もちだしが，マイナスとして計上される。

12-2-2　資本収支

　資本収支は対外的な資金移動を表示しており，投資収支およびその他資本収支に大別される。その中心となる投資収支は直接投資，証券投資，金融派生商品投資，その他に分けられている。外国へ資金が流出する場合は赤字となり，外国から資金が流入するときには黒字となる。国際収支統計の基本的な原則にしたがい，取引によらない評価増減（例えば，為替相場や価格変動による資産評価の増減で，所有権の移転をともなわないもの）は資本収支から除外される。

　したがって，経常収支が黒字になると，一般的には資本収支は赤字となる。

　(A) **投資収支**は4区分される。

　a) **直接投資**は民間部門における長期の国際間の資本移動で，投資先企業の経営を支配（または経営参加）する目的で行う投資である。具体的には外国に現地工場を建てたり，外国企業を買収したり，あるいは経営参加を目的に外国企業の株式等を10%以上取得する対外投資をいう。逆に，外国資本による企業買収等ための直接投資は**対内直接投資**という。

　b) **証券投資**は外国の株式（持分権証券）や債券（負債性証券）等を購入するための対外投資である。日本側による外国株を買い付けは**対外証券投資**，外人による買い付けは**対内証券投資**となる。

　c) **金融派生商品**とはデリバティブへの対外，対内投資の収支である。金融派生商品は，ワラントおよびオプションの売買，金融・証券・商品先物取引および為替・金利先渡取引等の売買差損益等である。

　d) **その他投資**は，上記に含まれない投資収支である。

　(B) **その他資本収支**

　以上の資本収支は，資本移転の受払および非生産非金融資産の取得・処分にかかわるすべての取引を計上する。この資本移転は，対価の受領をともなわない①　固定資産の所有権の移転，②　債権者による債務免除，③　固定資産の取得・処分に附随する資金の移動である。また非生産非金融資産の取得・処分に

は，財貨・サービスの生産に用いられる無形非生産物資産（特許権，著作権，商標権，販売権等およびリースや譲渡可能な契約）の取得・処分および大使館あるいは国際機関による土地の取得・処分を計上する。

(C) **外貨準備増減**

外貨準備は，国際決済や為替調整のために通貨当局（財務省）が保有する資産で，金，SDR，外貨等の形で外国為替資金特別会計に計上されている。それは一般に経常収支が黒字になれば，外貨が円に交換されるので，増加する。したがって，経常収支が黒字化して，対外的に資金供給が行われた後に残る資金が外貨準備増と考えればよい。ただ，日本では為替調整の理由で，ドル買い介入を行うので，民間交易とは異なる理由で，外貨準備高が大きくなる。しかも，それはほとんど米国債の形で保有されているから，市場原理を崩し，国際通貨の流れに大きな影響を及ぼしている。

(D) **誤差脱漏**（ごさだつろう）

図 12-1 の国際収支は，複式簿記に基づいて記帳されるので，原則，バランスするが，時間差等のために，一致しない。それを誤差脱漏として，調整している。　　　国際収支＝経常収支＋資本収支＋外貨準備増減－誤差脱漏＝0

12-3　国際収支動向

長期の国際収支の動向は，**図 12-2** に示している。日本の経常収支は高度成長後半から黒字となるが，1970 年代までは 1 兆円前後で，大きな変動はなかった。それが 80 年ころから急拡大して，86 年には 14.2 兆円となっている。以後，15 兆円を上限に波動して推移してきた。バブル期に，それは減少して，90 年に 6.5 兆円まで減額し，再び増加している。つぎは 96 年の超円高の影響で 6 兆円強まで低下し，増減をくりかえしている。2000 年以降，経常収支はふたたび急増して，04 年に 18 兆円を超えるにいたっている。

この経常収支の推移をみると，1965 年ころ（グラフ上には表示していないが）から 20 世紀の約 35 年間は，貿易収支が経常収支を上回って，両者同じような動きをしていた。貿易収支の黒字がサービス収支等の赤字をカバーして，なお

図12-2 国際収支の推移

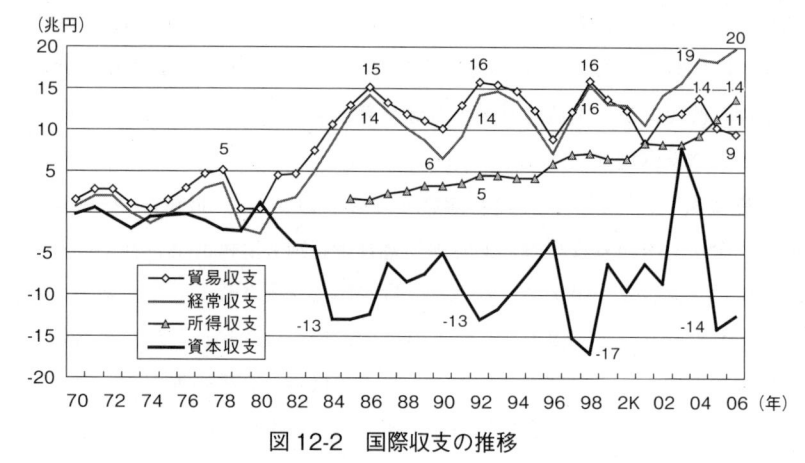

資料：日本銀行『国際収支動向』，財務省『国際収支状況』

かつ大きかったので，経常収支を引きあげていたのである。ところが，21世紀になると経常収支は貿易収支を上回って，急増している。それは所得収支が1990年代から徐々に増加して，21世紀になると7兆円を超えたことによる。所得収支は雇用者報酬と投資収益であるが，日本の雇用者報酬はわずかで，投資収益がそのほとんどを占めている。投資収益は日本側が外国に過去に投資した対外資産が生み出す収益（利子・配当類）である。この投資収支がバブル崩壊後，90年代になって膨張している。91年にそれは約3.5兆円にすぎず，経常収支に占める比率も38％であった。それが01年には8.4兆円（対経常収支比が79％）を超えて，それまで経常収支の半分以下であったのが，確実に半分以上となっている。02年に8.3兆円（同59％），04年に9.3兆円（同50％），05年に11.4兆円（同62.3％），06年に13.7兆円（同69％）となって，過去の対外投資による収益が確実に大きくなっていることを示している。

他方，貿易収支については1990年代には10兆円以上の黒字が続いていた。例外的に10兆円を割り込んだ年は，超円高が発生（95年）した翌96年の輸入急増によって9兆円と，01年の輸入減によって8.4兆円となった両年である。まだ，日本は出超国で，黒字が続いているが98年の16兆円をピークに，黒字

幅が今後も拡大する傾向にあるとは思えない。

　つぎにサービス収支を図12-1の国際収支表にもどって，みることにする。サービス収支は主として輸送収支と旅行収支である[3]。2006年データでみると，輸送収支は受取が4.4兆円，支払いが5兆円で，赤字が最近は毎年6000億円程度となっている。この値は10年前の6割程にまで改善されて，最近では輸送費の受取も増加した結果である。これに対して，旅行収支は支払いが約3.1兆円，受取は9849億円で，2.1兆円の赤字となっている。圧倒的に日本からの外国旅行者が多く，これまでコンスタントに3兆円前後の赤字となっていた。

　日本人の海外旅行は，プラザ合意以降の円高基調と海外渡航への規制緩和によって，急増するようになった。1990年代に1000万人超となり，増加傾向にある。海外旅行者数は2000年に1782万人を超えたが，02年1652万人，03年にSARS騒動で1330万人に激減，04年に1683万人へと復調している。訪日外国人旅行者数は1990年代になっても300万人強と増加しなかったが，02年12月に政府が「グローバル観光戦略」を打ちだして，同年524万人，03年521万人，04年614万人と増加傾向にある。日本人は訪日者の3倍が海外へ旅行しているのが，現状である。

　このような状況であるが，サービス収支は恒常的に赤字である。ただ，かつては5兆円以上の赤字であったが，この5年間くらい急速に赤字幅が減少して，半減している。10年ほど前までは，所得収支の黒字がサービス収支の赤字によって帳消しされる構造であった。それが97年から所得収支の黒字がサービス収支の赤字を凌駕するようになり，今日では，このグラフのように，所得収支が急増している。この所得収支増と貿易収支黒字によって，日本の経常収支は黒字化する構造となっている。

　経常収支が長い間黒字になることは，日本経済が輸出型として拡大したからで，貿易で稼ぎ，さらに所得収支でも稼ぐようになったことを示している。だが，この輸出によって黒字になったからといっても，その儲けた外貨は国内では遊休資金となるから，結局，これは外国に投資されることになる。対外への資金移動は，国際収支ではマイナスに，対内への資金流入はプラスに計上され

る。したがって，日本は長期にわたって経常収支が黒字であるから，資金が余るので，これが外国に流出する。そして資本収支はマイナスになる。グラフにみられるように，経常収支が山状に増加しているときには，資本収支は谷状に減少する。だが，これは資金不足ではなくて，国内では資金過剰であるから，対外投資されて，出ていくので，マイナスとなるのである。これが常態で，1980年代から日本は，世界に向けて，資金の出し手すなわち供給国になってきた。84年には約13兆円，以降，経常収支と逆の形をとって，対外投資が拡大していることがわかる。それが03年に異なる現象が発生した。国際収支表をみると，03年に資本収支が7.7兆円プラスとなっている。輸出等で経常収支が黒字になっているのに，外国から資本が入ってきたという，異常な現象である。これは，財務省が為替介入のために膨大なドル買いを行って，外貨を保有したからである。したがって，政府の会計である外貨準備がそれに見合って21兆5288億円と増えたのである。外貨準備高が一挙に増加して03年末には6739億ドルと増大したのである。04年から為替介入がなくなると，2005年にみられるように，経常収支は18兆円強の黒字にもどって，資本収支が14兆円の赤字となっている。06年も同じように，経常収支は20兆円弱の黒字，資本収支が12.5兆円の赤字となり，貿易収支が伸びないけれども，拡大傾向にある。

　日本は，経常収支が長期間にわたって黒字で，それだけ国内では資金余剰となっている。それを外国に資金供給しているから，資本収支は赤字となり，その累積である対外資産が黒字となる。2006年末に日本の対外資産は558兆円強（うち対外証券投資279兆円），対外負債が343兆円，したがって対外純資産は215兆円となっている[4]。政府年間予算の2倍以上の巨大な資産を外国にもっているのである。

12-4　為替相場

　為替レートとは，日本の通貨である円と外国通貨とを比較した交換率のことである。通貨は，世界に百数十の種類があって，外国と交易する場合，その両国間の通貨の交換比率を確定しなければならない。

かつて，金本位制の時代には，各国通貨は，1円＝金1.5g，35ドル＝金1オンスというように，金を基準にして，各国通貨間の相対価格を決めることができた。だから，金は世界貨幣といわれた。しかし，金が輸出禁止されると，その役割が果たせなくなって，各国は無理に為替引き下げ競争をはかって，世界経済が混乱した。戦後は，IMF（国際通貨基金）を設立して，金1オンス＝35ドルと固定し，その上で，1ドル＝360円，1ドル＝3.3マルクというように固定相場制とした。金・ドルを媒介して，国際間通貨の価値を安定化させたのである。それが，1971年に崩れて，ドルの金との固定交換率を放棄したし，また各国通貨の相対的な為替相場も，毎日変動するようになった。このような二重の変動性を変動相場制という。そのかぎり，為替相場は金という尺度から，きれいに切り離されてしまった。そして，為替レートは日々刻々と変化するようになるが，それは思惑を含んだ投機的な変化を含むようになった。実物経済なら，そのように毎日激変しないはずである。

　為替相場の市場レートは **TTB**（Telegraphic Transfer Buying Rate, 電信買相場）と **TTS**（Telegraphic Transfer Selling Rate, 電信売相場）で表示される。ドル相場で，銀行間相場を仲値（TTM）として，そこから1円引いた値がTTBで，1円加えた値がTTSである。このレートは，顧客が即金で購入するときの相場である。通常，外国為替市場の**実勢レート**は，このTTMを一般に基準としている。

　つぎに**実効為替レート**が，経年変化の比較によく利用されている。これは円と主要な他国の通貨間とのそれぞれの為替レートを，日本と貿易する代表的な相手国（現在15ヵ国としている[5]）の貿易ウエイトで加重幾何平均したうえで，基準時点を決めて指数化する形で算出している。これが「名目実効為替レート」である。政府は，為替相場をいくつかの基準で発表している。法的な申請等に使用する場合は，日銀で毎月公示される報告省令レート[6]を使うことにしている。

12-5 為替相場の決定

為替相場は，どのように決定するかという理論としては，つぎの3説が最も一般的である。①ファンダメンタルズ説，②購買力平価説，③アセットアプローチである。

第一の説は，為替相場は，基本的には，その国の**ファンダメンタルズ**がよいほうが高くなるという。ファンダメンタルズとは，国の基礎的な経済力であるが，為替相場に影響するときには経常収支の状態をさしている。貿易・サービス黒字国の通貨が高くなるのが普通である。黒字国は財・サービスの輸出力があるから，そこの財・サービスを輸入するには，その国の通貨が必要であるから，通貨需要が高まって，その通貨の為替は高くなるとする説である。しかし，日本は数十年も黒字続きで，円は常に高位基調といえるが，必ずしもそのように動いてこなかった。

第二の説は，為替相場は各国の通貨の交換比率であるから，物価上昇率が高い国の通貨が安くなるという考えである。カッセル (Cassel, G.) が，為替レートは長期的には物価との関連で決まるという関連をみて唱えた説である。同じものは，どの国でも，同じ価格であるという「国際的に1物1価」がなりたつなら，2国間に価格差があると，財が移動するような為替相場の水準に決まるという考えである。そもそも通貨の購買力とはモノやサービスを買う時の貨幣価値であるから，それぞれの国で同じ物量の財・サービスを購入するときに支払われる通貨量が同価値であるという考えなので，**購買力平価説**という。例示で説明すれば，ニューヨークと東京におけるある同じ製品が前者で100ドル，後者では1万円とすれば，100ドル=1万円すなわち1ドル=100円という計算である。ただ，国によって財・サービスの相対的な評価は異なるから，単純ではない。例えば，食料の米に対するアメリカ人の要求と，日本人の要求とは違うから，1財や1サービスだけでは，購買力は測定できない。購買力平価とは，物価から貨幣価値をみて，通貨価値を自国の物価と外国の物価とを比較して表した貨幣価値ということになる。

第三の説の**アセットアプローチ**とは，アセット（資産）価値の高い国の通貨

が高くなるという考えである。アセットの価値とはストック価格（金利や株価）の高さであり、それが高い国の通貨が高いとする。今日では金融の自由化によって、資金が国際的に回遊して、収益率の高い国すなわちアセットの高い国に流れていくので、その国の通貨が高くなる。もちろん、通貨にはリスクがかかるので、投資家は**ポートフォリオ**（安全性や収益性を考えた資金の有利な分散投資の組み合わせ）を追求して、情報によって、将来性のある通貨へ流れていく。

これら3説だけでは現在の為替相場は説明できないが、それらが局面で錯綜して影響していることは正しいといえる。そして、通貨に対する需要が大きい通貨が国際的には高くなる。

12-6　為替相場の変動

円高になると、輸出が困難となり、輸入や海外旅行に都合がよくなる。円高になると、取引相手国は、購入（日本側からみると輸出）する際に、それだけたくさんのお金を払わなければならない。したがって、輸入を渋るので、日本の輸出が伸びなくなる。しかし、逆に、相手国の物を購入したり、そこに旅行して（日本側からみると輸入）、支払う際には、物価が一定とすると、円高のほうが支払額が少なくてすむ。円高は、輸入には都合がよい。このように、円高や円安どちらが経済活動にとってよいかということは、一方で、不利であるが、他方で有利であるから、一般的には中立的である。特定国にとって、それが有利か不利かということは、経済の発展事情によって決まってくる。発展途上にあって、生産財（機械類）を大量に輸入し、消費財を輸出に向けなければならないような段階では、経済界は為替高を嫌い、為替安が歓迎される。日本の高度成長期までは、このような発展段階にあったといえよう。しかし、その後の日本は機械工業を発展させて、国際競争力をつけたので、国際収支はずっと黒字となってきた。それなのに、日本の円が安いのは、ファンダメンタルズに対応していない現象である。日銀の超低金利政策によって、安い円が持ち出されているからである。変動相場制後の円の為替相場を図12-3に示している。円の対ドル変動を明示するために、最高値と最安値をつけた定点を連ねたグラフ

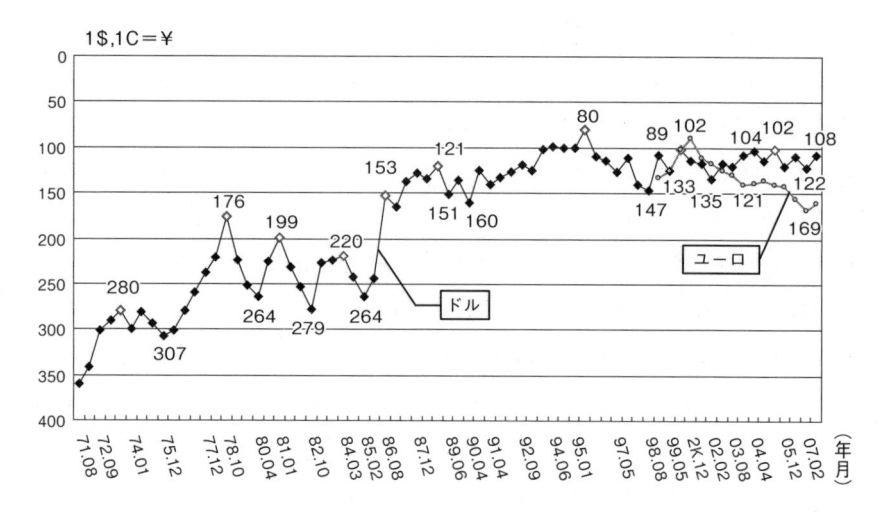

図12-3 為替レートの推移

注：レートは高値，安値の定点でとっている。◇印はドル安・円高期

である。99年から，ユーロが創設されたので，表示している。

　1971年までは固定相場制であったから，円は1ドル360円であった。73年から，変動相場制となり，円高となっている。しかし，オイルショックが起きると，円は低下した。1980年代になると，レーガンのドル高政策に影響されて，相対的な円安期であった。85年9月に日米欧間でプラザ合意が成立し，この協調介入で円は急騰する。円相場は，合意前の最安値は85年2月に1ドル＝264円であったが，合意1年後の86年9月には153円になっている。1年間に約90円，4割方の急騰であった。それから，円の為替相場は高めに推移している。90年代になると，95年，99年，03年と3回円高が押し寄せている。95年の円高はアメリカのクリントン政権下で，日本の経済開放に圧力をかけた政策に起因するといわれている。98年8月には，円は最安値の147円となり，株価も9月に1万3406円と安値となっている。その前年にタイから発生したアジアの通貨危機の影響であった。それがひとまず収まり，対外資金が日本株を買いに流入し始める。これを契機に株価は上昇し，1年後の2000年3月に

久方ぶりの日経平均2万円台を突破して最高値をつける。この過程で99年にかけて急激に円高となり，年末に1ドル＝102円となった。この99年2月に始まるゼロ金利政策が99年には，株高・円高をもたらしたといえるかもしれない。しれないと不透明にいうのは，2000年1月に円は高値102円をつけると，その後は円安方向に入るし，株価も3月に2万337円と高値となってから，株安に方向転換する。ゼロ金利解除が同年8月だから，その前すでに円安・株安になっていた。だから，ゼロ金利解除が一概に株高・円高をもたらしたと断定できるわけでもない。それから株価は最悪の展開となり，03年4月まで2年間下げ続けた。その間，円の為替相場は02年2月まで下げて，反転し円高へ向かう。そして，03年の円高を迎える。01年1月に日銀は金融の量的緩和政策を開始するのであるが，これからは円安・株安になり，99年の日銀政策の結果とは逆の現象になってしまう。01，02年の円安・株安現象は，日銀政策と整合性をもたないのである。つぎに為替相場は，02年2月末の135円から上昇に転じ，04年4月の104円まで振動はあるが，円高基調にあった。株価は03年4月に7831円と最安値となる。それから以降は，株価は上昇している。04年は，円安・株高となる。

　ユーロをみると，02年3月から米ドルに対して円高基調となっていたが，米国が国連加盟国の多数の意見をまとめられないなかで，03年3月20日にイラクのサダム・フセイン政府に対して，大量破壊兵器が隠されているという理由（後日誤報と修正）で，攻撃を開始した。こうして，ドル安が一層続いたが，05年にはいると，円の対ドル為替相場は山場となり，それ以降ずっと下降している。ユーロに対しては，それが発足した99年1月には1ユーロは134円であったが，2000年10月に90円まで下がり，円が強かったのである。しかし，それ以降は日銀の超低金利政策が始まると，円が一方的に低下して，今日では1ユーロは163円と大幅な下落となっている。しかし，2007年になると，アメリカのサブプライム問題が，住宅市場の低迷で顕在化したので，不良債権が多額に発生している。それが世界に金融不安の衝撃を与え，ドルの為替相場が低落している。

12-7　為替介入

　極端な円高・円安になったとき，財務省＝政府の意向によって，その代理人として日銀が外国為替平衡操作を実施する。変動相場制になって以来，日本円は常に円高へ動いてきた。それは敗戦後の産業復興期に1ドル＝360円の固定相場が決定されたので，工業力が強くなり国際競争力をもってくると，円高になるのは当然である。しかし，円高は輸出にとっては厳しい条件となるので，輸出振興策の一つとして，円高を調整する為替政策がとられている。円高とは円に対する需要が相対的に大きいということであるから，逆にドルを購入して，ドル需要を増やして，ドル高に導く政策をとる。円高防止策は，財務省が指令して，日銀が代行して実行する。日銀は密かに（時には公開して）国内外の外為銀行に依頼してドルを購入するが，投機を牽制して，その日程や金額は一切明らかにされない。事後的には，財務省HPに公表されている。ドルを購入するには政府の「外国為替資金特別会計」の円で手当てされるが，それが不足するので，外国為替資金証券（為券，90日償還）という政府短期証券（FB，償還期限1年以内，毎年度の予算で決められている）を発行して，円を手当てする。このFBは，市中で公募されることになり，日銀引受けは減少しているが，市中銀行の引受けが急増している。

　為券を市中銀行が引き受けると，短期証券といえども，クラウディングアウトの危険等があり，日銀の金融政策に変動を与えることにつながる。また，円高・ドル安が進行すると，この外貨準備は**為替差損**を生じることになる。

　財務省は，この外貨準備のドル資金で外貨証券を購入しているが，多くはアメリカの国債（米政府証券）購入にあてられており，94年度末に10兆724億円にのぼっている。ドル買いの為替介入では，このドルは，結局，ほぼ米国債を購入することになり，外為会計の米国債が増えることになる[7]。これは日本政府が国内市場でFB発行分を借りて，米国債と交換していることになる。

　今日では，一日に世界中で約1兆ドルの為替取引があるといわれているから，日本銀行の数億ドルの介入では先を読まれて，ほとんど焼け石に水といわれている。現在のように金融が自由化され，先物取引が許されていると，為替政策

は一種のインサイダー取引的な役割をもたらす。円高になれば，日銀の為替介入があるということが鉄則になると，為替変動を読みとる投機筋は，それを見込んでの先物取引を行って，膨大な利益を手にすることができる[8]。

　日銀は，1995年の円高局面に対しては，93年第Ⅱ四半期から介入に入り，96年第Ⅰ四半期まで，約3年間かけて合計9.6兆円のドル買いを行っている。その結果，日本の外貨準備高は90年代初めの3.5倍にあたる1828億ドルとなっている。為替相場は，130円から84円まで上昇して，円安へ転換したが2年半が経過している。つぎの99年の円高局面では，99年第Ⅰ四半期から介入を始め，2000年第Ⅲ四半期までに，10.8兆円のドル買いを行った。この際には，105円をピークに1年で円安に向かった。2002～3年の円高局面では，1年間で38兆円の介入を行っており，外貨準備高が一挙に8266億ドルも膨張した。これだけドル買いを行い，円相場は107円で止まったが，はたして，介入によって円高を防止したといえるか，明確ではない。この時期には先述した日銀の金融政策で，日本の金利は極端に低くなっており，円キャリーが発生しているから，その影響が為替に対して作用しているともいえる。実際に，先のユーロとの比較をすると，円相場は2000年7月には1ユーロ＝90円の円高であり，それ以降，一方的に円安が続いて，この介入時期の03年には1ユーロ＝130円を割って円安であった。為替介入の有無にかかわらず，ユーロ高・円安となっているのである。そもそも介入の必然性がないのである。ドルに対してだけ，04年から円安効果があったといえるかもしれないが，先述したように，03年から米軍がイラク攻撃を開始しており，ドル安の原因を内在していたのである。この時期の介入は，円安をつくりだすというより，外貨準備高を膨らます効果が大きく，結果として，ドル国債を購入したとしかいえない。

注
1) IMFによる国際収支マニュアル第5版の改訂を受けて，1996年1月分統計から大幅改定された。また，それまでのドル表示から円表示に一本化された。
2) 総務省統計局・統計研修所（http://www.stat.go.jp/data/nenkan/15j.htm）
3) 詳細なデータは，日本銀行ホームページの国際収支統計に1996年以降公表されてい

る。(http://www.boj.or.jp/theme/i_finance/bop/dlong/bop/index.htm)
4) 財務省「本邦対外資産負債残高」(http://www.mof.go.jp/bpoffice/bpdata/zandaka.htm)
5) 日銀ホームページ (http://www.boj.or.jp/type/exp/stat/exrate.htm)
6) 日銀報告書の提出にかかわる相場としては「外国為替の取引等の報告に関する省令」第35条，第36条に「実勢外国為替相場」，「財務大臣が定めるところに従い，日本銀行において公示する相場」（いわゆる報告省令レート），および「特別国際金融取引勘定において取引又は行為を経理する場合に使用する相場」が定められている。財務大臣が日本銀行本店において公示する相場である。日銀ホームページ (http://www.boj.or.jp/type/exp/tame/exhou.htm)
7) この政府が購入する，米国債は外貨準備高に計上されず，証券投資に一括されており，過去については簿価でも公表すべきである。
8) 小宮隆太郎「百鬼夜行の為替・金融政策論議を正す」（岩田規久男編著『金融政策の論点』東洋経済新報社，2000年，所収，17頁）為替介入の効果を疑問視する小宮隆太郎が，行き過ぎた人為的な円高には，「徹底的介入で対処」と主張している。

索 引

あ 行

IMF　　76, 193
IMF・GATT体制　　76
赤字国債（特例国債）　　42, 91
アジア通貨危機　　174
アセットアプローチ　　194
アブソープション・アプローチ
　　70-71
アンダーライティング　　176
遺族基礎年金　　119
1ドル=360円　　69
一般会計　　78
一般歳出　　79, 80
一般政府　　17
一般的等価物　　132
インカムゲイン　　177
インサイダー取引　　158
インターバンク市場　　144, 167
インフラストラクチャー　　18
インフレ　　9
失われた10年　　39
売りオペレーション　　144
運用委託会社　　182
運用会社　　181
営業余剰　　19
エクイティ・ファイナンス　　154, 166,
　　168, 179
SNA　　16
FOB　　186
M1　　170
M2　　170
M3　　170
円高不況　　39
円転規制　　157
オイル・ショック　　39
応益原則　　89
応能原則　　89
大きな政府　　83
オーバーナイト　　143
オーバーローン　　173

オープン市場　　167

か 行

買いオペレーション　　144
海外からの純要素所得　　31
外貨準備　　189, 198
外国為替資金特別会計　　189
介護保険　　129
概算要求基準　　79
外資法　　69
外需　　28
外為法　　69
皆年金制度　　116
皆保険制度　　115, 127
価格メカニズム　　8
家計　　19
家計の主要資産　　180
可処分所得　　19
価値尺度機能　　133
ガット（GATT）　　67
家内工業　　3
株式　　165, 167, 175
株式会社　　4, 175
貨幣法　　136
神の見えざる手　　6
借換債　　91
為替介入　　192
為替差損　　198
為替相場（為替レート）　　192
間接金融　　149, 165
間接税　　89
官治的地方自治　　102
管理通貨制度　　34
機械制工場　　3
機関委任事務　　112
機関車論　　42, 98
企業所得　　27
企業物価指数（CGPI）　　30
企業別労働組合　　58
基軸通貨　　135
基準割引率および基準貸付利率　　142

201

寄生地主制　68
帰属家賃　19
帰属利子　17
基礎年金制度　118
キチンの波　37
逆進税　94
キャピタルゲイン　177
休業者　53
93SNA　16
共済年金　116
共済保険制度　126
行政投資　96
業態区分　149
協同組織金融機関　151
狂乱物価　39
居住者　31
拠出制度　114
金解禁　136
均衡財政主義　82
銀行の銀行　140
銀証分離　161
金不胎化政策　135
金本位制度　134
金融機関　17
金融債　151
金融再生委員会　163
金融再生法　160
金融自由化　91, 154
金融商品　166
金融庁　163
金融取引　147, 165
金融派生商品（デリバティブ）　166, 188
金融ビッグバン　161
金輸出再禁止　136
金利自由化　156
クズネッツの波　37
組合健康保険制度　125
繰延債　91
グロス　32
景気循環　36
経済安定化機能　77
経済財政諮問会議　80
経済人（ホモ・エコノミクス）　7

経済成長率　36
経済連携協定（EPA）　68
経常移転収支　187
経常収支　184, 190
ケインズ経済学　9
ケインズ政策　9
決済業務　147
限界革命　15
減債基金制度　100
現先市場　155
原始的蓄積　3
建設国債（四条国債）　91
建設国債の原則　92
建設循環　37
源泉徴収　87
小泉構造改革　111
公開市場操作　143
交換経済　5
後期高齢者医療制度　130
公共事業関係費　96
公共事業（費）　96
公共投資　18, 40
公社債　167
更新投資　44
厚生年金　116
公定歩合　142, 174
高度経済成長　37
購買力平価説　194
交付税措置　106
効用価値説　15
子会社方式　161
国債依存度　82
国際金本位制　34
国際決済銀行（BIS）　172
国際収支（統計）　184, 189
国際収支の天井　70
国際分業論　66
固定資産税　86
固定資本減耗　25
国内総支出（GDE）　21
国内総所得（GDI）　21
国内総生産（GDP）　20
国富論　14
国民年金　116

国民年金基金　119
国民経済計算　16
国民健康保険制度　125
国民所得　33
国民総生産（GNP）　31
国民負担率　124
誤差脱漏　189
護送船団方式　149
国庫支出金　103
固定為替相場制度　39
固定資本減耗　44
古典派　15
古典派的財政観　100
義務的経費　80
米と繭の経済　49
雇用者　35
雇用者報酬　19, 187
雇用主　35
雇用・利子および貨幣の一般理論　15
コール資金　143
混合所得　25
コンドラチェフの波　37

さ　行

債券　165
在庫循環　37, 43
在庫投資　40
最後の貸し手　141
財産所得　19, 27
財政再建期　42, 82
財政投融資制度　107
財政の硬直化　83
財政民主主義　79
財政融資特別会計　110
在宅介護　130
財投改革　110
財投機関債　110
財投債　110
歳入債　91
サービス経済化　48
サービス収支　187, 191
三全総　98
三位一体の改革　106
三面等価の原則　21

三割自治　103
CIF　186
Jカーブ効果　70
資金運用部　107
資源配分　6
資源配分機能　77
自己資本　167
市場経済　7
市場原理　6, 9
市場メカニズム　8
システミック・リスク　141
自然治癒仮説　100
自治体財政健全化法　111
市中消化の原則　94
失業率（完全失業率）　53
実効為替レート　193
実質GDP　30
実需原則　157
GDPデフレーター　30
ジニ係数　63
シニョレッジ　133
支払手段　134
資本収支　188
資本主義　12
シャウプ勧告　89
社会資本　18, 96
社会的入院患者　129
社会的分業　2
社会保険　114, 115
社会保障基金　17
就業者　53
従業者　53
重商主義　65
終身雇用　58
住宅専門金融会社　159
住宅投資　40
準備預金　138
自由貿易協定（FTA）　68
自由貿易論　66
ジュグラーの波　37
受託会社　181
純間接税　35
春闘　59
準備預金制度　142

純輸出　28
障害基礎年金　119
小経営　3
証券会社　152
証券投資　188
証券取引所　175
小商品生産段階　3
譲渡性預金（CD）　155
消費財　9
消費者物価指数（CPI）　30
消費税　86
商品生産社会　3
所得再分配　14
所得再分配機能　77
所得収支　187
所得税　86
所得倍増計画　41
所有と経営の分離　175
シーリング　79
新規財源債　91
新古典派　15
信託銀行　152
信託報酬　181
信用金庫　150
信用組合　151
信用創造　149, 170
診療報酬　129
垂直的公平　90
水平的公平　89-90
スタグフレーション　39
ストック　35
スミス, A.　6
成果主義　60
生産財　9
生産手段　4
生産の社会化　2
生産要素　9
生存権保障　77, 113
政府管掌健康保険制度　126
政府短期証券　139
政府の銀行　140
生命保険会社　153
整理回収銀行　159
世界貨幣　134

世界恐慌　67, 77
世界貿易機関（WTO）　68
セキュリタイゼーション　154, 166
絶対優位　66
設備投資　40
設備投資循環　37
セリング　176
ゼロ金利政策　94, 144, 174
ゼロ・シーリング　98
全銀システムセンター　148
全国総合開発計画（全総）　97
送金業務　147
相互銀行　150
総固定資本形成　28
相互持ち合い　150
総資本形成　40
総需要管理政策　15
総評　59
総報酬制度　120
族議員　80
属人概念　31
属地概念　31
租税特別措置　88
損害保険会社　153
損害保険業　154

た　行

第1次産業　46
第2次産業　46
第3次産業　47
対家計民間非営利団体　19
退職共済年金　119
高橋財政　111
兌換銀行券　135
他人資本　167
単独事業　105
小さな政府　83
蓄蔵機能　134
秩禄処分　91
地方銀行　150
地方交付税交付金　103
地方債　103
地方財政調整（制度）　80, 103, 107
地方政府　17

索引　205

中央政府　17
超過累進課税方式　87
長期信用銀行　151
長期波動　37
長期プライムレート　173
直間比率　89
直接金融　161, 165
直接投資　188
積立方式　122
TTS　193
TTM　193
TTB　193
ディーラー　176
ディレギュレーション　154
手形交換業務　148
デフレ・スパイラル　174
投機的動機　169
投機マネー　167
東京オフショア市場　157
東京共同銀行　159
当座預金（当預）　138, 140
投資　12, 28
投資収益　187
投資収支　188
投資信託（投信）　180
投資信託委託会社　181
道路特定財源　109
特別会計　78
特別養護老人ホーム　129
都市銀行　150
ドッジ・ライン　82
TOPIX　176
取引動機　169

な 行

内需　28
ナショナル・ミニマム　17, 77, 113
NIEs　74
ニクソン・ショック　39
日銀政策委員会　139
日銀特融　141
日銀ネット　148
日米円ドル委員会　155, 156
日米構造協議　99

日経平均　176
日本銀行　135
日本銀行法　138, 162
日本的雇用慣行　58
ネット　32
年金保険料　120, 129
年功序列賃金　58
農業協同組合（農協）　151
農林中金　151

は 行

配当利回り　177
ハイパワードマネー　170
発券銀行　140
バブル（経済）　39, 158
ハーベイロードの前提　100
比較生産費説　66
比較優位　66
非関税障壁　67
非金融法人企業　16
BIS 基準　172
非正規雇用　60
被扶養人口　57
被保険者　119, 129, 130
被用者　117
標準報酬月額　117
非労働力人口　53
ファンダメンタルズ　72, 194
フィスカル・ポリシー　99
付加価値　20
賦課方式　122
福祉元年　84
福祉国家　77, 113
双子の赤字　76
二つのコクサイ化　155
普通銀行　150
普通税　84
物価スライド制　116, 121
物価・正貨流出入機構　135
不動産融資の総量規制　179
プライマリー・バランス　92
プラザ合意　39, 76, 174
ブレトンウッズ体制　135
フロー　35

ブローカー 176
ペイオフ 162
ベヴァリッジ報告書 77, 113
ヘクシャー・オリーン・モデル 66
ペティーの法則 46
変動為替相場制度 39
貿易収支 69, 70, 186, 190
貿易摩擦 76
法人擬制説 94
法人事業税 87
法人実在説 94
法人住民税 87
法人税 86
保険会社 153
補助事業 105
補正予算 80
ポートフォリオ 195
骨太の方針 162
本源的蓄積 3
本源的生産要素 10

ま 行

マイナス・シーリング 98
前川レポート 98
マクロ経済スライド方式 116, 121
摩擦的失業 57
窓口指導 143
マニュファクチャー（工場制手工業） 3
マネーサプライ（MS） 170, 172, 173
マネタリーベース（MB） 169, 173
マルクス，K. 15
無拠出制 114
名目GDP 30
目的税 84
持株会社 152

や 行

有限責任 175
融通債 91
郵政民営化 153
輸出ドライブ 70

ユニバーサル・バンク 161
ゆりかごから墓場まで 113, 124
ユーロ 197, 199
ユーロ円 156
預金業務 147
預金保険機構 163
預託 107
予備的動機 169
四全総 109

ら 行

リカード 65
利子 168
流通革命 49
流通手段 134
流動性 169
流動性の罠 180
両税委譲論 107
量的緩和政策 94, 145
量出制入の原則 82
量入制出の原則 82
旅行収支 191
臨時金利調整法 173
累進税 87
レッセ・フェール 7
列島改造論 98
老人保健法 127
労働価値説 15
労働金庫 151
労働分配率 62
労働力人口 53
労働力人口比率 54
労働力の商品化 4
労働力率 54
老齢基礎年金 119
老齢年金 118
老齢福祉年金 116
老齢厚生年金 119

わ 行

ワーキングプア 61

著者紹介

金子貞吉（かねこさだよし）
1935年，韓国で生まれ，熊本県に引き揚げる。
中央大学経済学部，同大学院博士後期課程，同経済学部助手，教授を経て定年退職，中央大学名誉教授。在職中，経済学部長，中央大学理事を歴任。
主著：『資本主義発展の基本理論』（青木書店），『戦後日本経済の総点検』（学文社）等

武田　勝（たけだまさる）
1974年，福島県生まれ。
中央大学経済学部，同大学院博士後期課程，同経済学部助手を経て，中央大学経済学部准教授，現在に至る。博士（経済学）。
主要業績：「第一次大戦後における借換債の日銀引受」『証券経済研究』，「日露戦後の減債基金」『経済学論纂』，『地方交付税　何が問題か』（共著，東洋経済新報社）等

導入　日本経済

2008年4月30日　第1版第1刷発行
2009年4月30日　第1版第2刷発行

著　者　　金　子　貞　吉
　　　　　武　田　　　勝

発行所　　㈱学文社

発行者　　田　中　千津子

東京都目黒区下目黒 3-6-1（〒153-0064）
電話 03（3715）1501（代）　振替 0013-9-98842
（乱丁・落丁の場合は本社でお取替えします。）
定価は売上カード，カバーに表示。

ISBN978-4-7620-1847-3　　印刷／新灯印刷㈱